最強の「先読み」投資メソッド

eワラント証券COO
土居雅紹
Masatsugu Doi

1年後に大きな差がつく!

ビジネス社

はじめに

２００8年の「リーマンショック」など、まるでなかったかのように景気回復したアメリカ。そして、「失われた20年」を取り戻すべく、アベノミクスで突き進む日本。確かに、両国とも数年前とは見違えるような株式相場を実現しました。

しかし、このままいつまでも株価が上がり続けるということはありません。なぜなら、これらはいずれも「バブル経済」そのものだからです。

バブルは水風船のようなもの。大きくなればなるほど、はじける可能性が増していきます。２０００年に天井となった「ＩＴバブル」も、米欧を中心とする不動産バブルでリーマンショックの要因となった「サブプライムバブル」も、ＦＲＢ（アメリカ連邦準備制度理事会）の金融引き締め、つまり政策金利の引き上げが〝終わりの始まり〟のシグナルでした。

そして今回、ＦＲＢの金融引き締めが２０１５年半ばと考えられています。となると、それ以降のそう遠くないうちに、再び世界中で同時に株・不動産バブルがはじける可能性が高いといえます。現時点で想定されるもっとも危ないと思われる時期は、２０１６年から２０１７年（詳細は第2章で）。これが投資をする人、しない人、いずれの人生にも多大な影響を与えることになるでしょう（具体的な注意点は第3章で）。

「十年一昔」という言葉がありますが、これは景気の大回りの1サイクル、株式相場がグーンと上がってガツンと下がる期間とおおむね一致しています。事実、前述のサブプライムバブルが始まった2003年から10年余りが過ぎた今、2008年からの前代未聞の規模の量的緩和政策によってお金が流れ込んだアメリカ株は最高値を大きく更新。日本でも2012年12月からアベノミクスが始まり日本株が急回復しました。さらに、各国の不動産価格を吊り上げた欧米や中華マネーが、日本の不動産を「割安だ」といって買い上げています。一方、リーマンショックの連鎖を未曾有の財政出動でしのいだ結果、中国の不動産バブルはいよいよ末期的な状況となってきました。また、ヨーロッパは未だに周辺国に爆弾を抱えており、日米にならって2015年1月、国債買い入れによる量的緩和政策導入を決定しました。

かつては、国や地域で約10年という景気のサイクルにズレがあったので、日本株とアメリカ株、ヨーロッパ株、中国株などに資産を分散投資していれば、全体としてリスクを抑えることができました。

しかしITバブル以降、リーマンショック、ギリシャ危機、欧州債務危機、バーナンキショック（2013年5月にバーナンキFRB議長が量的緩和政策の終了を示唆したため、世界的な株安となった）、ウクライナ紛争とさまざまなイベントによって市場ショックが起きると、世界中の株式や債券などの価格が同時に暴落するようになったのです。

これは世界経済のグローバル化の進展によるもので、逆戻りはありません。欧米や中東、新興諸国のマネーが世界中を駆け巡り、同じ情報に即座に反応します。これが今や投機の対象となっている通貨、原油、金、銅などの価格を瞬時に動かし、金融ショックが経済全体のショック、ひいては社会不安にもつながってしまうのです。

こうした「暴落時には世界中の株式、債券、不動産、商品価格、新興国通貨が同時に下がる」という現象は、海外では「コピュラ」という難しそうに聞こえる金融バズワード（専門用語）で呼ばれ、関係者の注目を集めています。2014年にはアメリカ最大の公的年金であるカリフォルニア州職員退職年金基金（カルパース）が「次の市場の危機的状況下で損失を出さないようにするため」に、ヘッジファンド、ファンドマネージャーが運用する投資信託（アクティブファンド）や原油などのコモディティ投資をやめると発表しました。同様の動きは、アメリカの他の年金基金にも広がると予想されています。海外マネーは、すでに次の暴落に備えて行動を起こし始めているのです。

ひるがえって日本はどうかというと、メディアも業者も相も変わらず、「この株を攻めろ」「FXで1億円稼ぐ!」「自動売買で楽して儲けよう」「日本株への長期分散投資なら最後は必ず勝つ」「家を買うならぜったい今!」といったセールストークをまきちらすことだけに注力しています。

そこで、アベノミクス後に投資に興味を持ち始めた投資未経験の方から、NISA（ニーサ、非課税投資制度）や退職金の運用先に迷っている方、かつてのバブル崩壊やリーマンショックで手痛い傷を負ったベテラン投資家まで多くの方々に、差し迫っているバブル崩壊のリスクを知ってもらい、有効な対策を打つ一助になるよう、この本を執筆しました。

全章に具体的な行動につながるようなポイントを盛り込み、とりわけ第4章と第5章では、バブル崩壊にも耐え得る10の投資手法を解説しています。本書からヒントをつかみ、次のバブル崩壊の最中でも、読者の皆さんが右往左往しないで済むことを願ってやみません。

第3章 巨大バブル崩壊に備えて今、何をすべきか？

第4章 バブルの波で資産を増やす5つの積極投資メソッド

第5章 バブル崩壊に負けずに資産を守る5つの堅実投資メソッド

第6章 銀行が絶対に教えてくれないNISAの本当の使い方

第7章 大事な退職金を暴落から守るお金と投資の思考術

第8章 アベノミクスの先にあるものは何か？

第1章

アベノミクスと「量的緩和バブル」

「ウォール街に新しいものは何もない。投機は人間が古来、繰り返し行ってきたことだからだ。今日株式市場に起こったことは、過去にもあったし、将来再び起こることになるだろう」

（ジェシー・リバモア：「投機王」といわれたアメリカ稀代の相場師。1877～1940）

好景気とバブルはどう違う？

「アベノミクスがバブルだって⁉ ピンと来ないなぁ。だってバブルなんて〝あれ〟以来ないんじゃないの？」

そんな声をよく耳にします。

確かに、今から30年ほど前（1986～1991年）のあの巨大な株・不動産バブル、いわゆる「バブル景気」では、「ジャパン・アズ・ナンバーワン」という陶酔感を伴い、日本中が浮かれていました。それと比較すれば、2000年に天井となったITバブルはあくまでアメリカ中心の株式バブルでしたし、2007年に天井となったサブプライムバブルはアメリカやヨーロッパの不動産中心のバブルだったのです。

日本はその2つの巨大バブルにおいて、ようやく景気が上向いてきたところでバブル崩壊に巻き込まれ、株価の暴落とその後の不況だけはしっかりと味わうことになりました。だから、「あのときもこのときも、バブル景気のときほどバブリーじゃなかったよね」と思うのも無理はありません。

しかし、実はバブルとは珍しいものでもなんでもなく、株式や不動産などを含めたモノの価格が、経済実体や合理的な価値を大きく上回る水準まで上昇し、その後、短期間で崩壊した現象全般を指します。典型的なケースでは、バブルが発生する前は不景気で、株式や不動産などのモノの価値が合理的な水準よりも大きく売り込まれます。ところが世の中にお金が回りだすと、次第に株式や不動産の価格から上昇し始め合理的な価値に近づいていきます。このあたりは普通に景気が良い状況で、「ブーム（好況）」と呼ばれることもあります。そしてこのブームが緩やかに収まれば、ごく普通の景気後退となります。

ただ何回かに一度は、経済合理性のある価格をはるかに上回る水準まで市場価値が上昇し、「バンッ！」と弾けます。そしてそれまでの上昇相場がバブルだったと、価格が急落して初めて認識されます。つまり、**実体と価格との乖離《かいり》が大きく、かつ急速に崩壊したものがバブルと呼ばれるだけ**なのです。かつてのＦＲＢ議長グリーンスパン氏も、「バブルは崩壊して初めてわかる」と語っていました。

また、バブルには地域が限定されたものや、対象が特定のモノだけで終わる小規模なプチバブルも頻繁にあります。近年の「ビットコイン価格の急騰と暴落」は、プチバブルの典型的な例です。こういった現象もお金が世の中に余っている好況時でないと発生しないので、根っこのところはバブルもプチバブルも同じです。

さらに、お金が集まる対象が株式だけで終わると、影響は〝金融村〟だけに限定されます。ＩＴバブルは参加者が少なく、崩壊後も実体経済への影響が限定的だったのはこのためです。一方、不動産でバブルが発生すると、普段は投資とは縁遠い一般層まで多額の借金（住宅ローン）を抱えて投機に参加するようになります。土地の値段が上がり、地価急騰がさらなる土地投機を呼ぶと、その循環によってどんどん価格が上昇します。

こうした不動産バブルは、経済全体への波及効果が大きいのも特徴です。住宅やオフィスビルが建設されると、資材や内装、家具需要まで〝にわか景気〟が波及し、多くのモノの価格が上昇します。世の中の金回りが良くなるだけでなく、企業業績も実際に好転するので株価も急騰します。しかし、**巨大な規模に膨れ上がった不動産バブルが崩壊すると、一般市民の多くは多額のローンと値下がりした不動産を抱えることになり、破産者が続出する**わけです。また企業は過剰な設備投資、人件費と多くの負債に押しつぶされ、やはり倒産が増えます。その結果、融資が回収できなくなった銀行は不良債権の山に経営が脅かされ、**不動産バブル崩壊後には金融危機が起こる**ことも珍しくありません。

一般的にはバブルは先進国の証とされますが、実は新興国でもしばしばバブルが発生しています。ただバブルが起きているのかどうかが、わかりにくいからあまり知られていないだけなのです。たとえば、先進国の仲間入りを果たす前の日本の高度成長期には、土地の価格がグングン上昇しましたし、株価も数倍から数十倍になりました。もちろんずっと上昇したわけではなく、上下に振幅しながらも上昇トレンドにあったといえます。

図表1-1は高度成長期の日本や最近の中国、インドなどの新興国の経済発展とモノの価格のイメージ図です。A時点では実体よりもかなり割高な状況になっています。その後、相場が下落しても経済成長率が高いので、実体経済から正当化できる価格は次第に切り上がります。

図表1-1　経済成長率が高いと好況とバブルの違いがわかりにくい

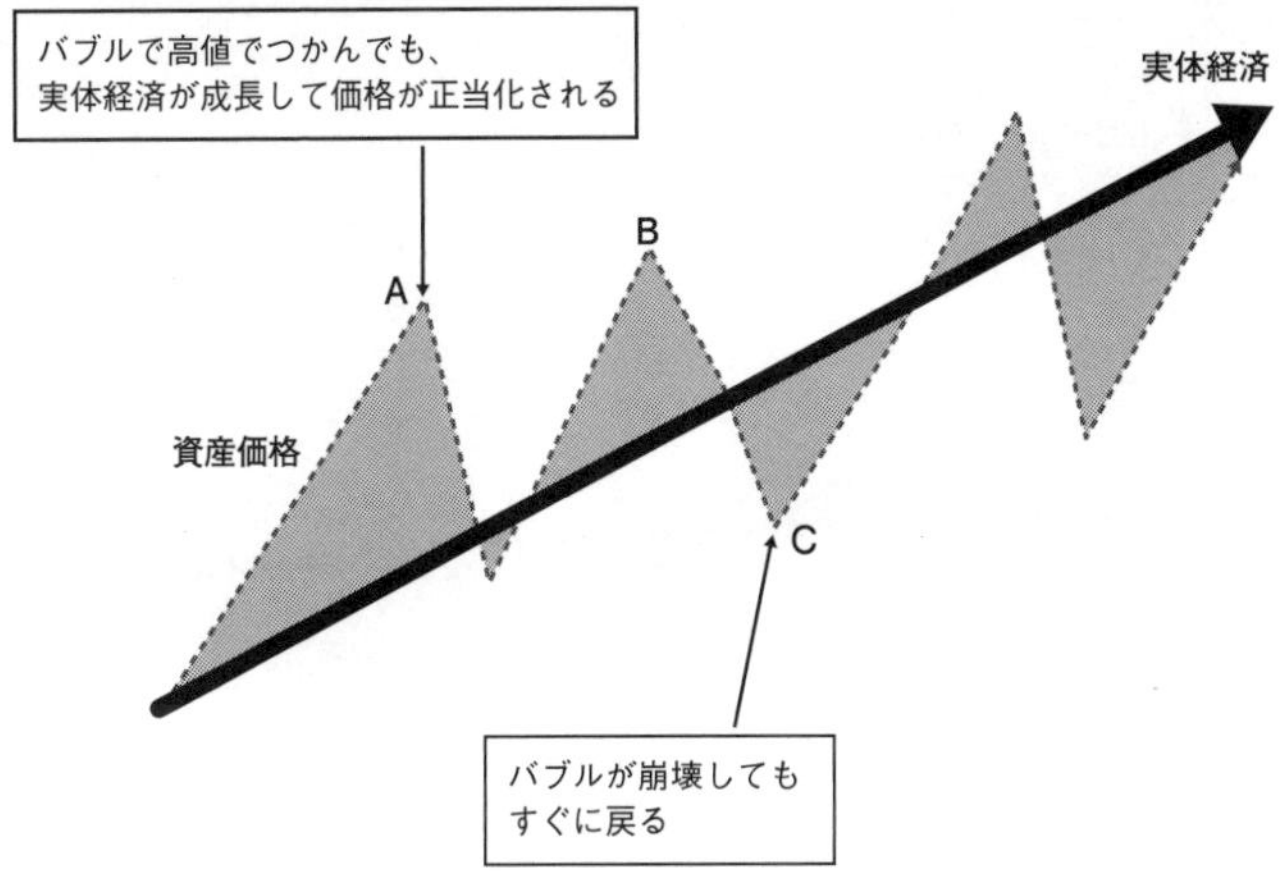

A時点で高値づかみをしてしまっていても、次の好況のB時点ではその価格を上回っていくので、ちょっとの期間辛抱すれば損失が霧消します。同様に、B時点の高値買いがC時点で損失となっていても、すぐに上昇するので問題とはなりません。だから新興国のバブルは高成長のなかに埋もれて、社会全体の問題とならないことが多いのです。

一方、次ページの図表1-2は低成長の成熟経済下のイメージ図です。高度成長期とは異なり、D時点で不動産や株式を高値づかみしてしまった場合、ずっと損失を抱えたままとなります。20年以上経過しても日本の地価や株価が、バブル景気の高値に戻らないのはこういう状況にあるからです。だから成熟経済となっている先進国ではバブル崩壊の痛みが実感されやすく、バブルに踊ってしまった企業は破綻、個人なら

図表1-2　低経済成長下ではバブルの影響が大きい

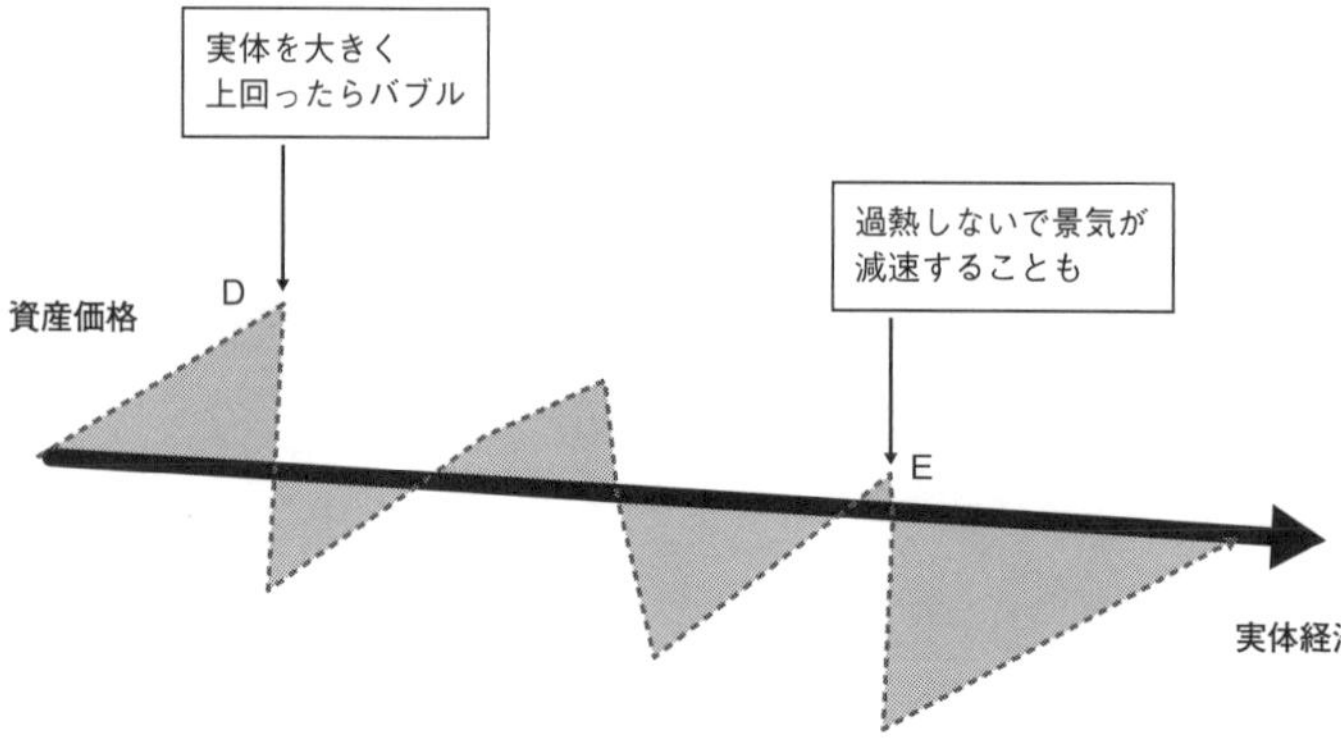

自己破産の可能性を含め実生活への影響はきわめて大きなものとなります。

もちろん、図表1-2中のE時点のようにたいして過熱していない状況から不況だけ経験することになると、「バブルなんてないのに、不況だけが起きた」と思われている最近の日本のようになります。

これを踏まえたうえで、「アベノミクスは何なのか」という質問に答えるなら、「**アベノミクスは世界規模で膨れ上がっている量的緩和バブルの一部**である」が正解だと私は考えています。まだ半信半疑かもしれませんが、まず現状を見てみましょう。

バフェット指標で見ると米国株はすでにバブル

バフェット指標とは、「投資の神様」ともい

図表1-3　米国株とバフェット指標

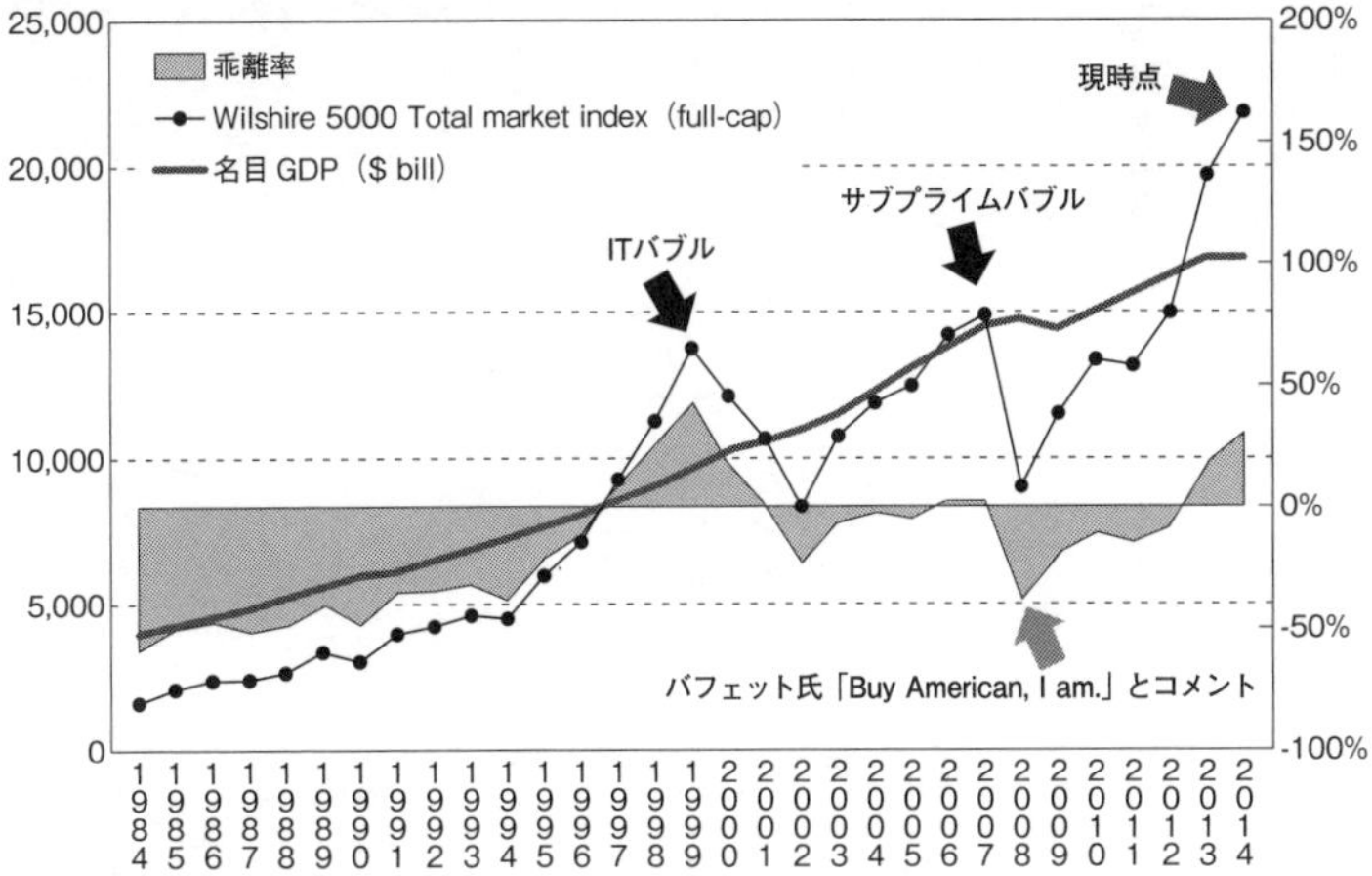

出所：米国商務省、ロイター

われるウォーレン・バフェット氏が愛用しているとされる分析手法で、「その国のＧＤＰと上場株式の時価総額（株数×株価）の総和を比較して、その乖離率から相場の割高・割安を見る」ものです。実体経済の価値はＧＤＰ、株式の価値の合計は時価総額なので、株式にバブルが起きているかどうかが一目でわかる優れものです。

図表1-3は、アメリカの名目ＧＤＰと時価総額の推移を見たものです。時価総額には、米国株の時価総額の推移を表す株価指数であるWilshire 5000を用いています。

過去の動きを見ると、２０００年前後のＩＴバブルの時期の米国株はＧＤＰをきわめて大きく上回り、明らかに過熱していました。ＩＴバブルが株式バブルであったことが、ここからもわかります。この状況が１９９７年から始まり、１９９９年がピークで２０００年には下げ始めています。次の巨大バブルのサブプライムバブルは不動産中心のバブルで、やはり、2006年と2007年には株式時価総額がGDPを超えていました。

一方、ITバブル崩壊後の2003年やサブプライムバブル崩壊後の2008年は、株式時価総額がGDPを大きく下回っています。もし、その1年前に株式を購入していれば大損です。しかし、逆の見方をすれば、実体経済から見て株価がきわめて割安な水準まで売り込まれていた時期ともいえます。2008年のこの時期に、バフェット氏が「Buy American, I am.（米国株を買おう。私は今買っている）」と述べたことは、よく知られています。

このバフェット指標で現在の米国株を見ると、「2014年末時点で、1998年から2000年のITバブルの最中と同程度、サブプライムバブル当時よりもはるかに過熱しているかなり割高な水準」といえます。ただし、この指標を見てバブルが膨らんでいるのはわかりますが、いつ暴落するかまではわかりません。実際ITバブルの際には、株価が割高な状態が数年も続きました。しかし、割高であると知っておくことは対策を考える上できわめて重要なのです。

日本株も警戒すべき水準に突入した！

米国株が相当過熱しているなら、日本株はどうかと心配になるはずです。バフェット指標は米国市場の動向を見るためのツールですが、証券市場が発達し外国人も自由に取引ができる市

図表1-4　バフェット指標で日本株を診断したら……

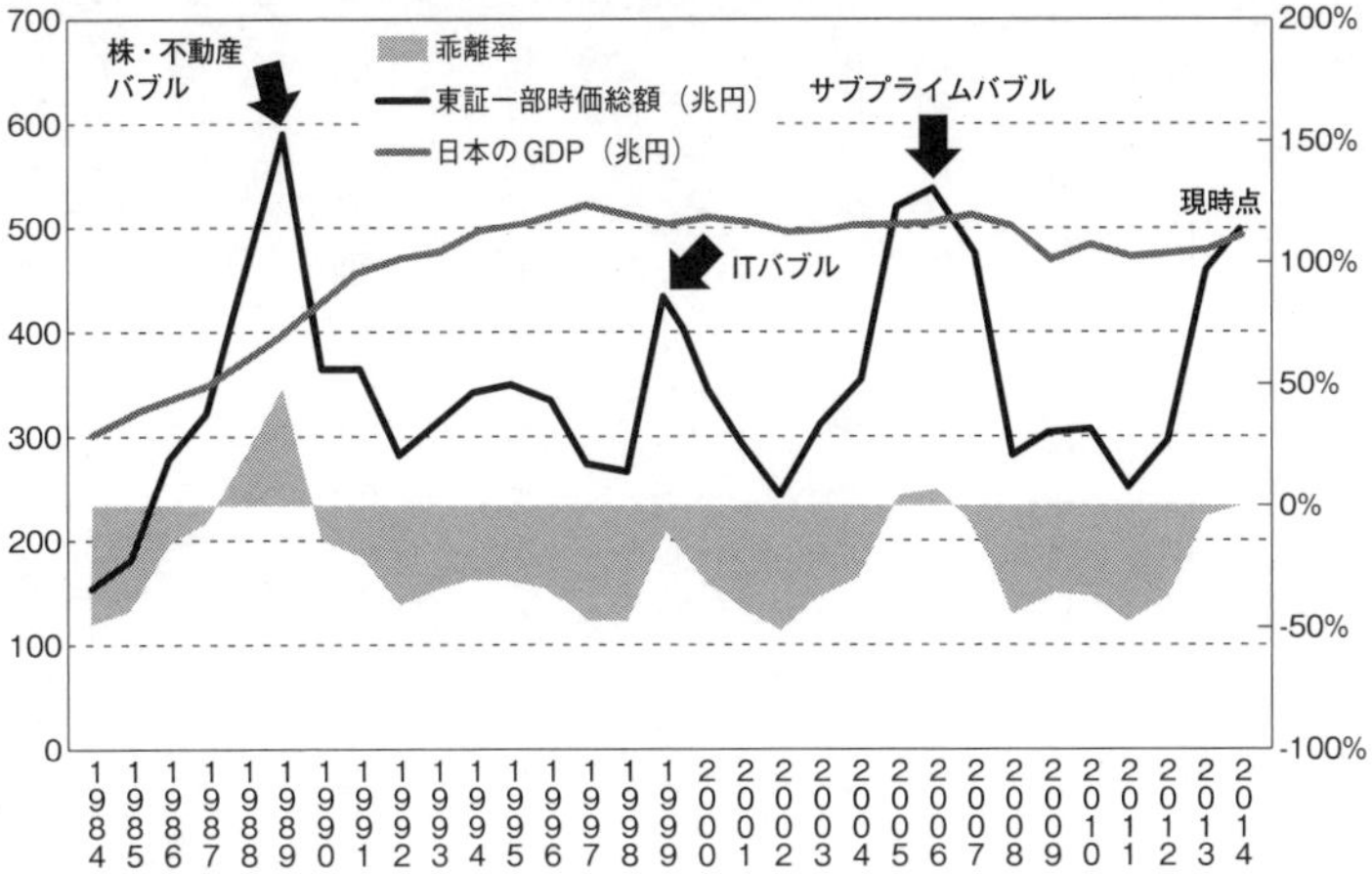

出所：内閣府、ロイター

場であれば同様に有効と考えられます。そこで、日本株に当てはめてみたのが図表1-4です。日本の場合は「株・不動産バブル（バブル景気）」も含め、過去3回の巨大バブルにバフェット指標が見事に当てはまっています。1988年から1989年の「日本の株・不動産バブル」では24%から48%もGDPを上回り、バブルの巨大さと過熱感が見てとれます（実は日本のバブル景気は、各国のバブル研究に必ず出てくるほど世界的にも巨大なバブルとして知られています）。またサブプライムバブル末期の2005年から2006年にも、4%から6%程度GDPを上回っています。

一方で、この図表を見て「2014年末時点の水準なら日本株の時価総額はGDPと重なった程度だから、まだ安心だね」などと思う方もいるかもしれません。しかし、油断は禁物。後ほど詳細を説明しますが、**今や世界各国の景気と株価は連動している**のです。ITバブルのときは米国株が明らかに割高である一方、日本株はそうでもなかったのですが、アメリカでバブルが崩壊すると日本やヨーロッパ、新興国の一部でもITバブルがはじけ、各国の株価が大きく下がる結果となりました。このため、**バフェット指標は日本株のものだけを見るのでは十分ではなく、米国株の状況もしっかり押さえておく必要がある**といえます。

なお、バフェット指標を使ううえでの注意点は、日経平均株価のような株価指数ではなく、上場株式の時価総額の総和を見なければいけないという点です。日本企業、それもサラリーマン経営者の会社はリーマンショック後の経営環境が厳しく、株価が安いにもかかわらず新たに株式をどんどん発行したり、それと同様の効果がある資金調達を行ったりしました。その結果、某メガバンクなどは、リーマンショック後に株数がそれ以前の2倍に増えています。このため日経平均株価がバブル崩壊以前の水準に戻っていなくとも、時価総額(株価×株数)で見ると、すでに以前の水準に戻っていることがよくあるのです。

巨大バブルの崩壊は「100年に一度」ではない!

図表1-5は、1965年からの日経平均の値動きを、変化率がわかりやすいように対数目盛で表したものです。これを見ると高度成長期であっても、だいたい7年から10年周期で大きな株価上昇があったことがわかります。特に70年代の「列島改造ブーム」は明らかにそれまで

図表1-5　株式相場は7〜10年サイクル

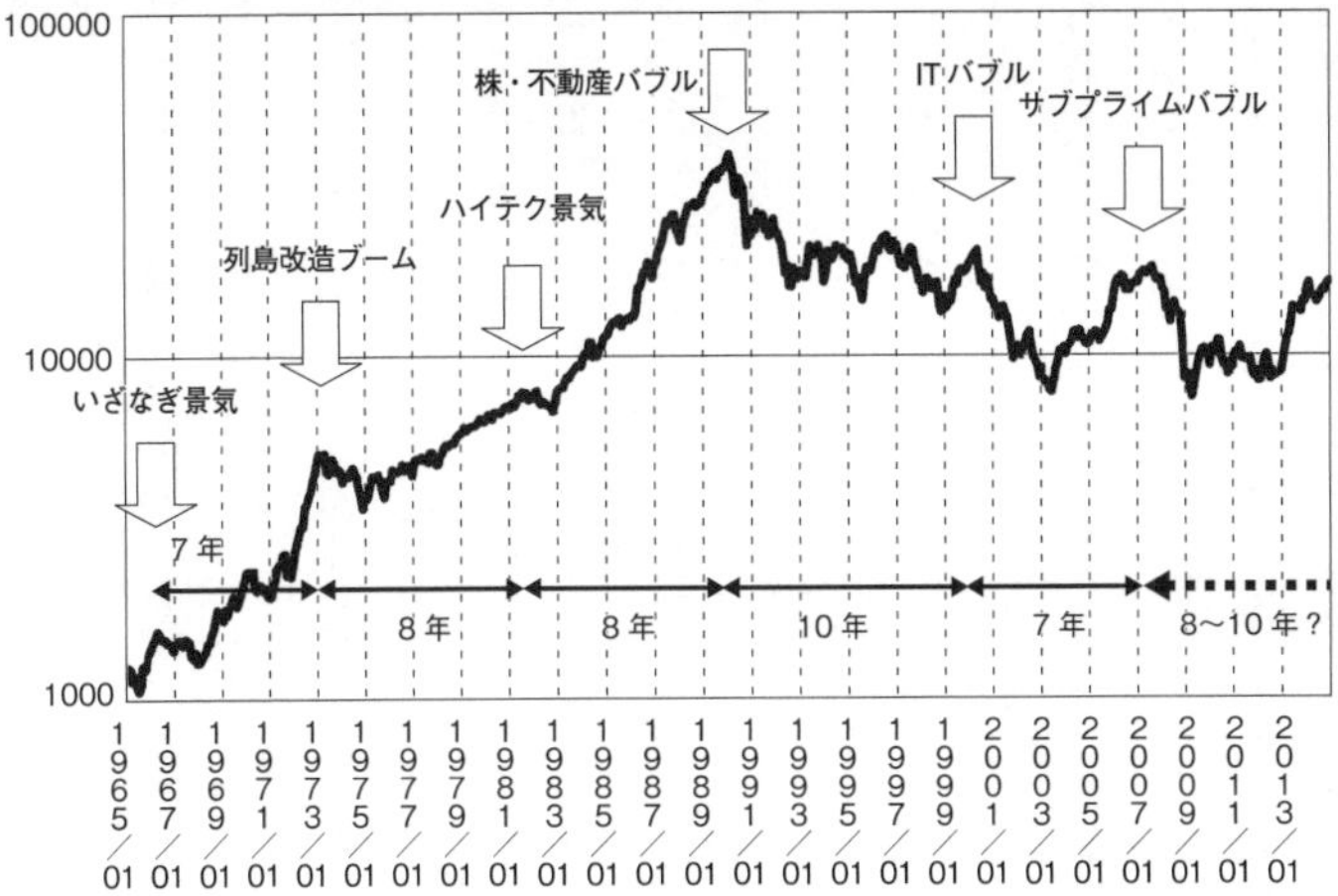

出所：ロイター

の動きから突出していて、〝列島改造バブル〟といってもいいでしょう。ただ、1973年の第1次石油危機でバブルが崩壊したため、日本国外の要因に問題点を責任転嫁ができたことと、その後の狂乱物価で株式や土地を高値でつかんでも痛みが少なかったために、一般的に「バブル」ではなく「ブーム」と呼ばれたわけです。「いざなぎ景気」と「ハイテク景気」では、急騰・急落の程度があまり大きくなかったことと日本経済の成長率が高かったため、これも新興国特有の普通の景気循環として扱われたバブルといえるでしょう。

一方、1989年が高値となった株・不動産バブル（バブル景気）は、世界の経済史に残る巨大バブルでした。ちょうど日本の生産年齢人口（15〜64歳）の割合が減少に転じて潜在的な経済成長率が低下している時期に、円高対策で積極的な公共投資による内需拡大策をとり、同時に超金融緩和を長期間続けたことが巨大なバブルになった原因です。その後の株価が右肩下がりの下落トレンドに屈折していることからも、バブル景気の過熱感と突出ぶりが見てとれます。

ＩＴバブルとサブプライムバブルは、低成長経済下でのバブルの典型例な値動きをしています（なお、ＩＴバブルの最中に日本は消費税増税で景気を冷やしてしまい、アジア危機の影響もアメリカよりもはるかに大きなものとなりました。このため図表1-5に表れているように、同時期の米国株と異なり真ん中がくぼんだ小さな山になっています）。

ここまで読んで、

「えっ？　バブルって10年に一度起きるの？　リーマンショックのときは、１００年に一度の危機って聞いたけど……」

と思ったかもしれません。これに関しては、バブル発生そのものとバブル崩壊後の事態の推移を切り分けて考える必要があります。

厳密にいえば、リーマンショックはアメリカを中心としたサブプライムバブル（不動産バブル）の崩壊末期に起こった一投資銀行の破綻にすぎません。このバブルの原因は、１９９０年代から選挙での票稼ぎのために低所得者への融資枠を無理やり拡大させて住宅取得を推進した米議会の失策と、ＩＴバブル崩壊後の景気回復を後押しするためにＦＲＢが行った長期間の超金融緩和政策でした。つまり**サブプライムバブルは、そもそも〝官製バブル〟だった**のです。

その後、ＦＲＢがバブルを冷やそうと金融引き締め政策に転換したため、２００６年には不動産価格が下がり始め、２００７年にフランスのパリバ銀行の不動産投資ファンドが破綻、翌２００８年３月には名門米投資銀行のベア・スターンズが救済合併される事態になりました。また、同年9月の大手投資銀行リーマン・ブラザーズの破綻は、誰にでもわかりやすいイベントだったので、リーマンショックがバブル崩壊の象徴のように思われているわけです。

ところが実際には、その直後に40兆円ともいわれるクレジット・デフォルト・スワップ（企業破綻の保険のようなもの）を扱っていた巨大保険会社ＡＩＧが破綻の危機に直面したことが、その後の金融危機の直接の原因でした。ＡＩＧ破綻を懸念して世界の金融決済機能が麻痺し、株価の下落が止まらなくなったのです。加えて、9月末に米議会が事前に合意していたにもかかわらず、公的資金で不良債権を買い取る緊急経済安定化法を否決したため、各国の株価暴落は底なし状態になりました（10月初めに法案は修正可決されましたが、一旦暴走し始めた事態は収束しませんでした）。

その後、各国政府・中央銀行の政策協調で世界恐慌の一歩手前で止まったものの、世界中で企業倒産が相次ぎ、株価の低迷は２００９年３月まで続きました。これが「１００年に一度」といわれた世界金融危機（Global Financial Crisis）の実態です（なお、日本国内では新聞報道等で「リーマンショック」が世界金融危機全般を指すものとして使われることが多いので、わかりやすいように以下「リーマンショック」＝「世界金融危機」とします）。

つまり、巨大バブル崩壊に際し、ＦＲＢが不動産バブルの崩壊が始まっても金融引き締めを続けたこと、銀行への公的資金注入制度に不備があったこと、危機の最中に国民の人気取りに走った米議会の政治的な失策が重なったことで、「１００年に1度」といわれるまでに状況が極度に悪化したのです。

さらに、アメリカだけでなく、イギリス、アイルランド、スペイン、インド、オーストラリア、中国などでも株・不動産バブルが同時に発生しました。つまり、基軸通貨国のアメリカから各国に大混乱が広がったというわけです。

それでも「21世紀版の世界恐慌」とはならなかったため、アメリカでは「１００年に1度」といわれてはいたものの、東南アジア諸国や韓国にとっては１９９７年の「アジア通貨危機」のほうがよほど大変でしたし、ロシアにとってはソ連崩壊時や１９９８年の「ロシア財政危機」のほうがはるかに大きな国難でした。日本にとっても、山一證券の自主廃業など企業の倒産が相次いだ１９９７年の金融危機のほうが、切羽詰った状況だったともいえます。つまり、多くの国にとってサブプライムバブルとその崩壊は、「１００年に一度」といった例外的なものではなく、頻繁に発生する巨大バブルとその崩壊の1つにすぎなかったといえるでしょう。

過去の巨大バブルとその発生条件とは？

ここまで、近年に発生したバブルについて見てきましたが、そもそもバブルの歴史は非常に古いことをご存知でしょうか。世界史上の巨大バブルといえば、17世紀のオランダでチューリップが家1軒分の価格にもなった「チューリップバブル」、18世紀のイギリスで発生した証券投機バブルの「南海バブル事件」、同時期のフランスで発生した財政ファイナンスバブルともいえる「ミシシッピ計画」が、3大経済バブルとして知られています。

また、17世紀に当時主流だった金や銀の貨幣ではなく、価値がない青銅の貨幣を流通させようとして失敗したバミューダの「豚通貨バブル」、神聖ローマ帝国で30年戦争の軍事費を捻出するために、諸侯が他国の通貨を改鋳して金の含有量を減らして相手国内で使い合い、最後は貨幣が子供のおはじきにされるほど価値が下がったという「偽造通貨バブル」、17世紀末、江戸時代の日本で金銀の含有量を減らした貨幣を増やして幕府の財政赤字を解消しようとした「元禄バブル」まで、世界各国でさまざまなバブルが発生しています。

次のページの図表1-6は、こうしたさまざまなバブルを時系列順に挙げたものです。載せきれなかった小さなものまで入れると、アメリカだけで19世紀に10回ものバブルが発生しました。また、20世紀では、大恐慌を招いた「狂騒の20年代」や地価が10倍にもなった「フロリダ不動産バブル」、ブラックマンデーの原因となった「レーガノミクス」や、ここまで何度も触れてきた「ITバブル」といった大きなもので4回、小さなものまで入れるとやはり10回程度、バブルが発生したことになります。つまり、**世界では10年に一度はバブルが発生し、巨大なバブルも20年から30年に1回程度繰り返し発生している**のです。

年代	国・地域	名称	状況	遠因	顛末
1880-1890	ブラジル	荒れ馬バブル	株、土地、物価高騰	無制限の企業融資、ブラジルの工業化	詐欺横行、破産頻発、ハイパーインフレ
1920年代	米英加	狂騒の20年代	消費ブーム	減税、規制緩和、金融緩和、技術革新	世界恐慌
1920-1925	米	フロリダ不動産バブル	地価が10倍に高騰	フロリダ開発ブーム	ハリケーンと世界恐慌で壊滅
1969-1970	豪	ポセイドンバブル	鉱山株の高騰	世界的なニッケル不足	株価暴落、規制強化
1982-1987	米	レーガノミクス	NYダウが5年間で3.5倍にまで急騰	規制緩和、インフレの収束、原油安、金融緩和、金融工学の発展	1987年10月のブラックマンデーで世界各国の株価急落
1986-1991	日	株・不動産バブル	バブル景気	長期間の金融緩和、土地神話	失われた20年、金融危機
1990-1997	アジア	アジアホットマネーバブル	外資の流入でタイ、マレーシア、韓国、インドネシア、シンガポールの株、不動産価格上昇、高成長	中国の成長、人民元切り下げ、香港の中国返還、米国金利高によるホットマネーの引き上げ、アジア諸国の外貨準備不足	ヘッジファンドの攻撃によりアジア通貨危機発生。ドルペッグ放棄、各国通貨暴落、経済危機伝播、IMF支援
1988-1994	メキシコ	メキシコでのバブル	短期資本流入で高い経済成長、株価急騰	NAFTA発効によるメキシコ経済への楽観、資本取引自由化、外国投資規制緩和、原油高	1994年11月の米利上げを契機にメキシコ通貨危機、65%のペソ急落
1998-2000	米欧日	ITバブル	ネット企業株投機、投資詐欺横行	IT革命、金融緩和	IT企業株暴落、投機資金が不動産へ流れる
2008	各国	コモディティバブル	原油、銅、金などの価格が高騰	新興国のコモディティ需要への過大な期待、年金やヘッジファンド資金の流入	サブプライムバブル崩壊で急落
2001-2008	各国	サブプライムバブル（世界不動産バブル）	2001～2006年のアメリカをはじめ、イギリス、スペイン、インド、中国、ルーマニア、アイルランド、オーストラリアなどで不動産バブルが発生	世界的な金融緩和、各国の住宅優遇税制、アメリカの銀行証券兼業規制の緩和、1990年代からの段階的な低所得者向け融資の義務枠拡大	2008年のリーマンショック、AIG救済などの世界金融危機、その後のギリシャ危機、欧州債務危機を招く

著者作成

図表1-6　17世紀以降に発生した世界の主なバブル

年代	国・地域	名称	状況	遠因	顛末
1616-1624	バミューダ	豚通貨	タバコや金銀が利用されていたが、英国総督が帆船と豚絵柄の青銅製通貨の流通を強制	イギリス本国の通貨や有価物での賃金等の支払いをなくすため	暴動によって植民地政府が転覆、タバコや金銀による交換制度に戻る
1621-1623	独、東欧	貨幣偽造バブル	神聖ローマ帝国内で隣国の通貨を改鋳して戦費を賄う行為が横行	30年戦争の軍事支出、税収不足	ハイパーインフレ、金融危機
1636-1637	オランダ	チューリップバブル	トルコから持ち込まれたチューリップへの投機が流行	オランダの経済的繁栄、先物取引制度	限定的な経済の混乱
17世紀	欧	スペインの高率インフレ	アメリカ大陸からの莫大な金、銀の流入	金銀貨幣の過剰な供給	金銀価格の下落とヨーロッパ全体の高率のインフレ
1695-1710	日本	荻原重秀の元禄バブル	幕府が金・銀貨幣を改鋳して通貨供給量を増加、当初は好景気となる	金銀産出量低下、幕府の財政赤字、貨幣経済の発展による通貨不足	放漫財政による赤字拡大、高率のインフレ発生。新井白石のデフレ政策でバブル崩壊
1716-1720	仏	ミシシッピ計画	ミシシッピ開発を行う会社の株式に仏政府の債務を交換。同社株は急騰	非兌換紙幣の発行、仏政府の財政難	ミシシッピ会社破綻、銀行取り付け騒ぎ
1719-1720	英	南海バブル事件	南海会社の株式と英国債の交換後、同社株急騰。泡沫会社投機が流行	英国財政危機、中産階級への富の蓄積	泡沫会社の破綻、破産者続出。泡沫会社への規制、監査制度ができる。バブル経済の語源
1793-1797	英米	英米での土地投機	西部や建設中の首都ワシントンDCの土地投機会社の株式、信用状が投機対象となり高騰	アメリカの通貨が不安定であったため、銀行が各自紙幣を発行	米国不動産暴落、金融危機、暴動、デフレ
1834-1836	米	西部諸州での投機	アメリカの西部拡大や綿の輸出で急激に経済成長	メキシコや中国からの銀の大量流入	当時の覇権国家イギリスの利上げをきっかけに1837年恐慌が発生
1840年代	英	鉄道狂時代	鉄道株の高騰	産業革命、1720年制定バブル法廃止	新興鉄道会社破綻、破産者続出

このように、今までの巨大バブルの内容を見てみると、「なんかどれも似ているなぁ。人間の考えることは数百年前と変わらないかも」という感想をお持ちになるかもしれません。事実、次に挙げる**3つの条件さえそろえば、バブルはどこでも発生する**可能性があります。そのうち**最大の要因は「金余り」、または「過剰な通貨供給」**です。フランスのミシシッピ計画は金や銀の裏付けのない紙幣の大量発行、元禄バブルも金の含有量の少ない貨幣の大量供給、アジア通貨危機前の韓国や東南アジア諸国、通貨危機前のメキシコにおける外資の過剰な流入が、それぞれのバブルの主因でした。80年代末から90年代初めの日本の株・不動産バブルやITバブル、そして前回のサブプライムバブルはすべて、各国の中央銀行がジャブジャブお金を市場に供給した結果引き起こされたものです。

バブル発生の2つ目の条件が、**「前回のバブル崩壊からの時間の経過」**です。バブル崩壊から数年経てば苦しいときの記憶が薄れ、5年もすればすっかりなかったことになります。今現在でも2008年のリーマンショックなど昔話、2011年のギリシャ危機でさえ、「いつのことを言っているのやら」という風潮が感じられます。まして1世代前の1986年から1991年の日本のバブル景気のことを社会人として覚えている方は、すでに50歳から60歳に差し掛かっていますし、当時の経営者はことごとく現役を去り、中堅だった方でさえ同じ業界に残っているのは稀です。だから20年から30年に一度発生するバブルでは過去の苦い経験が活かされず、巨大なバブルになるのです。これは古代から数十年に1回は大きな戦争があったことと同様で、世代を超えて苦い経験が受け継がれない人間の定めともいえます。

そして最後が、**「夢」あるいは「投機を正当化するもっともらしい理由」**です。理論的に説明がつきにくい水準まで買い上げるためには、「なんかわからないけど凄い！」というものが必要です。「無限の可能性」「従来の尺度では価値を測ることができない」といった表現がぴったりくる状況が訪れれば、それがどんどん株などを買い上げる理由になります。

その意味でITバブルでは「インターネット革命で世の中のすべてが変わる」といわれ、サブプライムバブルでは「不動産の証券化と最先端数学を駆使したリスク管理技術という金融テクノロジーでアメリカの金融業は栄え、不動産価格は上がり続け、繁栄が続く」というものでした。そして**今回の量的緩和バブルでの「夢」は、「中央銀行の魔法の杖となった量的緩和で株価も不動産も上がり続ける」というもの**のように思われます。

ITバブル以降は各国の株価が連動してきた！

従来は世界各地でポツポツ発生していたバブルですが、前にも少し触れたように最近は様相が変わってきています。1998年から2000年のITバブルは日米欧同時に起こり、アメリカでサブプライムバブルとなった2001年から2008年の不動産バブルは、新興国を含めて世界中に広がり、ほぼ同時に崩壊しています。

これは、ロシアや中国ががっちりと世界経済に組み込まれ、巨大なグローバル企業がどこの

図表1-7　2000年以降各国の株価は同期している

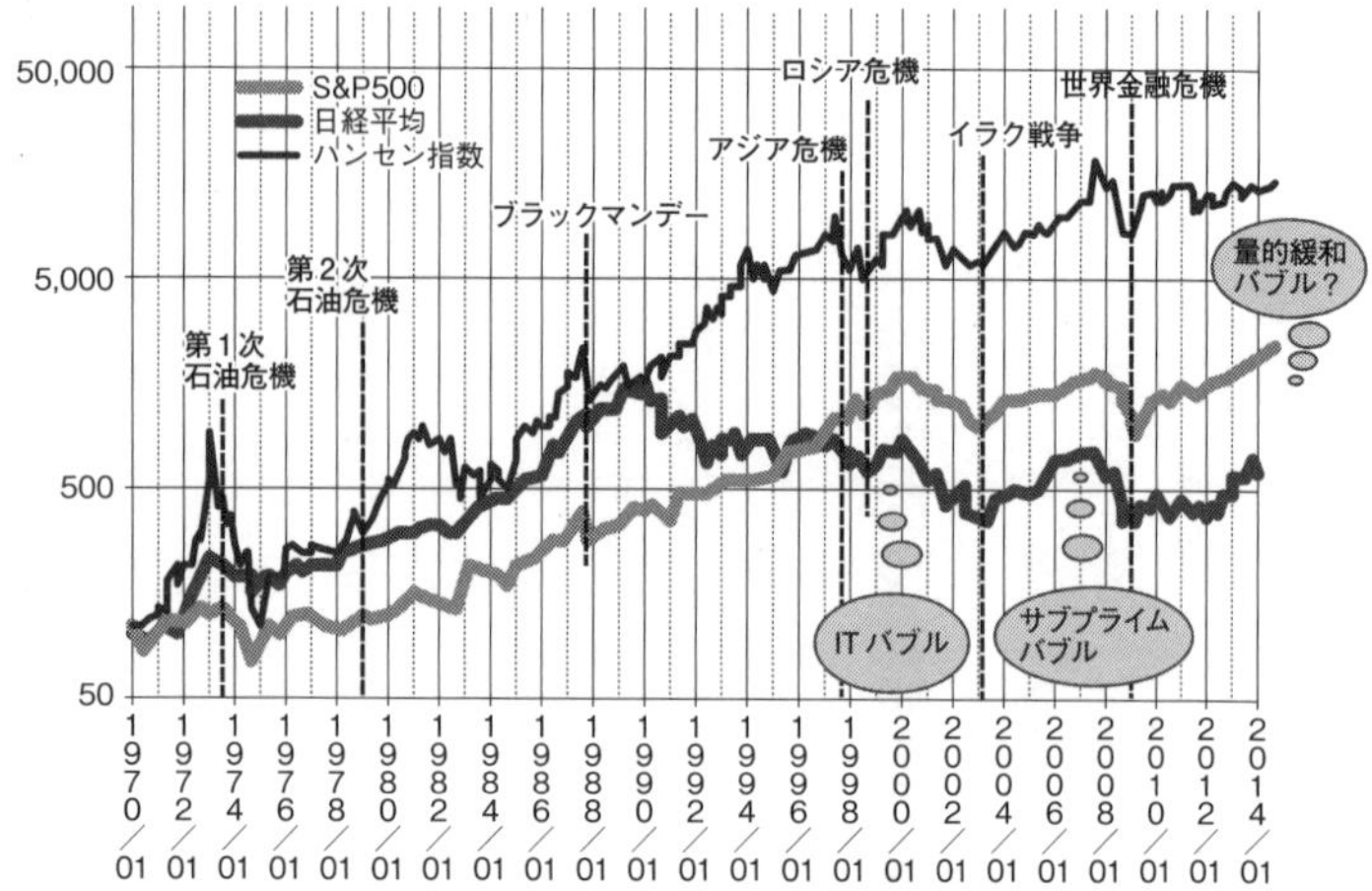

出所：ロイター

国でも存在感を示すようになった**「経済のグローバル化」**、投資主体である年金やヘッジファンド、投資信託会社が巨大化し、各国の主要金融機関も世界中に拠点を置いて活動するようになった**「投資のグローバル化」**の影響が大きいと考えられます。

さらにインターネットの普及によって、世界中の企業や投資家、金融機関が容易に同種の情報を瞬時に得られるようになり、欧米流の経営理論や投資理論と英語が共通の知識ベースとなった**「情報と知識のグローバル化」**も、世界中が同じ情報で瞬時にドッと同じ行動をするようになった背景といえるでしょう。

図表1-7は、1970年以降の日本（日経平均）、アメリカ（S&P500）、香港（ハンセン指数）の株価指数の値動きを見たものです（比較しやすくするために1970年を100として

換算しています）。日本は1955年から1973年までは高度経済成長の最中でした。香港は1997年までイギリスの統治下にありました。1973年の第1次石油危機は世界中に影響を与える事件だったため、米国株、日本株、香港株ともに大きく下げています。一方で、1979年に起こった第2次石油危機によって米国株と香港株が1983年頃まで影響を受ける結果となりましたが、第1次石油危機後の対応が進んでいた日本への影響は相対的に軽微で日本株はあまり影響を受けていません。

また、1987年のブラックマンデーでも米国株と香港株は大きく下げましたが、日本はバブルの真っ盛りで日本株はすぐに戻して大きく上昇しています。一方日本で株・不動産バブルが崩壊して1990年から日本株が下げ始め、1992年頃には不動産バブルの崩壊がはっきりしてきても、米国株も香港株もどこ吹く風で、ぐんぐん上げていました。1997年のアジア通貨危機、1998年のロシア危機では、香港株と日本株は大きく下げていますが、米国株への影響は、ほとんどありませんでした。

ところが、**ITバブル以降の米国株、日本株、香港株は山と谷が見事に一致**し、それまでとは明らかに変わっています。以前は各国の株式がバラバラに動いていたのに、2000年のITバブル以降はきわめて似た動きをするようになってきたのです。

世界同時に暴落するから逃げ場がない！

このように世界経済が一体化した結果、投資という観点から見ると困ったことになってきました。それまでは、ブラックマンデー、日本のバブル崩壊、アジア危機などがあっても、たとえば日本株、米国株、香港株に運用資金の3分の1ずつ投資しておけば、どこかが悪くても、他は影響が軽微あるいはまったく関係がないという具合に、投資対象を分散することによって全体のリスクを減らすことができました。

同様に、米国市場と日本市場でビジネスをしていれば、従来はどちらかの景気が悪くても、もう一方でなんとかなることも期待できました。しかし今は、株価も景気も同時に悪くなって、落ちれば全部同時に暴落、各国企業の業績も同時に落ち込むようになったのです。

図表1-8は、日本の株価指数であるTOPIX（東証株価指数）と米国株（S&P500）、ドイツ株（DAX指数）、香港株（ハンセン指数）、原油（WTI原油スポット価格）、金地金（円建て）、米ドル／円相場、ユーロ／円相場の1988年から過去26年間の月次騰落率の相関係数を示したものです（外貨建てのものは円換算）。26年間を通じて見ると、米国株、ドイツ株、香港株ともに日本株との相関は0・5以下と低く、金地金、原油、為替相場などは0・1から0・2とほとんど相関がありませんでした。投資理論では相関が低い資産が分散投資の対象として好ましいとされるので、これらはすべて日本株との組み合わせに適していたといえます。

図表1-8　平時と暴落時のTOPIXと他の資産との相関の変化

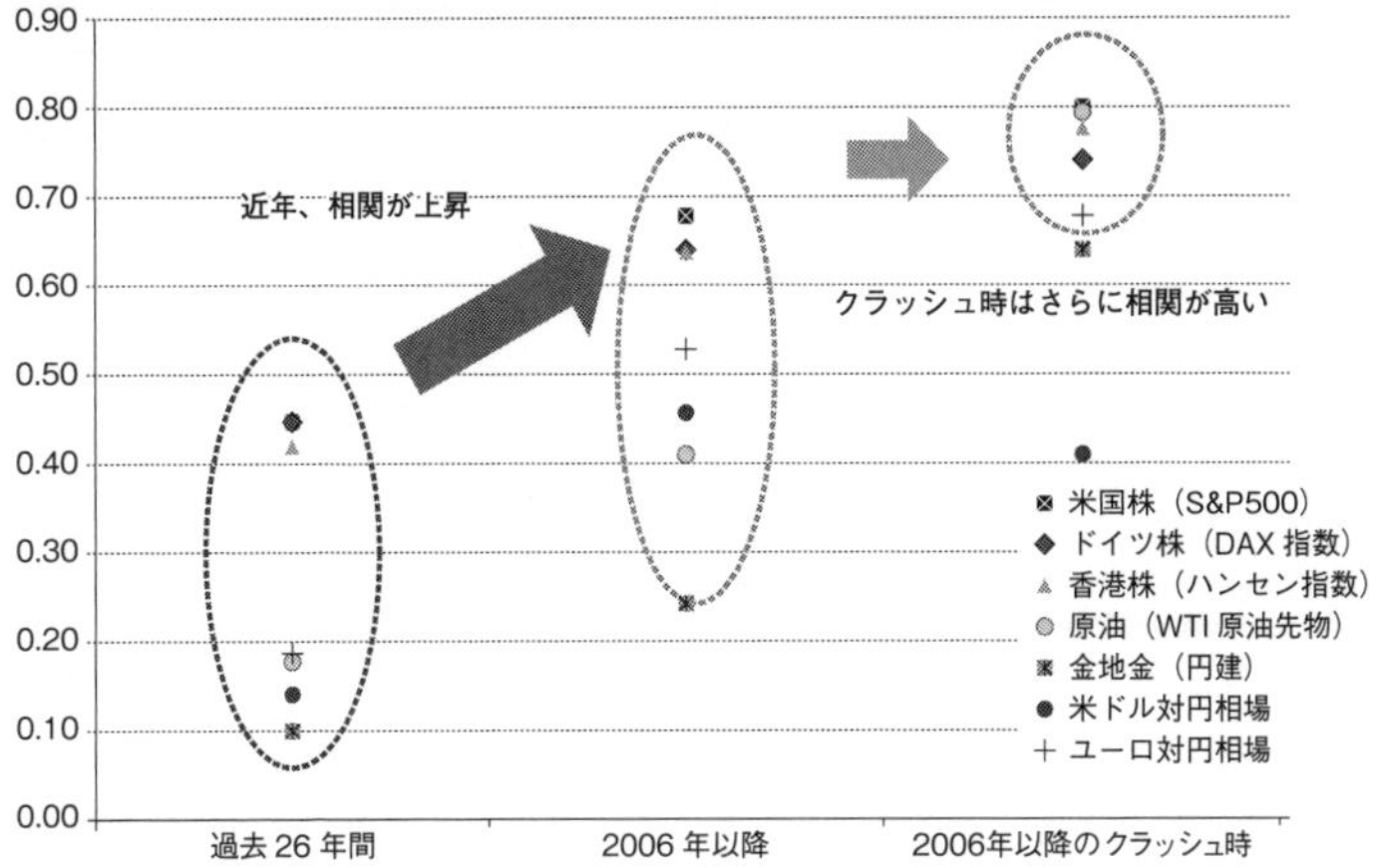

しかし2006年以降に絞って日本株との相関を見ると、外国株式だけでなく、原油や金、為替相場も相関が高まっています。これは金融と経済のグローバル化に加えて、コモディティがETF（上場投資信託）などの登場で年金や個人投資家の投資対象として一般的になってきたことや、為替相場で投機を行うヘッジファンドや個人が増えていることが影響していると考えられます。

さらにTOPIXが1ヵ月で5％以上下落した月をクラッシュ（暴落）時として抽出して調べると、相関はもっと上昇しています。2008年以降に円高米ドル安が過度に進んだ米ドルを除き、他の資産と日本株はクラッシュ時には値動きがほとんど同じだったことになります。つまり、**以前とは異なり、今は暴落に備えて日本株以外に分散投資しても、米国株、ド**

図表1-9　日米欧のベースマネーの推移

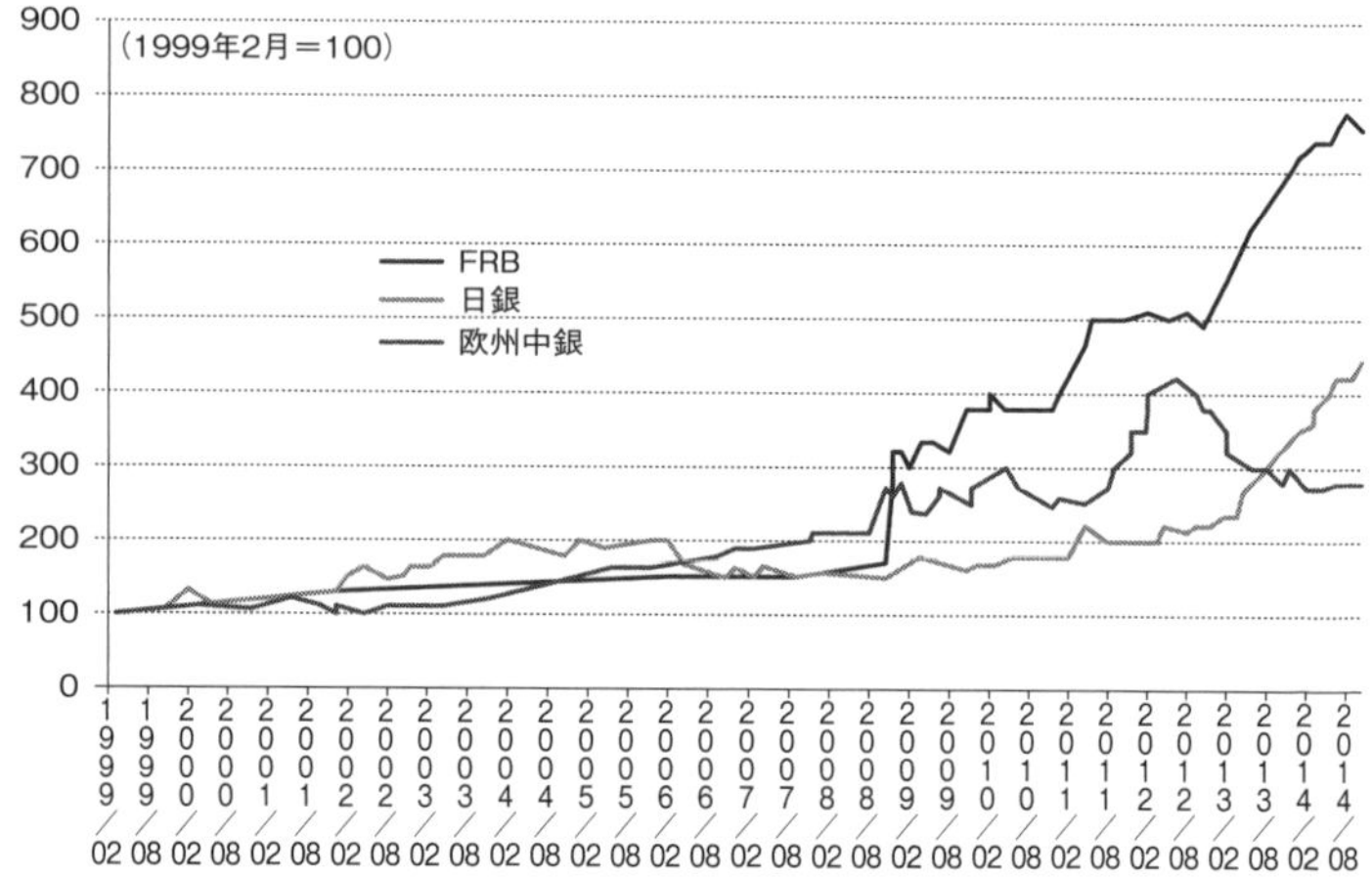

出所：日本銀行、FRB、ECB

イツ株、香港株はいうに及ばず、原油や金でさえも同時に落ち、分散投資は保険にもリスク低減にもなり難いということです。

あの異常な〝超円高〟の裏にあった欧米との通貨切り下げ競走

バブルは金余りが主因で発生し、その周期は7年から10年で、おまけにITバブル以降は世界各国の景気と株価が同期するようになっているということ理解したうえで、世界と日本の現状を眺めると、かなり憂慮すべき事態が進行中だということがわかります。

図表1-9は日米欧の中央銀行のベースマネーの推移です。ベースマネーとはマネタリーベースとかハイパワードマネーとも呼ばれるもので、要は「中央銀行が創りだしているお金の量」のことです。日本の場合は流通している硬貨と

紙幣、それに銀行が日銀に預けているお金の合計のことを指します。このお金の量が増えると、いろいろな経路でそれらが世のなかを駆け巡り、株や土地の価格が上昇し、企業は資金繰りが楽になり景気が良くなります。

「お金を創る」というと妙な気がするかもしれませんが、**1971年にアメリカが米ドルと金との交換を停止して以降、世界各国の通貨はすべて「非兌換通貨（金や銀などの裏づけがない通貨）」で、中央銀行がお金の量を自由にコントロールすることができる**のです。

図表1-9のチャートを眺めてまず目につくのが、2008年以降のアメリカの中央銀行であるFRBと欧州中央銀行（ECB）のお金の増やし方のもの凄さです。アメリカのベースマネーは2008年に比べて2014年末で約5倍に膨らんでいますし、ヨーロッパも多いときには2008年の2倍にもなっています。

よくよく見ると、日銀は2002年ぐらいからベースマネーが倍増し、2006年にまた下がっています。これは当時の日本がデフレに陥って金利がほぼゼロになって通常の金融政策が効かなくなってしまった際に、お金をジャブジャブにする量的緩和（ベースマネーの量自体を意図的に増やす）という手段を〝発明〟したときの動きです。**2006年に景気が良くなったと勘違いして日銀がお金を絞ったら、その頃にはアメリカのサブプライムバブルがすでに崩壊し始めていて、2008年のリーマンショック**となりました。

ところが日銀は、2008年には申し訳程度にしか量的緩和をせず、FRBとECBにすっかりお株を奪われる格好になっていました。2002年に世界に先駆けて量的緩和を始めたのに、世界恐慌の一歩手前とも呼ばれた2008年秋のリーマンショック後はFRBやECBに比べてのんびりとしたペースでしかベースマネーを増やさなかったのです。**一方の国がお金をガンガン刷って他方が何もしないなら、当然ガンガン刷った国の通貨は弱くなります。**

その結果、欧米との通貨切り下げ競争に敗れて超円高でデフレとなり、世界中の不景気を日本が一手に引き受けることになりました。だから欧米の株式は日本株よりずっと前に立ち直り、好調だったのです。

世界的な量的緩和バブルに周回遅れで参加したアベノミクス

その日本でも遅まきながら2012年末からアベノミクスが始まり、「誰がお金をたくさん刷るか競争」に加わりました。その結果、行き過ぎた円高が是正され、出遅れていた日本株も急速に値を戻してきたのです。

「お金がたくさんあるなんて、すばらしいじゃない！　一体、それのどこが問題なの？」

と思うかもしれません。ところが、今まで説明してきたように、この**お金ジャブジャブ状況こそが巨大バブルを引き起こし、膨張させる元凶**なのです。通貨供給量で見るなら、日本が加わる前に欧米では量的緩和バブルが始まっていました。したがって、米国株はすでに大幅に割高な水準まで上昇しているといえます。

日本はアベノミクスを開始することによって、欧米に約4年遅れて「世界規模で現在進行中の量的緩和バブル」に加わったのです。興味深いことに、2012年末からECBはこの競争から「一抜け」とばかりにお金の量を減らし始め、その結果、ヨーロッパは不景気に逆戻りしてしまいました。しかし、2015年1月に国債買い入れによる量的緩和政策の導入を決定し、「世界規模の量的緩和バブル」に薪をくべる役割を再開することになったのです。

一方、アメリカは景気が堅調になってきているので、すでに2014年10月に量的緩和の拡大をやめ、次は2015年半ばに利上げを行うとしています。これは超金融緩和政策から金融引き締め政策への大転換です。

アメリカの金融政策の転換によって、前代未聞の量のお金をばら撒いて膨れ上がった「量的緩和バブル」が崩壊し、世界中に金融危機と不景気が伝播するのか。アメリカのベースマネーの減少を日欧が補って当座はなんとかしのげるのか。景気減速の芽が見えたらアメリカが速やかに量的緩和を再開して異次元の金余り状況が世界各国で長期間継続するのか。いずれにしろ未知の領域に入っていくことになります。

バブル相場は水風船のようにもろい

バブル発生の主因が金余りなので、バブル崩壊の理由の大部分は自国の中央銀行の金融引き締めか、他国の中央銀行の金融引き締めによって引き起こされた投機資金の急速な引き上げで

す。1987年のアメリカのブラックマンデー、1990年初の日本株の急落、2000年のITバブル崩壊、2007年のサブプライムバブル崩壊はすべて、中央銀行の利上げからしばらくしてストーンと株価が急落し、それが雪だるま式にバブルの崩壊につながりました。

しかし、稀に石油危機のように、いきなり景気にバケツで冷水を浴びせるようなイベントによってバブルが崩壊することもあります。そう考えるなら、「こうなったらバブルは崩壊する」というよりは、バブルが崩壊する前には、バブルが膨らんでいるという状況がすでにあって、それが何かのきっかけで「パンッ」と破裂すると考えれば合点がいきます。世の中の余ったお金が、水風船のようなバブル経済をゆっくり膨らませているイメージです。

前回の巨大バブル崩壊から7年から10年程度の周期があるのは、水風船が大きく成長するのに時間がかかるからともいえます。もちろん、大きくなればなるほど、ふとしたきっかけで破裂しやすくなります。金融引き締めはジワジワと水風船を握りしめていくようなもので、限界になると「パンッ」と破裂します。それ以前に、戦争、石油危機、自然災害や増税などがあると、水風船に針を突き刺すような感じで、バブルの水風船がはじけます。

だから、**日経平均やNYダウが「いくらまで上がるの？」**という**目標株価を考えるよりも、「要注意の時期はいつ？」と考えるほうが現実的**なのです。そこで、次章で今後予想されるイベントから、いつ頃が危ないのか探っていきましょう。

第2章

危険度が一挙に高まる
2016年から要注意！

「何もかもが上手く回っている時期が過ぎると、簡単にお金を借りることができなくなり、資産価値の上昇が金余りによるものではないという誤解も消える。バブルは通常非対称な形状となる。ゆっくりと成長するが、破裂するときは突然で破滅的なのだ」

（ジョージ・ソロス：ポンド危機を引き起こし、「イングランド銀行を負かした男」といわれた投機家。1930 ～）

次々と待ち受けるバブル崩壊への危険な呼び水

サブプライムバブルの株価のピークであった2007年から、早くも8年が経過しました。7年から10年周期で次のバブルが発生するなら、2007年の7年後は2014年、10年後なら2017年となります。仮に2014年末が天井圏だったと後で判明しても、まったく不思議なことではありません。

各国の状況を見ると、ドイツ、アメリカだけでなく、インド、タイなどの新興国の多くの株式市場で、サブプライムバブル時の高値を大きく更新しています。また、他の国々に4年も遅れてようやく〝マネージャブジャブ号〟のバンドワゴンに乗り込んだ日本も、株価が2007年の高値に迫る水準まで回復してきました。バブルを水風船にたとえるなら、水が溜まって相当膨らんできたところです。となると、今後注意すべきイベントにはどんなものがあるのか、今すぐに備えておく必要があります。

そこで量的緩和バブルの〝水風船に刺さる針〟となりそうなイベントと、その影響が出る可能性が高い時期を整理したのが図表2-1です。図中の二重丸は発生後に景気を冷やすと思われるイベント自体の予想発生時期で、両矢印の線で示した時期はイベントがバブル崩壊のきっかけになる可能性が高いと予想される時期です。縦に眺めてみて、両矢印の区間がいくつも重複する時期は、それだけバブル崩壊が始まるリスクが高いということになります。

図表2-1　次のバブル崩壊のきっかけと予想時期

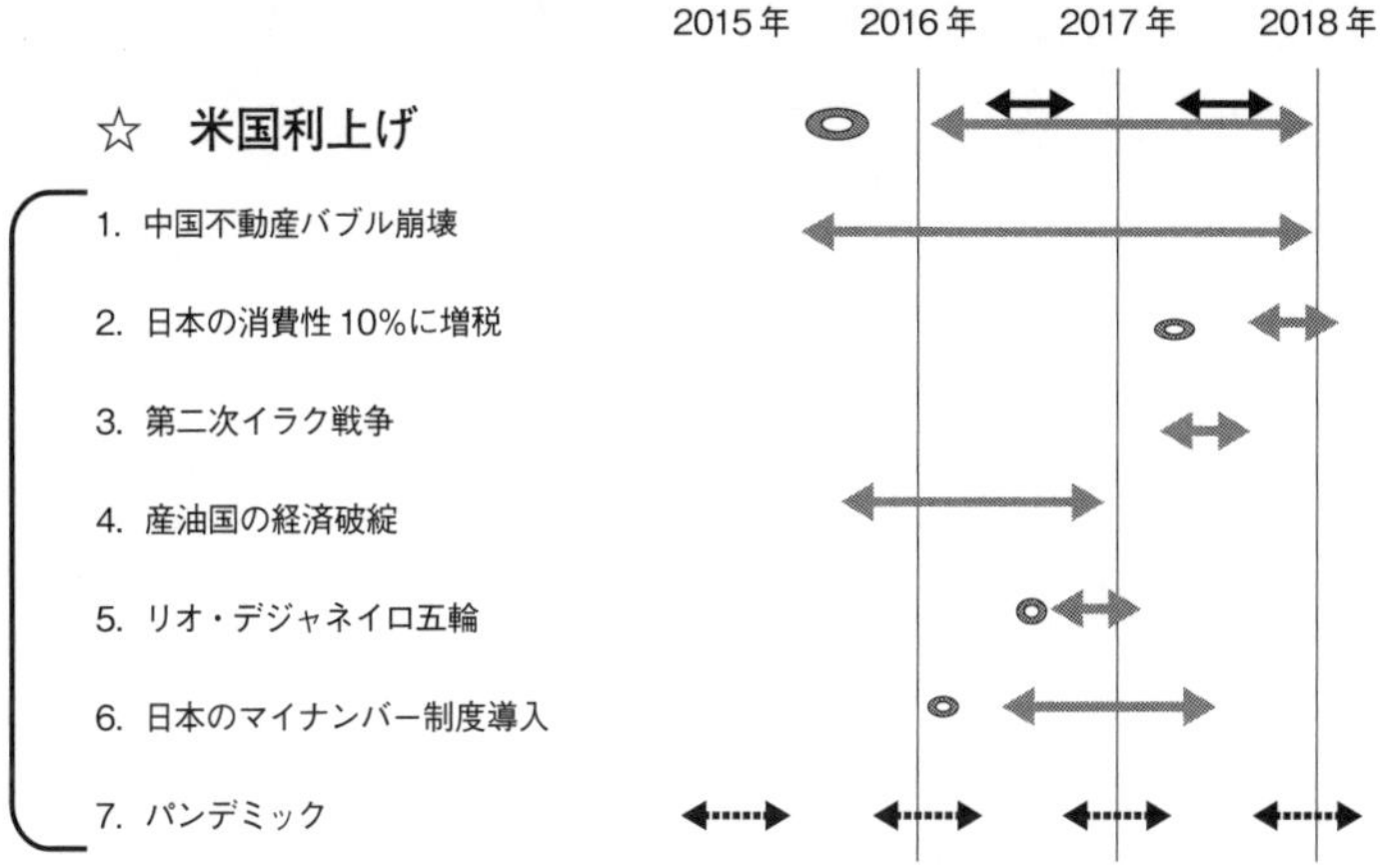

このうち、**他の要因やイベントを圧倒するほどバブル崩壊のタイミングを左右するのが「アメリカの利上げ」**です。〝Don't fight the FED.〟というウォール街の投資格言があります。FEDとはアメリカの中央銀行制度のことで、つまり「FRBと戦うな＝FRBが金利を上げて景気を冷やそうとしているときに株を買うな」、または「不況期にFRBが金融を緩和して景気を良くしようとしているときに株を空売りするな」という意味です。そんな格言があるくらい、**FRBのスタンスはバブル崩壊の時期を考えるうえできわめて重要**です。また、これが「2016年から2017年が危ない」と私が考える最大の理由でもあります。

中央銀行の利上げとバブル崩壊の関係をわかりやすくたとえるなら、皆さんが遊んだことがあるかもしれない「黒ひげ危機一発」（プラスチック製の樽の横に順々にプラスチック製の剣を差し込み、樽のなかの人形がポンと飛び出してしまった人が負け、という玩具）と見立てることもできます。まず、中央銀行の金融引き締め開始で、「バブル崩壊版黒ひげ危機一発ゲーム」が始まり、「バブル崩壊黒ひげ人形」が樽にセットされます。そして、「利上げ1回目行きま～す」とプラスチックの剣を樽にブスッと差込み……まだ大丈夫。「利上げ2回目行きま～す」と再びブスッと差し込んでも……まだ大丈夫かもしれません。その後、何回目かの利上げ、あるいは別の突発イベントが発生して人形がポ～ンと飛び出し、バブル崩壊となるのです。

2015年からの数年間を考えると、その何本目かの〝とどめの剣〟になりそうなイベントはいくつもあります。「中国不動産バブルの崩壊」が起こる可能性は絶えずありますし、アメリカの利上げが新興国からマネーを引き上げさせ、それによって中国不動産バブルが崩壊し、ひいては世界規模のバブル崩壊へとつながることも考えられます。「日本の消費税再増税」「マイナンバー制度の導入」の影響は、日本が沈没するだけにとどまるかもしれませんが、世界的な量的緩和バブルの崩壊と重なると、日本にとっては傷口に塩を塗りこむようなダブルパンチ、トリプルパンチにもなりかねません。また、アジア金融危機前の1997年の消費税増税時のように、世界に先駆けて日本株が大暴落した後に、世界の量的緩和バブルが崩壊し、それが再び日本経済に悪影響を与えることもあり得ます。

同様に「第2次イラク戦争」「産油国の経済破綻」「リオ・デ・ジャネイロ五輪」も、地域を限定したものでとどまるか、世界に伝播するショックとなるかは、その規模とタイミングによって変わってきます。また、「パンデミック」は伏兵ですが、流行する地域や感染速度によっては世界経済に壊滅的な損害をもたらすこともあり得ます。

改めて図表2-1を見ると、2016年から2017年に矢印で示す期間がある項目が多いことが一目瞭然です。**アメリカの利上げだけでなく、大きなものから小さなものまで危ないイベントが並ぶのが2016年から2017年**なのです。

そこで、各イベントの内容を詳しく見ていきましょう。

真っ先に警戒すべきアメリカの利上げ

1989年に株価が天井をつけた日本の株・不動産バブル、2000年に株価の天井となったアメリカのITバブル、2007年に株価の天井となったサブプライムバブルと、直近3つの巨大バブルはすべて中央銀行の金融引き締めがバブル崩壊の直接的な原因でした。このため、次のバブル崩壊に向けて真っ先に警戒すべきなのが、中央銀行の金融引き締めです。

現在日米で行われている量的緩和とゼロ金利政策、ヨーロッパで2015年1月に開始された加盟国の国債を対象にした量的緩和、中国の隠れた金融緩和と巨額の財政支出は、すべてリーマンショック後の世界恐慌を避けるための緊急避難的な措置の延長線上にあります。このため、日米欧のなかでいち早く景気が回復しているアメリカの金融政策当局が、「まともに金利

図表2-2　S&P500とFFレートの推移

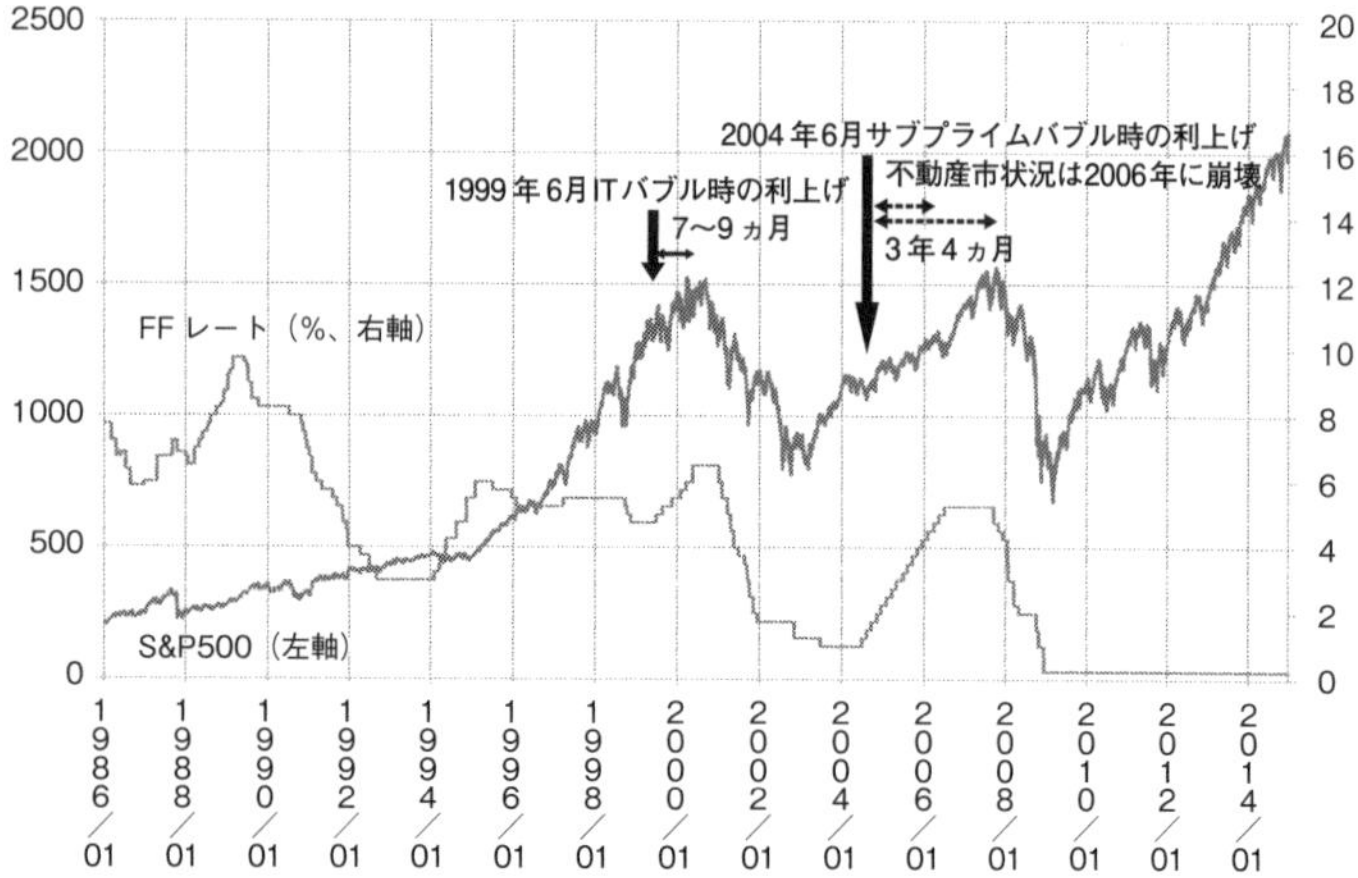

出所：FRB、ロイター

がつく正常な状況に戻したい」と考えるのは至極当然なことといえます。

しかしながら、現在の米国株高は、量的緩和による前代未聞のジャブジャブの資金供給に下支えされています。また、アメリカで金融引き締めが行われ金利が上がり始めると、2014年初頭に見られたようにアメリカの超金融緩和マネーで潤っていた新興諸国から資金が一気にアメリカに還流し、各国の株価や通貨が急落して世界経済の波乱要因ともなりかねません。

さらに、米国経済が冷え込んでしまうと、日本株が売られ、今までのパターンなら円高ドル安になります。日本が追加的な量的緩和などによってなんとか円高を防いだとしても、米国市場への依存度が高い多くの日本企業の業績が急速に悪化し、日本の景気は急速に冷え込みます。

結局、**アベノミクスで日本経済が元気を取り戻**

したといっても、やはり米国景気、ひいては米国株次第なのです。

図表2-2はS&P500とフェデラルファンドレート（FFレート：アメリカの政策金利）の推移です。一見するとFFレートが上がると株価も連動して上がるように思えるかもしれませんが、よく見るとちょっと違います。利上げが始まる前にいったん株価が調整し、実際にアメリカの利上げが始まったら2回目か3回目ぐらいから再び株価が上がりだします。また、株価のバブル期の最高値は通常利上げ後です。しかし、そのすぐ後に大暴落が始まることが多いので、利上げ後に株価が持ち直したら、ますます「今までのパターンと一緒だ」と気を引き締めなければいけません。実際どうだったのか、過去のバブル時の推移を振り返って確認してみましょう。

ITバブル、サブプライムバブルと利上げの関係性とは？

2000年に崩壊したITバブルでは、FRBは1999年6月にFFレートを引き上げて以降、小刻みに政策金利を引き上げました。株価は7ヵ月後の2000年1月には上昇の勢いが止まり、9ヵ月後の2000年3月にS&P500指数は1553・11の高値をつけ相場の天井となりました。高値圏で一進一退となった後、急落し始めたのは1年3ヵ月後の2000年9月のことです。FRBが株価の上昇が止まった後も政策金利を引き上げ続け、暴落を招いてしまったともいえます。ただ、日銀の利上げもしばしばこういう結果を招き、FRBも何回も同じ失敗を繰り返しているので、**「中央銀行はバブルが崩壊するまで引き締めを行うもの」**と考えたほうが良さそうです。

一方、サブプライムバブルの際は、ＦＲＢは早めにバブルの芽を摘もうと腐心した跡が見てとれます。２００4年6月の最初の利上げから２００6年6月までの２年間にわたって、なんと17回も小刻みに金利を上げています。それでも株価は下がらず、Ｓ＆Ｐ５００指数は２年9ヵ月後の２００7年5月には高値圏に達し、天井は最初の利上げから３年４ヵ月後の２００７年10月の１５７６・09でした。

しかし不動産市況は、２００6年にはすでに変調をきたし始めています。２００7年9月にＦＲＢは利下げを行っているので、すでに「あっ、金利引き上げで景気を締め上げ過ぎてしまった！」とわかっていたはずです。そう考えると、**最初の利上げから2年ほどでバブルは崩壊したと**いえるでしょう。

日本株は米国株よりも米国利上げに早く反応することも！

日本は長い間デフレで、ほんの一時期の低金利を除き、長らくゼロ金利政策を続けています。一方で、日米間の投機資金の流れはきわめて活発なので、アメリカの利上げが日本株に大きな影響を直接与えている可能性があります。そこで日本の株価指数（ＴＯＰＩＸ）と、アメリカのＦＦレートと日本の公定歩合を比較してみたのが図表2－3です。

図表2-3　TOPIXとＦＦレート、公定歩合の比較

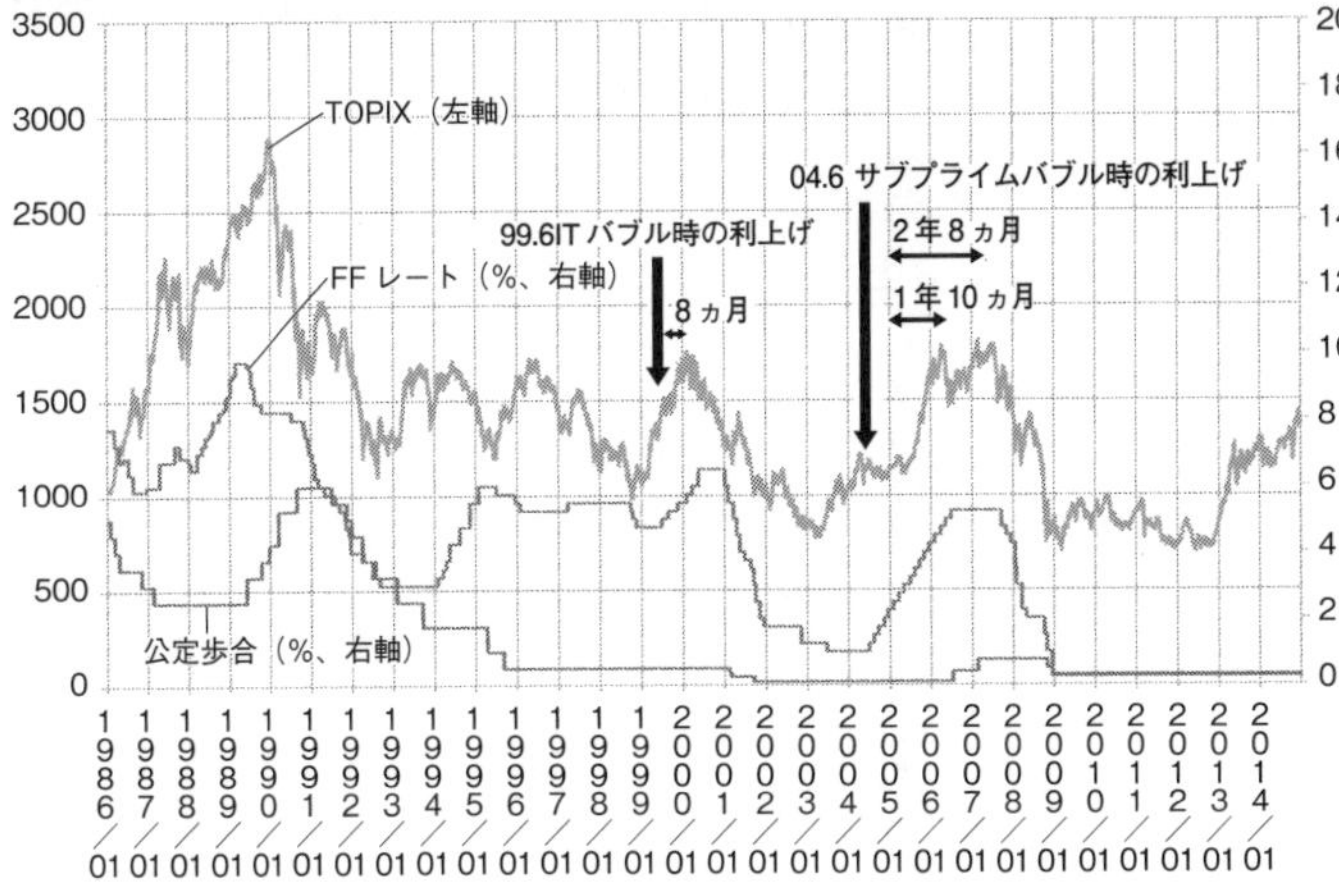

出所：日銀、FRB、ロイター

これを見ると、興味深いことにアメリカの利上げに日本株はきわめて敏感に反応し、ＩＴバブル時には米国利上げから８ヵ月後に高値をつけています。サブプライムバブルでは米国株よりもずっと早い１年10ヵ月後の２００６年４月に１回高値をつけ、その後もう１回米国株より少し早い２年８ヵ月後の２００７年２月に天井をつけています。このことから考えると、**米国利上げの影響は米国株自体よりも、資金が先に引き上げる日本株や新興国株などに早い段階で作用する可能性もある**と考えられます。

そして２０１５年半ばに予定されている今回のアメリカの利上げについては、２０１５年６月か９月の可能性が高いといわれています。サブプライムバブル時の利上げのようにスタートする金利水準が低いことと、現ＦＲＢ議長のイエレン氏はハト派といわれ、雇用情勢を見ながら慎重に金利を上げていく姿勢を示していることから、暴落を先延ばしできると考えることもできます。一方、２００４年の利上げ時とは異なり米国株の水準はすでにきわめて高い水準にあり、今すぐに相場が崩壊しても不思議ではないことから、楽観的にはなれません。

以上を鑑みると、仮に２０１５年半ばにアメリカの利上げが始まるなら、８ヵ月から９ヵ月後の２０１６年春から2年先の２０１７年半ば頃までの間のどこかで、量的緩和バブル崩壊する可能性が高いと推測されます。

さらに米国株のアノマリー（特異効果）である「ハロウィン効果（5月初めからハロウィンの10月末までの半年間に暴落が多く、11月から4月末までは株価は堅調となることが多いという現象。半年効果とも呼ばれる）」を考慮すれば、２０１６年5月から２０１６年10月、２０１７年5月から２０１７年10月は特に警戒すべき時期（図表2-1の濃い矢印の2区間）といえるでしょう。

アメリカの利上げ以外に注意すべき7つのイベント

アメリカの利上げ以外にも、バブル崩壊につながる可能性のある注意すべきポイントは7つあります。それぞれの中身を見ていきましょう。

1．中国不動産バブル崩壊：２０１５年秋から２０１７年が危ない

１９９２年に最高指導者の鄧小平《とうしょうへい》氏が「南巡講話《なんじゅんこうわ》」を発表して以来、中国は共産党独裁体制

下で資本主義市場経済を導入してきました。その結果、資本主義のアメリカよりも貧富の差が大きく、営利最優先で汚職と公害だらけという矛盾を抱えた共産主義国家になりました。このため、ここ10年ほど「中国のバブル崩壊は間近」といわれ続けています。その一方で、GDPでも軍事支出でも世界第2位となり、周辺国への領土的野心を露骨に示し、アメリカの世界覇権に挑戦するまでになっています。

2008年のリーマンショック後、中国では「4兆元（当時のレートで約60兆円）投資」と呼ばれる大規模な財政出動と空前の金融緩和を行いました。その結果、中国経済は急回復しましたが、同時に巨大な不動産バブルを増幅させました。この構図は、**円高不況を日銀の過剰流動性供給で乗り切り、未曾有の株・不動産バブルを引き起こした1980年代の日本とそっくり**です。日本の生産年齢人口のピークが1995年頃であったのに対し、中国の生産年齢人口（15〜59歳）のピークは2012年であったとされ、中国でも日本のように経済成長が急激に鈍化することが予見されています。低成長経済への転換期にバブルを政府が引き起こしたというところまで、日本のかつてのバブル景気にそっくりなのです。

また、**リーマンショック後の中国の行動は、ITバブル崩壊をサブプライムバブルという官製バブルで持ち直したアメリカとも同じ**です。なぜなら、**政治家が人気取りのために融資不適格者にも住宅ローンを提供させ、バブル崩壊後の景気浮揚政策が国内の不動産投機を招いた**からです。なお、日本では土地担保融資や迂回融資でしたが、アメリカではローンを証券化して世界中に売りまくりました。中国では理財商品（不動産投機に使われる元本保証の高利回り金融商品）という箱を使って銀行のバランスシートから外し、高利回り商品として中国国内で販売しています。日米の巨大バブルと中国のバブルが似ていることから、小さな破綻が伝播していった過去のバブル崩壊の経過も甘く見ることはできません。

1990年半ば以降、日本では金融機関や一般企業のバブル崩壊に伴う損失隠しが横行し、不良債権問題が指摘されていながら実態は霧のなかでした。ところが、1997年10月14日に京都共栄銀行が破綻すると、11月3日に三洋証券、17日に北海道拓殖銀行、22日に山一證券、26日に徳陽シティ銀行と、バタバタと金融機関の連鎖破綻が起こりました。その後、翌1998年10月に長期信用銀行、12月に日本債券信用銀行と政策金融機関にまで連鎖が広がり、都銀大再編を経て、2003年のりそな銀行の実質国有化、いわゆる「りそなショック」で、ようやく12年間のバブル崩壊後の不良債権処理が終わりました。

一方、アメリカのサブプライムバブルでは、不動産市場は2006年頃からおかしくなりました。2007年夏のパリバショックで問題が表面化したものの、大手投資銀行のベア・スターンズが2008年3月にJPモルガン・チェースに救済合併され、とりあえず混乱は避けられました。しかし、同年9月のリーマン・ブラザーズ破綻を米国政府が黙認すると、他の金融機関の経営状態まで疑心暗鬼が一気に広がり、世界的な保険会社AIGの破綻懸念が出て世界的な金融危機を引き起こす結果となりました。

つまり、政府が「モラルハザードを防ぐためには、この程度の破綻は仕方がない」とタカをくくって小さな破綻を黙認すると、それがアリの一穴になるということです。中国の場合は、不良債権どころか政府統計の数字の信憑性も低いので、さらに疑心暗鬼を生むことになるでしょう。そうなると、地方の小さな不動産開発会社のデフォルトが地方金融機関の破綻を招き、次から次へと別の金融機関へと伝播する可能性が高いと思われます。

実際、最近はどんどん良くない方向に進んでいるようです。2013年に中国の大手オンライン企業が高利回りの小口商品「余額宝《ユエバオ》」を出し、それが爆発的に普及したあたりでバブルに典型的な投機熱の高まりと社会全体の陶酔感が漂いだします。2014年に入ると、新しい都市が開発されても多くの建物が売れ残り、人が住んでいないゴーストタウンが中国各地にあるという現地からの報道が目立つようになりました。また、理財商品のデフォルトも繰り返し懸念となっています（今のところ、政府系機関と推測される〝謎の投資家〟が額面で買い取っているようです）。理財商品を通じて、銀行系企業が迂回融資を行って不動産投機を煽ったというのは、不動産関連金融会社やリース会社といったノンバンクの融資が不動産投機を煽った日本の株・不動産バブルとそっくりの構造です。

2014年末には、いよいよ主要80都市のうち79都市で不動産価格が下がっているという報道も流れてくるようになりました。2015年初めには小規模の不動産開発会社が破綻したというニュースも飛び込んできています。しかし、なにせニュースはすべて検閲され、都合の悪

図表2-4　中国株(上海株、香港H株）と銅価格の比較

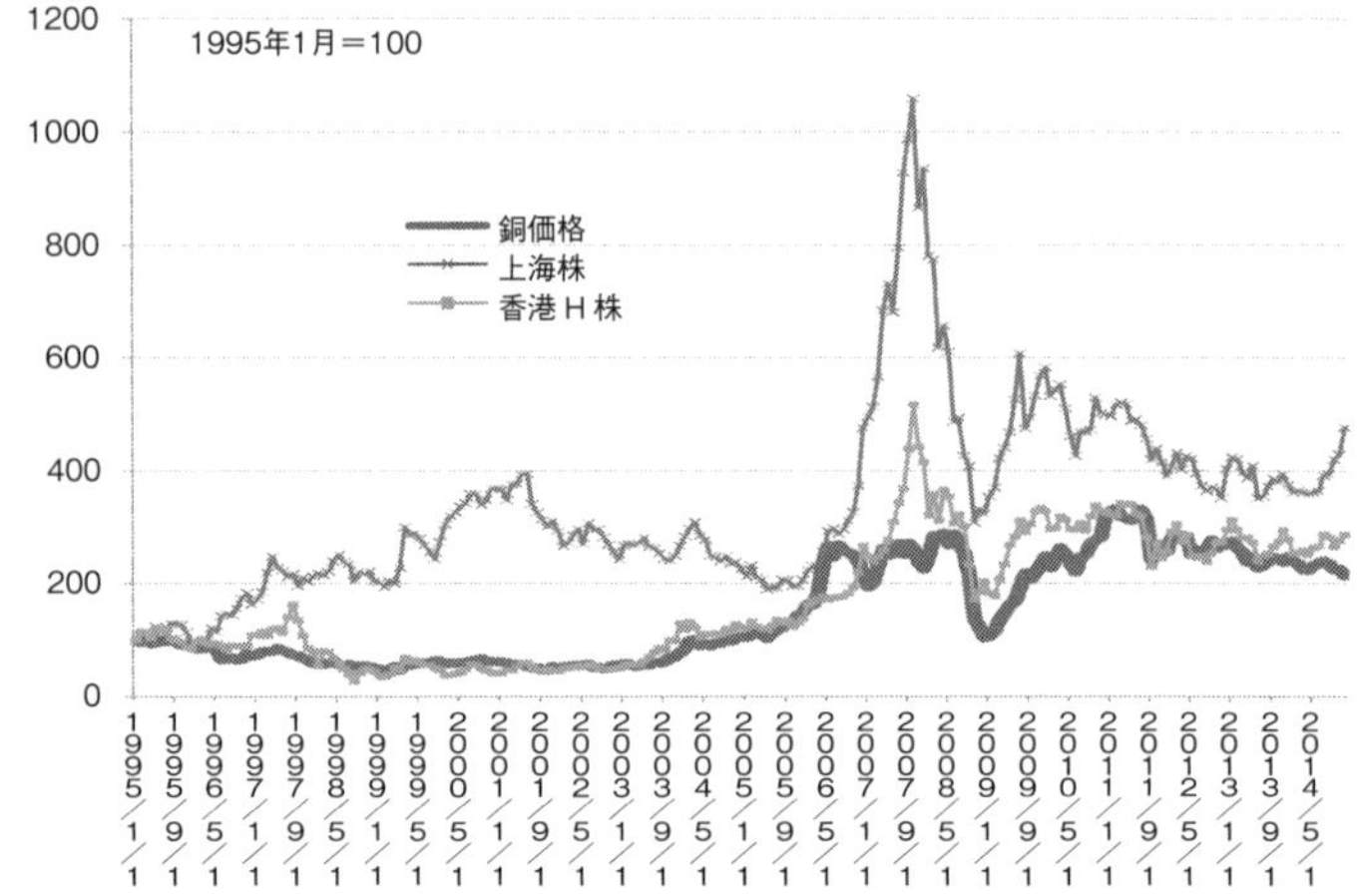

出所：ロイター

い海外のテレビ番組はブラックアウトさせるお国柄です。また、ＧＤＰから輸出入統計まで操作されている可能性が残るので、不動産市況の実態は確かめようがありません。

　そこで、ごまかしにくい株価と世界の銅価格の推移を見たのが図表２-４です。

　上海株は基本的に中国国内投資家向けの市場で、未だに完全に外国人投資家に開放されているわけではありません。また、中国国内の上場企業の財務諸表の内容やインサイダー取引規制にはかなり怪しいところがあるので、上海株は中国国内投機家の〝鉄火場〟のような側面が残っています。一方、香港Ｈ株は香港に上場されている中国本土企業の株価指数で、外国人も自由に取引でき、香港の基準で情報開示が行われるので、より公正な価格形成がなされていると考えられます。

さらに、銅地金の価格も中国経済の動向を推測するのに有効です。銅は「ベースメタル」といわれ、電線、自動車からエアコン、冷蔵庫といった家電製品まで多くの工業製品に使われています。また、銅地金などのコモディティは、精錬してしまえば同一物で世界中どこに行っても一物一価となり、運賃や保険料程度の差が生じるだけです。だから、どの程度需要が増減しているのかを比較しやすいのです。中国は巨大な人口を抱えているため国内市場も大きく、また、世界各地への製造拠点があるので、銅の一大消費地となっています。そのため、中国の景気が良ければ世界の銅価格が上がり、悪ければ下がると考えられているのです。

まず、株価を見ると上海株、香港H株ともに２００９年には巨額の財政出動もあってかなり戻したものの、それでも２００７年の半値程度にすぎません。また、最近の上海株は明確な理由がないのに急騰と急落を繰り返していて、「何かおかしい」という印象を受けます。

香港市場のH株はここ数年横ばいで、あまり調子が良いとはいえません。上海株の不安定な値動きや、香港のH株の戻りが悪いことから推察すると、中国経済は報道されているＧＤＰなどの統計よりもかなり悪い可能性があります。

もっとも気になるのが銅価格の下落で、２０１１年半ばから下げ続けています。もちろん米ドルが強くなってコモディティ価格全般に下落気味であるとか、かつて中国では銅地金への実需を伴わない投機的な取引が多かった、という指摘はあります。ただ、銅の需要低下は、世界全体で住宅、家電、自動車など生産が不調であることを示すので、やはり中国の実体経済も悪くなっていると推測されます。かつて、銅価格が高騰した際に、「日本から電線が盗まれ、中国に輸出された」というようなニュースが報じられました。しかし、今はそういう話すら聞こえてきません。

また、中国の不動産バブルに関して、「日米欧はどこもバブルを軟着陸させることはできなかったが、中国には可能だ。専制国家は民主主義国家と違って経済を好きなようにコントロールできる」という意見を中国からだけでなく、日本や欧米の中国通からも耳にすることがあります。「中国の不動産は過熱気味でいろいろ問題はあるが、大規模な金融危機を招くような崩壊は中国ではあり得ない。崩壊しなければバブルではないから、中国にバブルはない」ということなのでしょう。しかし、こういった**「今回はバブルではない」という意見が出てくることこそが、典型的なバブルの兆候**なのです。

仮に、中国の不動産バブルが本格的に崩壊すると、中国への輸出で稼いでいる日米欧の企業の業績が落ち込み、中国が資源をがぶ飲みすることで潤っていたブラジルやオーストラリア、アフリカの資源国経済が傷み、中国での生産拠点や下請け業者に依存していた先進国の企業は事業が回らなくなります。当然不況は海外に伝播し、病み上がりの日本経済を直撃。ヨーロッパはデフレがひどくなり、米国企業の多くも打撃を受け、中国経済への依存度が高い韓国は経済破綻の瀬戸際、同様に中国との関係が深い東南アジア諸国やアフリカ経済も、打撃を受けることになるでしょう。

さらに共産主義国なのにアメリカよりも貧富の差が大きい中国国内の矛盾から暴動が多発し、政府に抑圧されているウイグルやチベットで好機と見て独立を求める内乱が起こると、中国共産党一党独裁体制の危機につながる可能性すらあります。

中国発のバブル崩壊が起こる時期ですが、サブプライムバブル時の不動産バブルの天井から株価の天井までが1年半程度、リーマンショックまでは3年弱でした。中国でも似たような展開になるとするなら、2014年末時点にはすでに不動産価格が顕著に下落し始め、2015年初めに小規模不動産開発会社が破綻したという情報が正しいものとすると、**2015年半ばから2017年頃には不動産関連の不良債権問題が表面化し、中国の金融機関の破綻が始まる可能性が高い**と考えられます。

2．日本の消費税10％への増税：2017年4月実施なら同年秋が危険

「二度あることは三度ある」といわれますが、三度あったことは四度目もありそうです。**日本では消費税を導入すると必ず株価が大きく下げています。**まず、1989年4月に3％の消費税が導入された8ヵ月後の1989年12月が日本の株・不動産バブル時の株価の最高値となり、そこから株価はつるべ落としに下げ続けました。このときは、マスコミと世論のバブルへの憎悪を追い風に、日銀が「バブル退治」を気取って政策金利をガンガン引き上げて景気を冷やし続け、不動産取引への融資も監督当局によって規制（＝総量規制）されたため、日本

図表2-5　1997年の消費税増税と日経平均株価の動き

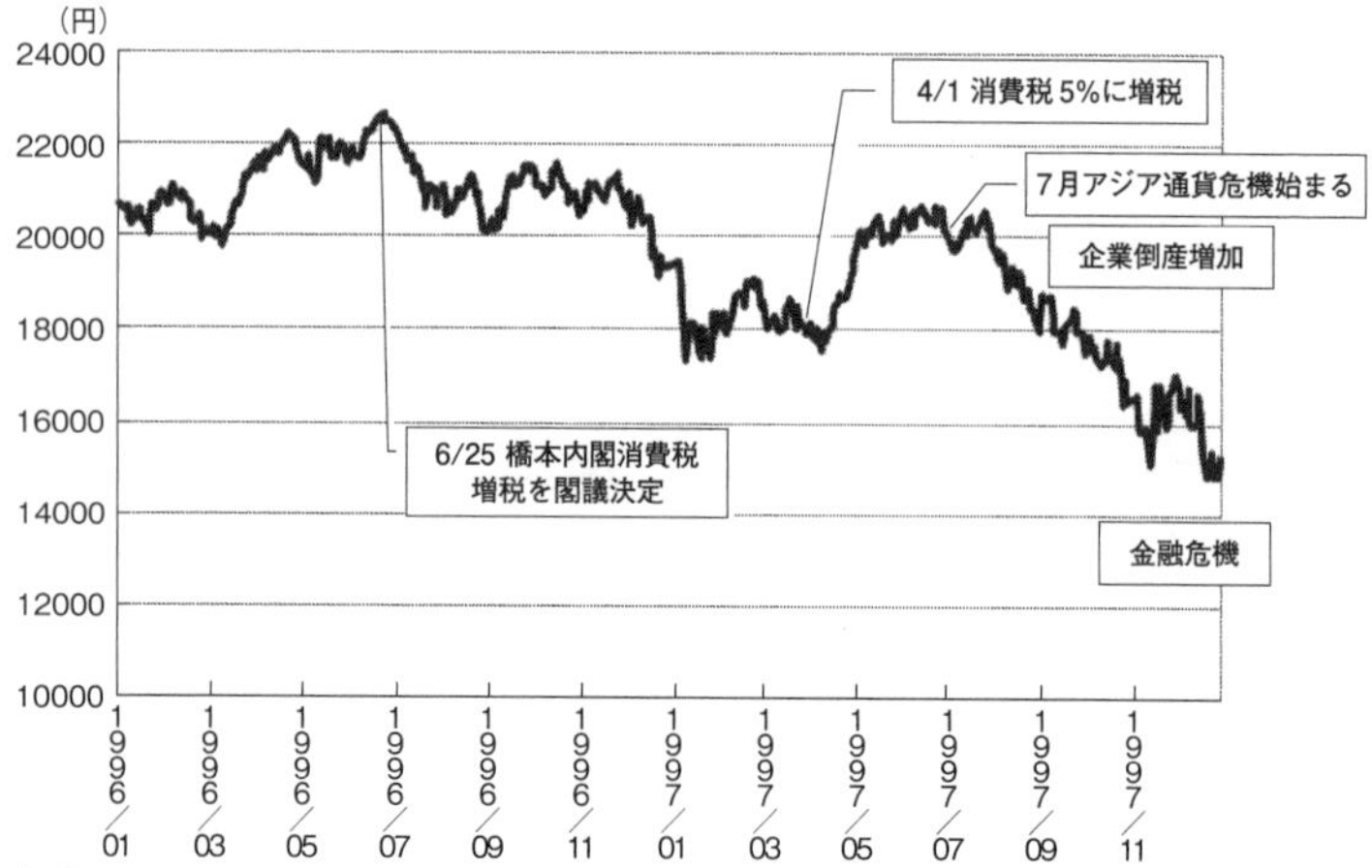

出所：ロイター

の株・不動産バブルが崩壊しました。こうした日銀の利上げや総量規制があったとはいえ、消費税導入はバブル景気を潰した主犯格の1人といえます。

二度目が1997年4月の3％から5％への消費税増税でした（図表2-5）。このときは1996年6月25日に消費税増税を橋本内閣が閣議決定した直後から、株価が下げ始めています（当時の日経平均は2万2597円20銭）。翌1997年4月に消費税増税が実施されたときには、日経平均は1万7896円60銭まで下げていました。それでも消費税増税5兆円に加えて、所得税の特別減税打ち切り2兆円、社会保険料増額2兆円、公共事業削減4兆円の、総額13兆円にも上る巨額の国民負担増が強行されました。その後、日経平均株価は5月に2万500円台まで戻したものの、7月に入って企

図表2-6　2014年の消費税増税と日経平均株価の動き

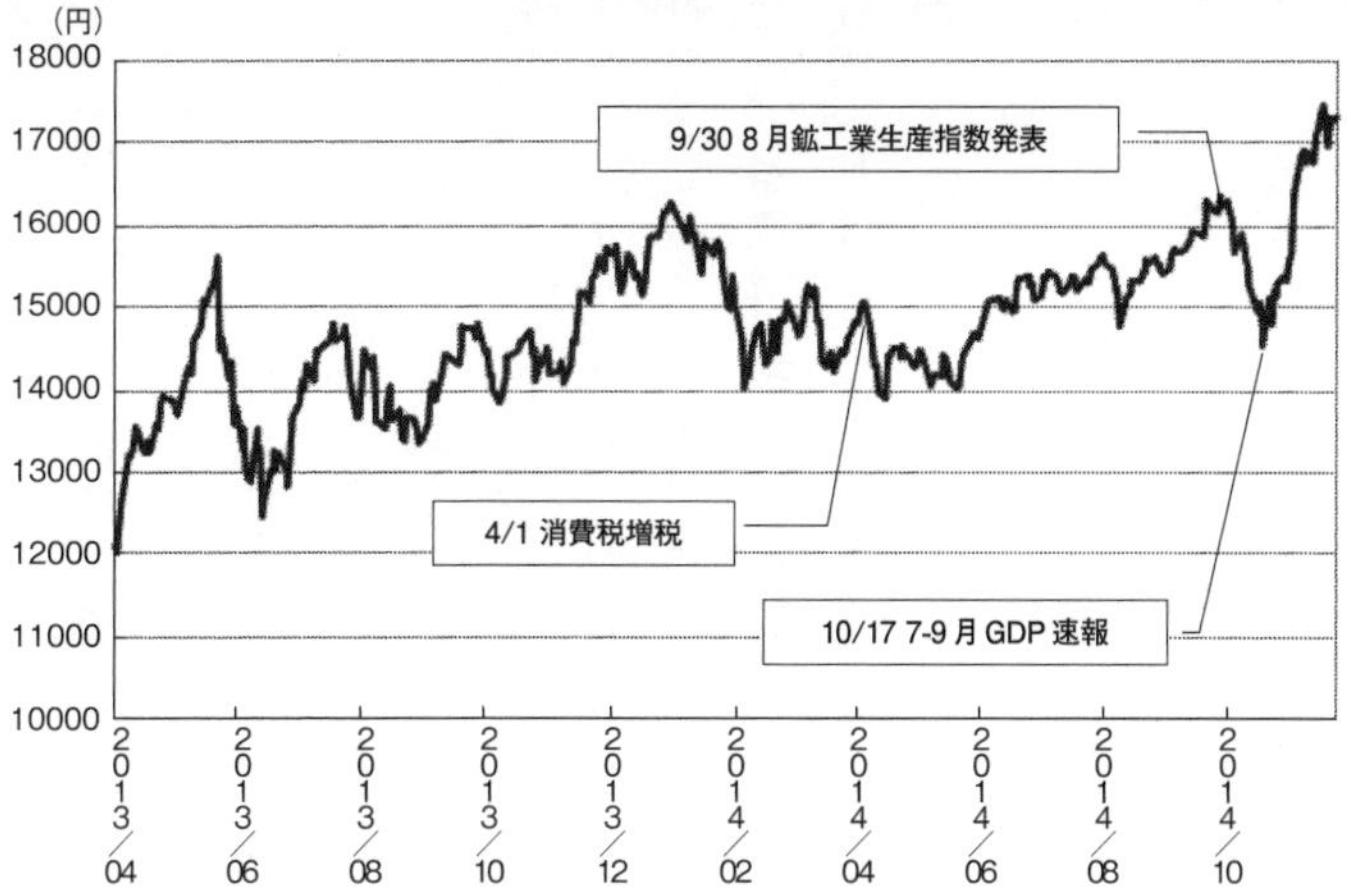

出所：ロイター

業破綻が相次いだうえに、アジア通貨危機も発生しました。そして、11月には日本の金融システム不安が表面化。前述のように三洋証券、北海道拓殖銀行、山一證券、徳陽シティ銀行と金融機関が相次いで破綻する金融危機となりました。8兆円の国民負担増とアジア通貨危機があったとはいえ、消費税の5兆円増税は、バブル崩壊の傷を癒しつつあった日本経済を再び突き落としたといえるでしょう。

そして三度目が2014年4月の8％への消費税増税です（図表2-6）。このときは7兆5000億円と見込まれた消費税増税による負担増の影響を緩和するために、増税に合わせて5兆5000億円の補正予算が組まれていました。これにより、1989年の消費税導入時や1997年とは違う展開となるはずでした。しかし、9月末に8月の鉱工業生産指数が発表されると、駆け込み需要の反動減が当然視されていた4-6月期だけでなく、7-9月期も成長率低下が確認されて株価が急落しました。10月17日に7-9月の実質GDPがマイナス成長という発表があると、追加増税延期の可能性が高まったため株価は反転しました。

その後、10月31日の日銀追加緩和で株価は大きく戻したものの、安倍内閣は2015年10月に予定されていた消費税10%への再増税を延期しました。4月の増税から10月の急落までは7ヵ月でした。前の2回と異なり、補正予算までつけてもらったうえでの景気急減速なので、消費税増税が景気を冷やし株価急落を招いたことは明白です。

1989年の消費税導入時は10ヵ月後、2回目の1997年の消費税増税時は5ヵ月後、3回目の2014年の再増税時は7ヵ月後に株価が急落しています。3回もあると言い訳はできません。**消費税は駆け込み需要の反動減と増税による所得減少で強烈に景気を冷やし、5ヵ月から10ヵ月後に株価を急落させることはほぼ間違いない**といえます。

さらに今回は2015年1月に相続税の大幅増税があり、これによって首都圏を中心に相続時に不動産を売却しなければならなくなる方が、2015年半ばあたりから徐々に増えていくはずです。これが地価下落圧力となり、その影響が2016年にはかなりジワジワ出てきて景気の下押し要因となっていることが予想されます。

もちろん、バブル崩壊の原因としては超重量級の米国利上げの影響も、2017年春には相当出ているはずです。もうその頃には量的緩和バブルが世界のどこか、たとえばアメリカの不動産から崩壊し始めている可能性もあり、そうなれば日本経済にとっては１９８９年の消費税導入時や１９９７年の消費税増税時のパターンの再来で、まさに「泣きっ面に蜂」の消費税増税となります。

となると、消費税が10％に増税される２０１７年４月の５ヵ月から10ヵ月後、つまり２０１７年秋から２０１８年春は、そのときまでに量的緩和バブル崩壊で世界各国の株価が下がり始めていれば日本株は二番底を目指す続落、崩壊前だったら世界に先駆けて株価急落にまっしぐらとなることが予想されます。なお、消費税を１％ずつ２回に分けて段階的に増税するなら駆け込みと反動減の影響がかなり減るので、消費税増税の景気減速効果が相当緩和されます。現段階ではこういった過去の反省に立った増税タイミングを小分けにする工夫か、日本の消費税再増税そのものの延期を期待したいところです。

3．第2次イラク戦争：2017年3月から4月に地上戦開始か？

２０１６年にアメリカ大統領選挙が行われ、イラク戦争を終結させることを訴えて２００８年の大統領選に勝利し、２０１２年も再選されたオバマ大統領が退任します。後任は民主党であればヒラリー・クリントン氏にほぼ確定しているとの下馬評ですが、共和党は前大統領ジョージ・ブッシュ氏の弟であるジェブ・ブッシュ元フロリダ州知事などの候補者が浮上しています。ただ、オバマ大統領がイラクに軍事的空白を作ってシリアへの軍事関与を躊躇《ちゅうちょ》したことが、現在の「イスラム国」の台頭を招いたという考え方がヒラリー・クリントン氏から示されており、共和党の候補者も当然ながら保守・対外強硬派になると目されています。

そうなると、**2017年1月に誕生する新アメリカ大統領は、「強いアメリカ」を標榜することになる**はずです。その場合、もっとも手っ取り早いターゲットはアメリカの民間人を殺害し、対アメリカテロを公然と企てるシリアとイラクに広がる「イスラム国」となりそうです（かつ敵として強大すぎず核兵器を所有していない点もポイントです）。

もちろん、今やシェールガスやシェールオイルを持つ産油国として復活したアメリカにとって、以前のように中東に関与するインセンティブはありません。となると、ヨーロッパ、英豪などに加えて日本にも資金提供や派兵を求め、短期集中決戦を目指すことになるでしょう。

過去の事例を見ると、湾岸戦争（1990年8月～1991年2月）のような短期戦であっても、原油価格は一時は開戦前の2倍以上にもなり、米ドル／円レートは数ヵ月で20円の円高、日本株は3割も下がり、日本の株・不動産バブルの崩壊を加速させました（図表2-7）。

また、かつてのイラク戦争（2003年3月～2011年12月）のような長期戦になると、戦費が拡大してアメリカの財政支出も増えることからも、米ドル安・円高、コモディティ高の要因となります。さらに、イラクの石油関連施設が被害を受ければ原油高が進み、日本はこのところの原油安で懸念が薄らいでいた貿易収支の悪化（貿易赤字の拡大）が憂慮される状況となってしまいます。

図表2-7　湾岸戦争と株価、原油価格、為替の関連性

	TOPIX	WTI	米ドル／円レート
1990年6月30日	2343.36	17.045	152.2
1990年7月31日	2252.56	20.565	145.7
1990年8月31日	1973.97	27.445	143.7
1990年9月30日	1570.95	39.525	138.5
1990年10月31日	1856.12	35.305	130.1
1990年11月30日	1652.01	29.075	132.5

出所：ロイター

一般論では「戦争は究極の消費」と皮肉られるほどで、必ずしも世界的な株安要因となるわけではありません。実際、イラク戦争の場合には開戦前にはアメリカをはじめ日本でも株価が下がりましたが、開戦後しばらくすると上昇に転じています。ただ、アメリカ国内にも再び中東の泥沼に関与することへの懸念もあり、株式投資のポジションを閉じる動きが広がれば、世界的な量的緩和バブル崩壊のきっかけにならないとはいい切れません。特に2015年半ばにはアメリカで利上げが始まっているはずなので、投資家の一部が市場から資金を引き出す動きが出れば、あっという間に出口に皆が殺到する状況となります。

イスラム国を対象とする第2次イラク戦争が起こるとすれば、その時期は「イラクの夏は暑すぎる」という物理的な理由で冬から春と思われます。オバマ政権もすでに空爆は行っているので、焦点は地上戦を始めることを発表するタイミングと実際の地上戦開始の時期となります。ただし、就任直後から準備しても地上戦を開始するとなると数ヵ月はかかるので、限定的な作戦であったとしても早くて2017年3月から4月となるでしょう。

4．産油国の経済破綻：原油価格低迷が続けば2015年半ばから2016年も

原油価格が1バレル当たり100ドルを超えていた頃に財政支出を拡大した産油国のなかで、採掘コストが高い国や財政の原油依存度が高い国は、原油価格が1バレル40ドルから50ドルまで低下するような状況が長期間続くと経済が破綻する可能性があります。実際、**1991年のソビエト連邦崩壊も1998年のロシア財政危機も、原油価格の低迷が主因**です。そして、産油国の一部が破綻して原油が市場に出回らなくなると、すぐに原油価格が高騰し始めるのがいつものパターンです。

今回の原油安で財政運営が厳しくなっていると懸念されているのは、ベネズエラ、イラン、ロシア、ナイジェリアです。このうちベネズエラ、イラン、ロシアは反米色が強い国であり、かつ原油への依存度が高く、原油価格は100ドル程度という前提で国家予算を組んでいるといわれています。また、ロシアはウクライナ問題で欧米と対立、イランは核兵器開発問題が未解決のままです。となると、これらの国々が破綻して反米政権が転覆され、その結果原油価格

が再び上昇するというのが、中東産油国だけでなく、シェールガス・オイル産業を育成したいアメリカにとっても都合が良いシナリオといえそうです。

この問題を複雑にしそうな存在が中国と中東産油国です。中国は反米色の強いこれらの国々すべてと密接な関係を持ち、特にロシア、ベネズエラ、ナイジェリアとは経済的にも深い関係があります。ロシアからは大量の天然ガスと石油を買い付け、同時にロシアの持つ高度な軍事技術を中国は欲しています。ベネズエラに対しては多額の融資を行って反米政権を支えています。ナイジェリアでは、政治や倫理的な制約が少ない中国と中国企業は、多くの資源関連の利権を持っています。中国がこれらの国々の国難に際し、さらに影響力を強めれば、米中対立が激化することになります。逆に、ベネズエラなどが一方的にデフォルトを宣言すれば、中国企業は多額の回収不能債権を抱え、中国株暴落の引き金にもなりかねません。

サウジアラビアなどの中東産油国は、原油採掘コストが低いので財政破綻の懸念はほとんどありません。しかし、今まで世界各国の株式や不動産に流れていたオイルマネーが、財政赤字補塡のために回収される可能性があります。そうなると、中東系と噂される〝謎の大口投資家〟による売り注文が続き、各国株式市場の下落圧力となることも十分に考えられます。

産油国の財政状況への影響が顕在化し、もっとも脆弱とされるベネズエラ、ロシアやイラン発の経済危機が起きたり、オイルマネーの各国市場からの引き上げが顕著になったりする時期は、原油が急落した2014年から半年、あるいは1年程度先になるのではないかと思われます。となると産油国の動向に注意が必要なのは、2015年半ばから2016年と予想されます。仮にベネズエラの破綻だけなら一時的な株価の調整で済みそうですが、数ヵ国が続けて連鎖的に破綻するような事態となれば世界的なバブル崩壊を招くこともありえます。

5．リオ・デ・ジャネイロ五輪：2016年秋からブラジル経済が後退？

「夏のオリンピックの後は景気が悪くなり、株が下がる」というジンクスがあります。実際、2008年の北京オリンピックの後にはリーマンショックがありました。2012年のロンドンオリンピックはギリシャ危機と欧州債務危機の間でした。さて、2016年8月にブラジルで開催されるリオ・デ・ジャネイロ五輪の後はどうなるのでしょうか。

オリンピックは、しばしば国威発揚の場として使われます。古くは1936年のナチスドイツ下で行われたベルリンオリンピックや、1980年にソ連が開催したモスクワオリンピックは、政治色が濃いものでした。一方、経済成長を遂げた国がその成果を誇示することも多く、1964年の東京、1988年のソウル、2008年の北京はその典型といえます。

オリンピックは多くの選手団、報道陣や観光客を受け入れたり、さまざまな競技を同時に開催したりするため、充実した社会インフラと大型イベントの運営ノウハウを必要とする巨大プロジェクトです。先進国はすでに交通網や競技施設、大規模宿泊施設などが整っているので新たな投資は少なくて済みます。

一方、急激な経済成長を成し遂げたばかりの国で、国威発揚のためにオリンピックを開催する場合には、巨額の公共投資が行われます。高度成長から安定成長に変わる時期としばしば重なることに加えて、オリンピックが終わってしまえば特需が消えるので不景気になりやすいというのも、1964年の東京、1988年のソウル、2008年の北京などに共通しています。先進国開催でも、1992年のバルセロナのように経済効果が大きかったものは、その反動で以後の経済成長率が落ちています。

オリンピック後に巨大バブルが崩壊するのかどうか、1988年からの開催地とその後をまとめたのが次ページの図表2-8です。図中アミかけの開催年は1992年から8年毎のものです。近年のオリンピック開催国でその後に景気が落ち込まなかったのは、1996年のアメリカ（アトランタ）ぐらいです。また、興味深いことに8年毎のオリンピック開催年は、大きなバブル崩壊の年と重なっています。1992年のバルセロナ直後にはポンド危機があり、日本では株式に続いて不動産価格の下落がその頃から顕著になりました。2000年のシドニーの後には世界的にITバブルが崩壊しています。さらに、2008年はサブプライムバブルが崩壊してリーマンショックとなりました。

その他のオリンピックでは、1988年のソウル、2004年のアテネ、2012年のロンドンは開催国の経済成長が落ち込んだといわれていますが、直後に世界的なバブル崩壊や金融危機があったというわけではありません。ソウルオリンピックは日本のバブル景気の最中でし

図表2-8　近年のオリンピックとその後の経済的影響

開催年	開催国	開催都市	開催後の影響	その他
1988年	韓国	ソウル	韓国成長率低下	翌年末に日本株バブル最高値
1992年	スペイン	バルセロナ	スペイン景気悪化	ポンド危機、日本でバブル崩壊深刻化
1996年	アメリカ	アトランタ	米国経済に影響なし	翌1997年アジア通貨危機発生も特に関係なし
2000年	オーストラリア	シドニー	豪成長率低下	ITバブル崩壊
2004年	ギリシャ	アテネ	ギリシャ成長率鈍化	2009～2011年のギリシャ危機の遠因？
2008年	中国	北京	中国成長率低下	2008年9月リーマンショック、世界同時危機
2012年	イギリス	ロンドン	英景気悪化	2010～2012年の欧州債務危機の最中
2016年	ブラジル	リオ・デ・ジャネイロ	ブラジル景気悪化か？	世界経済への影響も

著者作成

たし、アトランタ後にアジア通貨危機があったといっても翌年のことです。アテネオリンピックの財政負担が2011年のギリシャ危機につながったともいわれていますが、いずれにせよ直後ではありません。ロンドン五輪開催時には、後の欧州債務危機につながるギリシャ危機がすでに発生していました。このように、1992年から8年置きのオリンピックほどは「何かが起こる」印象は受けません。

注目の2016年のオリンピック開催国は、BRICs（ブラジル、ロシア、インド、中国）の一角とはいえ経済状況が万全ではないブラジルです。ブラジル経済は、かつては慢性的なインフレと経済全体の非効率性に課題があるといわれていましたが、数年前まではコモディティ価格の上昇のメリットを受けていました。ところが最近は中国経済の減速もあって、コモディ

図表2-9　ブラジルの実質GDP成長率

年	実質GDP成長率
2004年	5.71%
2005年	3.16%
2006年	3.96%
2007年	6.10%
2008年	5.17%
2009年	-0.33%
2010年	7.53%
2011年	2.73%
2012年	1.03%
2013年	2.49%
2014年予測	0.30%
2015年予測	0.80%

出所：IMF

ティ市況が軟調となり、２０１４年、２０１５年ときわめて低い経済成長率予想となっています（図表2-9）。

となると、２０１６年8月にオリンピックが開催された後はオリンピック特需がなくなるので、ブラジル経済の成長率はかなり落ち込むと予想されます。また、ブラジルは１９８３年、１９８６年、１９９０年に国としてデフォルトした経緯があり、１９８０年代は年率数百％、１９８９年から１９９４年までは年率数千％のインフレとなったこともありました。

２０１６年夏までにまだ日米欧を中心とした量的緩和バブルが崩壊していなければ、オリンピック後のブラジル経済の落ち込みが、世界的な景気後退・株価下落のきっかけとなる可能性もあるということを、考えておいたほうが良さそうです。

6．日本のマイナンバー制度導入：2016年半ばから2017年半ばに注意

かつては「国民総背番号制」などといわれ、日本ではなかなか導入されなかった「マイナンバー」が2016年1月からついに導入されます。海外ではこういった背番号制度は一般的で、たとえばアメリカでは社会保障番号（ソーシャルセキュリティナンバー）を運転免許証の取得申請から、銀行口座の開設、学校や勤務先での個人識別などあらゆるところで利用しています。つまり自宅の電話番号のように、覚えておくべき自分のIDの1つのような存在です。

そんな有用な制度がなぜ日本で導入されていなかったかというと、表向きの理由はプライバシーの保護です。しかし、本当は政治家の先生方をはじめとして、いろいろと個人情報を知られると都合が悪い有力者が多かったからです。

それが、社会保障・税・災害対策の分野に限定されてはいるものの、マイナンバーが導入されるわけですから隔世の感があります。しかも「限定」といっていますが、実はマイナンバーは税と社会保障の分野がもっとも有効な用途です。これに次ぐ有効なマイナンバーの利用法といえば、スパイ防止を含めた外国人管理や犯罪履歴の照会ぐらいしかないかもしれません。

この制度が導入されると、国民年金の未納、生活保護や労災・失業保険の不正受給、住民税の未申告、所得税や法人税の脱税、消費税の未納などがたちどころにわかってしまいます。その結果、年金の未払いや脱税の減少などによる国や地方自治体の増収は、数兆円から10兆円に上るともいわれています。もちろん払うべきものを払ったり、不正受給をなくしたりすること

に異論が出るはずもありません。しかし景気や株価への影響だけを考えるなら、10兆円といえば景気を一発で撃沈する消費税の4％分にも匹敵する国民負担増です。この影響は国庫に小売業者が消費税を支払う2016年半ば頃から、顕在化すると予想されます。

さらに、2018年からは銀行口座でもマイナンバーの利用が始まる予定で、そうなるとアングラ口座や借名口座があぶり出されて、お金の動きが行政当局に筒抜けになります。そういった筋の資金の大部分は2016年より前に動き、残りも2017年半ば頃までには国外に逃避すると予想されます。ということは、マイナンバー施行前は国内から国外に資金が出るので円安になりやすく、マイナンバー施行後はその動きがぱたりと止んで円高に振れやすくなるといえます。

そうなると、マイナンバーの国民負担の増加による景気への悪影響を重視すれば2016年半ば以降、円高ドル安で株安要因になると見るなら2017年半ば以降に注意が必要といえそうです。マイナンバーの景気への悪影響は、量的緩和バブル崩壊の時期にかかわらずほぼ確実に生じます。バブル崩壊前なら、影響が表立って見えにくい日本株の下落要因となるでしょうし、世界的なバブル崩壊で株価が暴落した後なら、日本経済への追加的な打撃となりそうです。

7．パンデミック：時期不明ながら、冬に要警戒か？

2014年はエボラ出血熱のパンデミックの脅威が現実のものとなりました。仮にアフリカとの結びつきが強いヨーロッパや巨大な人口を抱える中国・インドに広がるようなことがあれば、世界の貿易、物流、交通が麻痺し、経済活動は一気に萎縮し、株価は暴落することになります。**パンデミックが2015年半ばの米国利上げの後で、かつ世界的な量的緩和バブル崩壊の前であったとしたら、バブル崩壊の直接的なきっかけになる可能性があります。**

過去のパンデミックでは、1918年から1919年に全世界で6億人がかかり、5000万人が亡くなったとされるスペイン風邪は第1次世界大戦の最中に広がりました。当時の世界人口は19億人程度であったのに対し、現在はその3・8倍の72億人もいます。また、当時と異なり、交通網が発達して人の往来が増えているので、空気感染する病原菌やウィルスであれば短期間で世界中に広がるリスクがきわめて高くなっています。

パンデミックの恐れがあるのは、エボラ出血熱だけではありません。かつて、SARS（重症急性呼吸器症候群）が中国や香港で広がりましたし、強毒性鳥インフルエンザは毎年のようにアジア各地での流行が心配されています。人口が多く、日本との人の往来が多い中国や東南アジアでパンデミックが始まると、日本への感染が懸念されるだけでなく各国経済も大きな影響を受け、世界でパンパンに膨らんでいるバブルは一気に吹き飛んでしまいます。特にリスクが高いと考えられる新型の鳥インフルエンザは、冬の渡り鳥がやってくる10月から3月に感染リスクが高まるので、冬場は中国やインドネシア発の報道に注意する必要があります。

第3章

巨大バブル崩壊に備えて今、何をすべきか？

「実際、ほとんどの人たちは良い株を買うことよりも、良い電子レンジを買うことにより多くの時間をかける。もし、株価が下がったらぜひ保有したいという銘柄リストがあるなら、年末は待ちに待った買いの好機となるだろう」

（ピーター・リンチ：マゼランファンドを運用し1977～1990年までの13年間で2700%のリターンを上げた伝説のファンドマネージャー。1944～）

常にバブルの最後に買わされるのが日本人

私たちが、いざ**投資をする際に注意すべきなのは、日本企業や個人の多くがここ数十年、欧米の金融機関や老練な海外投資家の「上顧客＝カモ」になってしまっているということ**です。

日本の株・不動産バブル（バブル景気）では、株価指数先物を使った簡単な裁定取引（先物の理論価格と現実の取引価格の乖離からほぼ無リスクで収益を得る手法）も知らない日本国内の証券会社とその顧客が、外資系証券会社の濡れ手に粟の収益源となっていました。また、国内証券会社がオーストラリアの景気動向など考えもせずに、豪ドル債を日本の投資家に大量に売り込み、その後の豪ドル暴落で個人投資家が大損したこともありました。

ＢＲＩＣｓの経済成長に目をつけた米国投資銀行のエコノミストたちが書いたレポートが海外で注目を集め、投資ブームが盛り上がったのは２０００年頃からです。ところが、日本の投資家にＢＲＩＣｓに投資する投資信託が大量に販売され始めたのは、海外ではブームにそろそろかげりが出始めた時期でした。

サブプライムバブル崩壊前には、日本の金融機関がサブプライムローン（通常の住宅ローンを借りることができない低所得者向けへの高リスク融資債権）の証券化商品を喜んで購入していました。こういった金融商品にムーディーズやＳ＆Ｐ（スタンダード＆プアーズ）といった格付け会社がＡＡＡ（トリプルエー、最上級）の格付けを乱発していたので、投資家は格付け会社にもだまされていたことになります。後に急激な円高となるリスクを想像することもなく、外国債券に投資した元本を取り崩して毎月分配金を支払う「タコ足食い」投資信託を、日本の個人投資家は好んで大量に購入していました。さらに学校法人や宗教法人が、プロでもまず価格の妥当性を検証できない債券（複雑なオプションを組み込んだ仕組債）に投資し、バブル崩壊で大きな損害をこうむった事例も数多くありました。

こういった状況について、海外の市場関係者や辛口メディアは**「日本人が買ったらブームは終わり」**などと揶揄《やゆ》しています。こうなってしまうのは、日本の金融市場に構造的な問題があるからです。まず販売側では、外資系金融機関が積極的に商品開発を行っているため、欧米で流行った後に日本の支店にその金融商品を持ち込んだり、日本の金融機関が海外で売れ始めたものを模倣したりして、数年遅れで日本市場に出すことになります。

また、投資する側の日本の機関投資家がおしなべて保守的で横並び体質であることも、〝ババ〟をつかまされる理由のひとつです。さらに個人投資家レベルでは、投資を行う層が退職後の高齢者に偏在し、窓口を持つ銀行や証券会社の勧めるがままに、銀行や証券会社にとって利益が厚く、かつ、毎月のお金が振り込まれることで損失が出ていないものと投資家が錯覚して、クレームが出にくい毎月分配型商品を買って（買わされて）しまうためでもあります。

こんな投資スタイルでは当然負けやすくなります。しかしながら、ＩＴバブルでもサブプライムバブルでもバブル崩壊後の大暴落では、銀行や証券会社には「運が悪かったですね」で済まそうとする風潮が感じられました。一方、大部分の投資家たちも自らの準備不足と投資判断の間違いを深く反省するイヤな作業を避けて、失敗の原因追求をウヤムヤにしてきました。今もこんな状況は変わりません。だからこそ、〝専門家〟やメディアの情報を鵜呑みにせず、バブル崩壊後に泣きを見るカモにならないようにしっかり自分で考え、備える必要があるのです。

消費後退は株価のピークから9ヵ月程度後

バブル崩壊に備えるうえでは、どの程度株価と実体経済の動きに時差があるかを知っておくことが重要です。

1999年1月以降の日経平均株価と消費（商業販売額）の推移を表したのが図表3-1です（1999年1月を100としています）。2000年3月のITバブル時の株価のピークの後、消費（図中点線）が天井となったのは、9ヵ月後の2000年12月頃（図中矢印）でした。

また、株式市場だけでなく各国の不動産市場にバブルが発生し、日米欧だけでなく新興諸国まで巻き込んだサブプライムバブルでも、株価の天井から10ヵ月後の2008年4月頃が消費のピークでした。さらにある意味驚きなのが、連日のように世界経済の危機的状況が報道されていたリーマンショック後であっても、消費が目に見えて落ちるのはその半年後とやはりタイムラグがあったことです（図中点線で囲んだ部分）。

一方、株価が反転上昇する際には、消費はゆっくりしか増えていきません。2003年4月

図表3-1　株価急落と消費後退には時差がある！

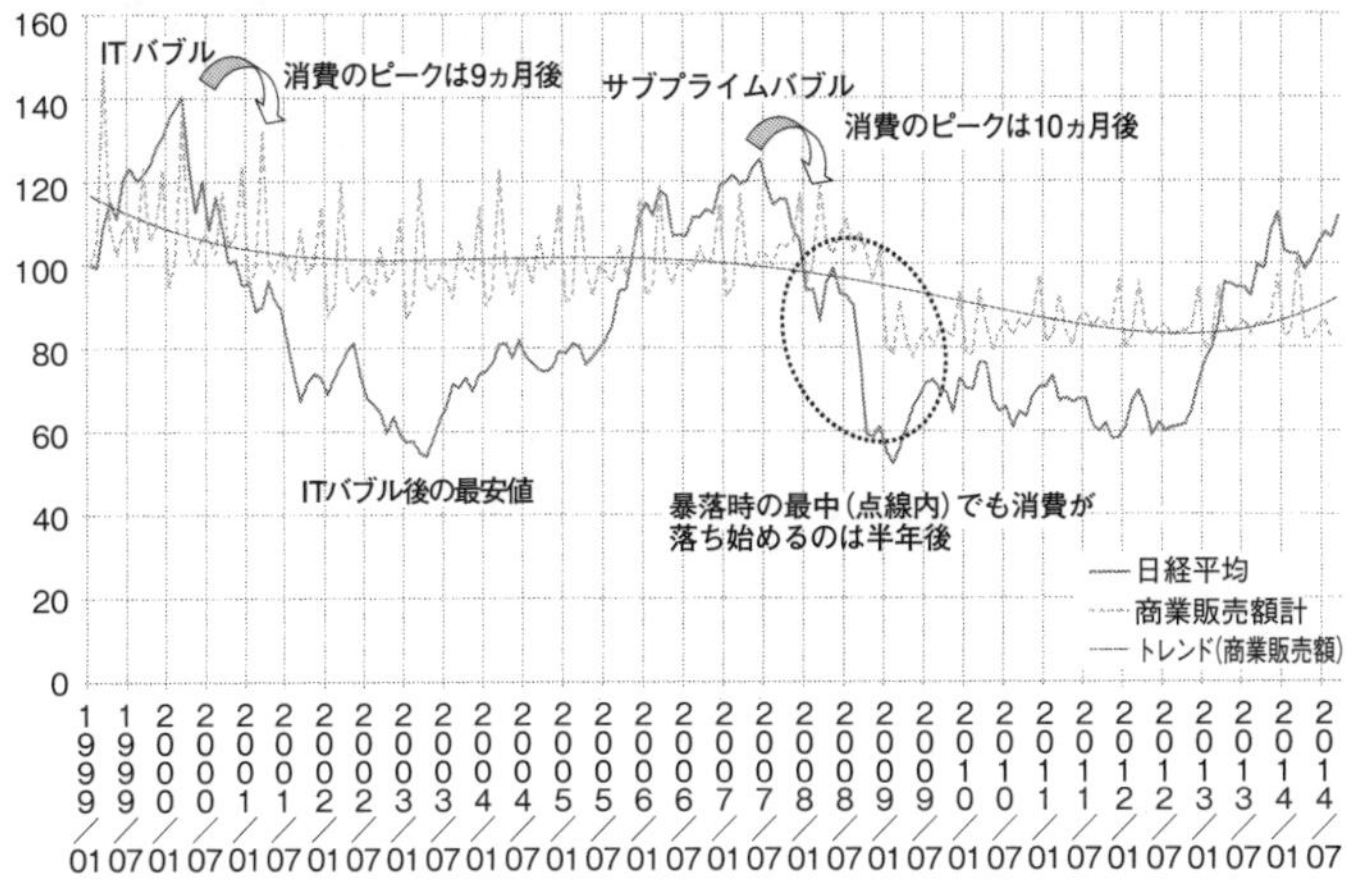

出所：経済産業省、ロイター

に株価はＩＴバブル後の最安値をつけましたが、消費はなべ底のように変化がなく、どこが底となったのかはっきりしません。毎月の季節変動の影響をならしたトレンドラインを見て、ようやく方向性が確認できる程度です。これは、リーマンショック後の２００９年２月に株価が底をつけた後も同様でした。アベノミクス相場が始まった２０１２年11月以降（解散総選挙が決定した直後から株価は上昇）もしばらく消費は増えず、ようやく２０１３年末頃から消費のトレンドが上向きになってきたことがわかります。

　もちろん、日本では少子高齢化による人口減少が構造的要因となって、消費自体が縮小トレンドにある可能性も否定はできません。しかし、あと数年でやってくる可能性が高い次のバブル**崩壊で株価が暴落すれば、その9ヵ月から10ヵ月後には景気がきわめて悪くなる一方、落ち込**

んだ消費はゆっくりとしか回復しないことは覚えておく必要があるでしょう。

人生の転機では景気の良し悪しを予測して行動すべし

転職や起業しようと思ったときやマンションを買おうと考えた際、「これから半年先、3年先、10年先の景気はどうなっているだろう」と立ち止まって考えてみる方はどれくらいいるでしょうか。

転職なら「最近好業績の企業はこの先もずっと元気だろう」、起業計画なら「一定の割合で売り上げが増えていく」、住宅ローンの返済プランなら「単純に10年先、15年先まで現在の給与水準を維持できるだろうから問題なし」といったように、よくいえば楽観的、ちょっと意地悪な言い方をすれば、かなりノーテンキな見通しを持ってしまうのではないでしょうか。

一方、個人だけでなく、歴史が古い大企業や金融機関でさえ、景気が良ければ強気になってどんどん社員を増やし、新聞に全面カラー広告を出し、国内外の工場を拡張し、新規事業を始め、海外支店を増やしていきます。バブル崩壊直前には、経済誌には高笑いした経営者の写真が並び、テレビでは普通の消費者とは縁遠いと思われるメーカーまで、何を訴えたいのかよくわからない〝ハイセンス〟なイメージCMをガンガン流します。

お決まりのパターンだと、そのほんの数年後に株式市場が暴落、不動産市況が崩壊し、景気はどん底に落ち込みます。企業は苦境に陥り、採用をピタリとやめ、多くはリストラを行い、工場を閉鎖し、海外から撤退し、銀行は融資を強引に回収する「貸し剝《は》がし」に走ります。そして、体力のない会社は破綻の憂き目を見ることになるのです。

しかし、そのまた何年か後になると、過去の苦い経験を忘れ、何ごともなかったように横並びで、みんな〝イケイケドンドン〟に逆戻りします。ただし、日本企業だけが短期志向で近視眼というわけではありません。実は欧米の巨大企業も、たいして変わらないことを繰り返しているのです。

従業員の解雇や企業の破産が日本より容易なアメリカでは、景気変動による人生の振幅が大きくなりやすい状況にあります。また、国を問わず新興企業や経営者の年齢が若い企業では、過去の苦い経験を知らないため、景気や自社の業績の先行きを読み誤って大きな失敗をすることが多くなります。

「歴史に学べ、なんて後講釈だ。景気の先を読むことなんて誰にもできやしない」

と思うかもしれません。しかし、起業でも不動産の購入でも会社勤めの仕事でも、景気変動に無頓着な人々は、知らず知らずのうちに自ら損をする行動をしています。

ただし、何も**私たちは相場崩壊や景気後退のタイミングをピシャリと当てる占い師である必要はありません。**景気の大まかな流れを見るようになるだけで、失敗の確率はガクンと減るはずなのです。

「上がる株を選べばどんな相場でも勝てる」は大きな勘違い

「これから相場全体が悪い方向に行きそうだ」という話をすると、必ず「私が勧める企業はどんなに景気が悪くても増収増益が続くので、株価は絶対に上がります」と主張する方が出てきます。そういう方に限って、自分では絶対に投資しない立場の評論家だったり、暴落直前にご自分のポートフォリオの含み益を自慢しているバブル崩壊未経験の投資家だったりします。

なぜ上がる株を探すのが「勘違い」なのかを説明する前に、バブルと株価の関係を整理しておきましょう。お金が世の中にジャブジャブ回り始めると、株式や不動産といった資産価格が急騰します。ITバブルでも、サブプライムバブルでも、今回のアベノミクスでもまったく同じでした。たとえば、「この分野に予算がつく」「出遅れセクターはここだ」「〇〇メリット関連株が伸びる」というように、個別銘柄にはその局面毎にそれらしい買いの理由があるように思われますが、後で見ると単に全体の相場水準が大きく上がっているだけなのです。

株式は本源的には利益分配を受ける権利を表す証券なので、「一株当たりの予想利益」がきわめて重要です。利益を多く生み出す企業は株主に配当を多く払うことができ、再投資してさらに株式の価値を高めることもできます。しかし、**株価には相場の活況度のほうがより影響が大きい**のです。株価を分解して考えてみると、株価＝1株あたりの予想利益×ＰＥＲ（株価収益率）となります。つまり、1株当たりの利益と、その何年分の利益まで価値があるとみなすか、というあいまいな基準で株価は動くのです。

たとえば1株あたりの予想利益が100円でPERが10倍なら、株価は100円×10倍＝1000円です。相場全体が低調なときにはPERは低く、活況になってくると高くなります。お金が余って株式を買いたい人が増え、投資先の将来が明るいと思えるようになると、「成長性が見込める」などといわれて、ずっと将来の分まで買い進められるからです。ITバブルのときは、「ITは世界を変える新技術だから、従来の尺度では測れない」はずでした。こうしてある企業の株価が上がると、同業他社の株価が割安に見えてくるので、その株価もまた上がっていきます。そうなると、今度は他業種でもっと利益が上がっているところが割安に見えてきて……、ということを繰り返して全体の相場が押し上げられていきます。近隣の不動産が高値で売れると、その地域全体の地価が上がるのと同様です。

こうして、同じ1株利益でも、景気循環や相場全体の需給によって買い進まれます。前述のITバブルの際はPER50倍（利益の50年分の株価になっている状態）で5000円、PER100倍（利益の100年分）で1万円と、1株利益100円は変わらないのに価格が急騰しました。

これが投資格言で「木より森を見よ（個別の企業業績などよりも相場全体の流れを見よ）」といわれ、私が「相場の位置を知るべし」と考える理由です。この結果、企業業績が変わらなくてもどんな会社の株価も上がる「猫も杓子も儲かるブル（強気）相場」が始まります。しかし、やがてお金が市場から出ていくようになると逆回転し始め、「すべてが下がるベア（弱気）相場」で1サイクルのおしまいとなります。

このため大相場の末期には、株式評論家たちが「相場環境が悪くても、良い企業を探せばまったく問題ないんです」などと言っていることを真に受けて、後で泣きを見る投資初心者が必ず出てきます。

確かに不況でも利益を大きく伸ばす企業が一部には存在し、PER低下の影響よりも1株利益増加の効果が大きければ、逆行高となることも稀にあります。しかしながら、一株利益が50円から60円と2割も増えても、相場全体の需給が悪化してPERが30倍からリーマンショック後のように8倍に下がれば、株価は50円×30倍＝1500円から60円×8倍＝480円と7割も下がってしまうのです。利益が5倍、10倍と増えるような銘柄でない限り、バブルが崩壊しても逆行高となることはまずありません。また、運良く1つ当てても他の保有株はおしなべて大きく下落するので**「上がる株を探せばいい」は単なる〝勘違い〟にすぎない**と私は考えます。

相場の天井圏で、これだけはやってはいけない8つのこと

バブル相場の天井圏では、やってはいけないことがたくさんあります。バブル崩壊で人生を狂わされてしまったり、大きな損失をこうむったりしないためには、これらのNG項目をきちんと認識しておくことはきわめて重要です。以下にそれらを見ていきましょう。

1. 多額のローンを組んでマイホームを購入する

バブル相場の天井付近では、当然のことながら不動産価格は高くなります。同時にエアコンや家具といった新居への入居、引っ越しに合わせて購入することが多い品物の価格が、もっとも高い時期です。また、ついつい新居に合わせて不要な機能がついた高級品を買ってしまいがちです。こういった買い物をしてしまうのは、企業業績が好調で世の中全体の雰囲気も明るいため、そういう良い時期がずっと続くという甘い前提を持ってしまうからです。好況はいつまでも続きませんし、バブルが崩壊すれば本人の能力や人望に関係なく部門自体がリストラ対象となり、住宅ローンの返済ができなくなる可能性もあります。

2. 海外旅行に行く

これも景気が良いときだから気分良く旅行できるという面もありますが、不景気のほうがどこでも空いていて、価格も安くなります。それに数年先に起こると予想されるバブル崩壊では米国株安、米ドル安円高となる可能性が高いので、海外旅行時の為替レートも現在より有利になっているはずです。それでも、「行きたいときが楽しいとき」というのなら、あえて止めはしませんが……。

3. 骨董や絵画を大量に買い込む

バブルの天井では骨董や絵画は購入してはいけません。できれば売る側に回るべきです。不景気になればいくらでも売り物は出てきます。もちろん、「数量が少なくここを逃したらもう買うチャンスがない」ということもあるかもしれませんが、人生に本当に必要なものは案外少ないので熟考が必要です。

4. 節税目的で賃貸マンション経営を始める

相続税対策として不動産を取得することが流行っています。しかし、景気が悪くなれば予想通りの賃貸収入は望めません。大きな借金をして不動産を購入したのであれば数十倍のレバレッジ投資と同じなので、不況期に自己破産する確率がきわめて高くなります。また、暴落時に流動性が極端に落ちる不動産に保有財産を集中させるのも、オススメできません。

5. サラリーマンをやめて個人トレーダーになる

ここ2年ほどのアベノミクス相場は、ほとんどの人が利益を上げることができた10年に1回か2回しかない猫も杓子《しゃくし》も儲かる相場（「サルネコ相場」ともいわれます）でした。実力だけで稼いだと勘違いしてはいけません。やはり、収入源をいくつも持っていたほうが冷静にトレードできるでしょうし、想定外のショックへの耐性も増します。もちろん、どんな相場でも数千万円から数億円稼ぐ能力があるなら、投資運用会社を設立するほうがサラリーマンより向いていると思われますが……。

6. 不景気に強そうな高配当株と株主優待が良い銘柄にシフトする

この章で説明したように、バブル相場が崩壊すれば、株価全体の水準が下がります。内需関連も決して例外ではありません。同じ利益を上げていても相場全体が下がれば、その企業の株価も下がります。また、かつて電力株は高配当の安定株と考えられていましたが、今はそうではありません。市場参加者の多くが隠れたリスクを見逃していただけなのです。不景気になれば配当がゼロになることもありますし、大幅な赤字転落となれば株主優待を廃止するところも増えます。株価や業績の変化を考慮せずに、現在の配当金や株主優待が永遠に続く前提だけで投資をするのは失敗のモトです。

7. タンス預金では不安なので耐火金庫を購入して金地金と現金を保管することにした

取引先の銀行に取り付け騒ぎが起こる可能性と、あなたの家に泥棒が入る可能性のどちらが高いか考えてみましょう。日銀の地下にある巨大な金庫ならともかく、一般家庭やオフィスにあるような耐火金庫に現金や金地金などを入れておいても、「ここに貴重品があります。盗んでください」というようなものです（防犯用には数百キロ自重があって床に打ち付けた防盗金庫が必要です）。天井裏に隠したり、庭に埋めたり、犬小屋の下に置いたりしても、所詮同じようなもので、泥棒は簡単に探し出してしまいます。また、自宅に保管していると、洪水や地震などの被害を受け、現金や金地金そのものがなくなってしまうリスクが増します。

8．前章を読んで暴落はまだ先と思ったので、新興市場株で大勝負して目一杯稼ぐことにした

本書をしっかり読んでいただいたのは嬉しいのですが、想定外の異常気象、自然災害、軍事衝突、要人の事故などが起こったりすると、目算が狂うことも十分考えられます。いつ暴落が始まっても大丈夫なように、過大なポジションは避けるべきです。

相場の天井圏で、これだけはやっておきたい6つのこと

第1章で紹介したバフェット指標では米国株はすでに大幅な割高、日本株も十分高い水準にあります。このような相場が天井に近いと思われる状況では、実はやるべきことがたくさんあります。ちょうど台風が来る前に家の周りを片づけたり、電池の備蓄を確認したりするような感じで、次のようなことをやっておきましょう。

1．半年分の生活資金と投資用の「種銭」を貯める

景気が良いときこそ無駄遣いを抑え、バブルが崩壊して本当にお金が必要になる事態に備え

ておくべきです。また、半年程度の生活資金を超えた分は、バブル崩壊時の投資用資金や起業資金として活用できます。

2. 不動産や高額商品を購入する予定があるなら下調べをする

バブルの天井圏で不動産などの高額なものを購入するのは、前述のように割高な買い物になってしまう恐れがあります。また、自動車や高級家電などは、好景気のときは単価が上がりがちです。一方、こういった買い物は下調べが結構大変なものが多いので、今はそこに時間を使いましょう。これから数年間で、たとえば不動産なら地域、建築工法、その時点の価格などの下調べをしておくと、バブルが崩壊した際に非常に良い買い物ができます。

3. 割高な保険や投資信託を乗り換える

店舗型の証券会社や銀行の窓口で販売されている投資信託は、新興国通貨オプションが不利な価格で組み込まれていたりして、バブル崩壊時に他の金融商品よりも暴落する可能性が高いものが多くあります。こういったものは相場が良いときであれば、わずかな利益あるいはわずかな損失で解約できるので、バブルの天井圏でこそ整理すべきです。バブルが崩壊した後では、解約条件がきわめて悪くなります。

図表3-2　投資候補リストの一例

銘柄コード	銘柄名	投資の理由	これなら買いたい	価格の根拠	備考
1414	ショーボンドホールディングス	橋梁の補修の仕事は増える一方のはず	1,500円	前回バブル崩壊時	
4063	信越化学	シリコンウェハ世界首位。超円高時でも黒字	4,000円	前回バブル崩壊時	
6367	ダイキン	エアコン専業。地球温暖化で手堅い	2,000円	前回バブル崩壊時	
6269	三井海洋開発	国策銘柄、メタンハイドレート	1,200円	前回バブル崩壊時	原油価格注意
6861	キーエンス	センサー強み、自己資本厚い	18,000円	前回バブル崩壊時	
6981	村田製作所	電子部品、スマホ基幹部品に強み	5,000円	前回バブル崩壊時	中国での競争
7203	トヨタ	自動車世界首位、ハイブリッド、水素自動車	2,500円	前回バブル崩壊時	水素進展
GE	GE	重工業、軍事、医療機器等の世界最強企業	15ドル	2010年頃の価格	
MON	モンサント	種子と農薬、遺伝子組み換え作物	50ドル	2010年頃の価格	穀物市況
PG	P&G	世界最大の一般消費財メーカー	50ドル	2010-2011年頃の安値	
WFC	ウェルス・ファーゴ	バフェット氏も保有する銀行	15ドル	前回バブル崩壊時	バフェット銘柄

※あくまでサンプルであり、個人の投資結果を保証するものではありません

4. 投資対象リストを作成しておく

個別株式も日本株だけで数千あり、外国株まで対象を広げると業務の内容や過去数年間の実績などを調べるだけでもかなり大変です。また、個別株ではなく株価指数などに投資するＥＴＦ（上場投資信託）にも多くの種類があり、投資信託に至っては数千銘柄もあって、選ぶ以前に予備知識をつけないとチンプンカンプンです。そこでバブルの天井圏では、もっぱら銘柄研究に時間を充てて、いざバブルが崩壊したらどんな銘柄を購入するか、5から10銘柄程度のリストを作成しておきましょう。調べる項目は、その会社のビジネスに追い風が吹いているかどうか、前回のバブル崩壊時はいくらまで株価が落ちたのか、その際にどの程度の赤字になったのか、今後会社の見通しが狂うとしたらどんなことが考えられるのか、といったものです。図表3－

2のサンプルのようにまとめておくと良いでしょう。こうしたリストを作っておけば、バブル崩壊時の投資で銘柄に迷うこともなく、また価格が目指す水準かどうかも一目瞭然です。

5．利用金融機関を分散する

現在は預金者や投資者を保護する仕組みができていますが、それでも、ひとつの金融機関に資金を集中させないで、万が一のことを想定しておく必要があります。仮に銀行が破綻したとしても、1000万円までの預金の元本が保護されます。しかし、実際に破綻となったら、すぐに預金を引き下ろせるかどうかは、そのときの社会の混乱状況によります。取り付け騒ぎのようになれば、モラトリアムといってしばらく預金を引き出せなくすることがあり得るからです。また、株価が暴落したり、為替相場が通常の数倍も動いたりするようなことがあると、売買注文が殺到して証券会社やFX（為替証拠金取引）会社のシステムがダウンする可能性が高くなります。コールセンターにも「パスワードを忘れた」とか「システムが動かない」といった電話が殺到してかかりにくくなるので、オンライン証券やFX会社もメインの他にサブの口座を作っておき、予備資金も分散させておくことが〝転ばぬ先の杖〟となります。

6．想定されるショック時の行動手順を考える

いろいろ準備をしておいても、「朝起きたら暴落が始まっていた」というような場合だと何

から手をつけてよいかわからなくなってしまいます。たとえ、投資候補のリストを作り、資金もネット証券で待機させていたとしても、バタバタしていて忘れてしまっては、せっかくの準備も無駄になってしまいます。

また、投資ポジションを持っている状態であれば、「米国株が暴落したら」「中東で戦争が起きたら」「富士山が噴火したら」というような起こりそうなイベントを想像し、まず何をどうすべきかを考えて、簡単で良いのでメモしておくことです。焦ったときに急いで行動を決めるよりも、十分に時間があるときにじっくり考えたほうがうまくいくのは、買い物でも投資でも一緒です。

バブルに踊らされないために知っておくべきこととは？

「大衆は常に間違う」という言葉があります。ところが、現実に間違えるのは、大衆という言葉からイメージされる素人投資家だけではありません。**証券アナリストも、政治家も、お役人も、銀行も、メディアも、経営者も、学者も、プロの投資家でさえも、みんな同時にバブルに踊って間違える**のです。政府が全国の自治体にお金をばら撒いたり、著名なアナリストが目標株価を何回も引き上げたり、大企業が使いもしない最新鋭設備に投資したり、保険会社が贋作《がんさく》を高値で買ったりと、インテリから素人までみんなでお祭り騒ぎをしてしまうのがバブルなのです。バブルの最中では「時代が変わった」と皆思っているのですが、後から冷静に考えてみると、実は根拠のない予想を確かめ合って安心していただけなのです。

たとえば、こんな例を考えてみましょう。

ガラス玉が何個か入っている中身が見えないツボがあるとします。正確な個数を知らない1000人に個数の推定をしてもらったら、200人が3個、残りの700人は1個入っているだろうと答えました。この平均値（200×3+700×1）÷1000＝1・3個という数値は信頼できるのでしょうか。答えは当然ながら、「まったく当てにならない」です。**誰もわからないものに関して、多くの人が予想したからといって、それが正しい答えになるはずはない**のです。ましてや、バブルの最中は社会全体が陶酔感に溢れていて、誰もが楽観的な予想をしがちです。つまり、多数派の意見にはまったく意味がないといえます。

誤った情報が溢れるバブルのピークでも、楽観論に踊らないようにする方法があります。それは、**みんなが注目しているものには投資しない**ことです。海外の投資のプロがよく使う表現に「Crowded Trade」というものがあります。その意味は「混雑している取引」、つまり、取引に参加するプレーヤーが多く、満員電車のような状況ということです。伝統的に大多数の投資家たちは新商品、新市場などの夢が持てるモノが大好きです。巨大なバブルは夢がいっぱいなので、皆がどんどんワゴンに乗ってきます。そして、この混んだ状態で、あっちにフラフラ、こっちにフラフラする団子サッカー（ボールの周りにだけ人が群がっている団子状態）になってしまうのです。だから、この輪の中には加わらない、あるいは、もし加わってしまっていることに気がついたらできるだけ早めに抜けることが、バブルに踊らされないために必要となります。具体的には、以下の3つを心がけると良いでしょう。

1. 目標価格の上方修正を疑う

多くのエコノミストやアナリスト、株式評論家が、株価のターゲットをかなり高く置いたり、特定の銘柄を重複して推奨したりしている場合、それが多くの投資家が注目していることを知る良い指標になります。彼らは顧客が喜びそうなものを探しだしてコメントをつけることが仕事なので、そうした **〝金融のプロ〟の多くが注目していること自体、高値警戒シグナル**です。2005年の郵政民営化相場後の日本株に対する根拠のない楽観や、2006年5月のアルミや銅の高騰、2008年夏の原油高騰の頃の雑誌や新聞を読み返してみれば、「野も山も皆一面の強気なら、阿呆になって米を売るべし」という相場格言が、そのまま当てはまっていたことがわかります。

特に、「A社のアナリストが目標株価を引き上げた」というような情報は危険です。証券アナリストが最初に有望と思う時期は、まだ相場の4、5合目ぐらいのことが多いものです。そして、予想通り大きく上昇して目標価格を達成しているのに顧客の買い意欲はまだまだ強い、業績見通しも良いし、他の株も上がったので相対的には安いかな、などと思い始めて、予想株価を引き上げるあたりで相場のピークが来ます。特に、1人2人だけでなく、何人もの証券アナリストが目標株価を引き上げるようになると、もういけません。一目散に退散しましょう。

2．前年のパフォーマンスがものすごく良かったら手を引く

バブル相場は9合目から最後に吹き上げることが多いので、1988年の日本株や2007年のインド株のように大きく上昇した年は、売りシグナルとなっていることがあります。もちろん、前年に引き続いてパフォーマンスが良いこともまったくないわけではありません。しかし、冷静に考えてみましょう。年率3割の上昇が3年続けば2倍強、5年続けば約4倍です。こんな状態がずっと続くと思うこと自体が、頭の中までバブルに染まっている何よりの証拠です。高パフォーマンスで終わることができた幸運に感謝しつつ、早く手仕舞ってバブル崩壊に備えましょう。これは日本株、米国株、中国株、インド株といった株式投資の対象地域だけでなく、原油や個別株にもあてはまります。

3．儲け自慢が始まったら要注意

アベノミクス相場のようなときに大儲けすると、「私って投資の天才かも」と思うようになります。特に、何銘柄か立て続けに大儲けしたり、大きく含み益が出ていたりすると、人はついつい自分の相場観の良さを自慢してしまいがちです。実際、「利食い千人力」といわれるように自慢するのは利食ってからという投資の鉄則があるのですが、実はこの自慢話が役に立ち

図表3-3　バブル崩壊に気がつくのはしばらく後のこと

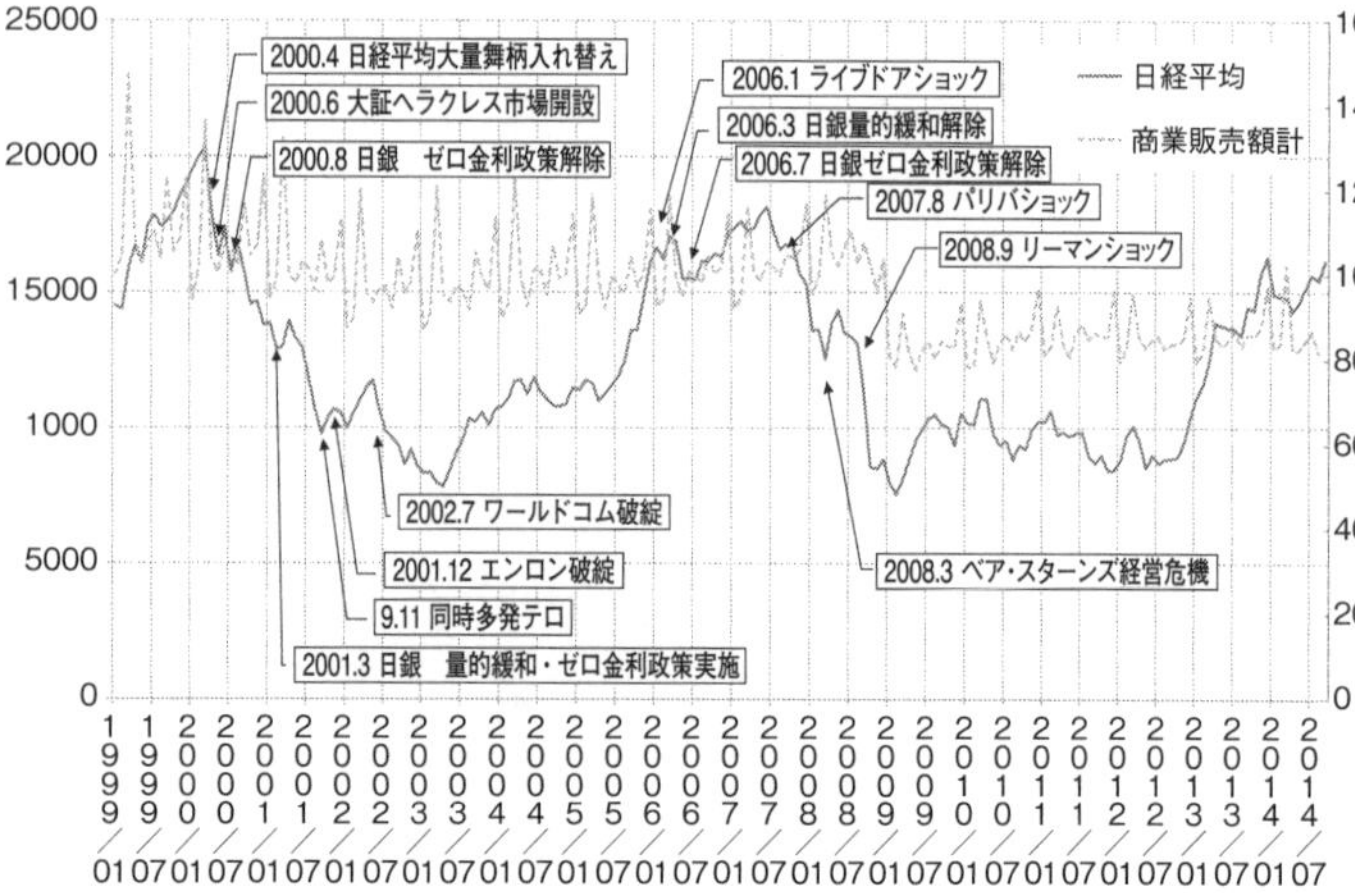

出所：経済産業省、ロイター

ます。**友人から投資の自慢話を聞いたり、思わず自分が儲け自慢をしてしまったりしたら、それこそが強烈な売りシグナル**というわけです。

また、思わず自慢したくなるような保有株すべての投資損益がプラスというような状況そのものも、天井を示唆することが多いものです。

バブル相場は崩壊が始まってもわかりにくい

75ページの図表3−1に、ITバブル後とサブプライムバブル後の主な経済イベントを加えたのが図表3−3です。ここで興味深いのが、過去のバブル崩壊後における、市場にとても近い人たちの行動です。2000年3月にITバブルの株価は高値をつけているのに、4月に日経平均にITバブルで上がったハイテク株を大量に組み込む銘柄入れ替えが行われました（ちなみに外資系金融機関と海外のヘッジファンドは裁定取引で大儲けし、日経平均はこの構成銘柄の入れ替えの影響で2000円も下がりました)。6月には大阪証券取引所が、すでにピークを過ぎている新興企業専門のヘラクレス市場を開設しました。さらに8月には日銀がゼロ金利政策を解除しています。**バブルが崩壊し始めて株価がすでに2割も下がっていても、経済と金融のプロ中のプロであるはずの日銀が市場からお金を絞り始めた**のです。もちろん、**証券会社や当のIT企業の関係者たちで、とっくにバブルが終わっていたことに気がついていたのは、ごく少数**でした。

日銀が、「あ、これはマズイ」と対策をとったのが2001年3月のこと。実に、日経平均が2万円から1万2000円台まで下がった後でした。

2007年6月に株価の高値となったサブプライムバブルでも同様で、バブルが崩壊し始めたときにはほとんど誰も気がつかないのです。2006年にはアメリカの不動産市場が下落を始めていました。その時点で、すでにアメリカにおけるサブプライムバブルは天井をつけていたのです。日本でも、バブル景気の終焉を示唆するようなライブドアショックが2006年1月に起きています。ところが日銀は、2006年3月に(2000年の判断ミスに続いて)またもや量的緩和政策を解除して市場からお金を引き上げ始めます。2006年7月には、各国の金利引き上げ懸念で株価が下がっていたにもかかわらず、ゼロ金利政策をやめ、今度は金利を引き上げて景気を冷やし始めました。

翌2007年夏には、サブプライムバブル崩壊でフランスのパリバ銀行系のファンドが破綻し、株価が本格的に下げ始めます。この時点ではすでにバブル相場は終わっているのに、やはりプロ中のプロたちでさえ気づきません。株価はその後下げ続け、2008年3月の米投資銀行のベア・スターンズ経営危機の頃に、ようやく事態の大変さは認識され始めていましたが、それでも「まあ、なんとかなるだろう」と考えている方が大半でした。そして、9月のリーマンショックとなります。

ここで注意しなければいけないのは、**ITバブルもサブプライムバブルも、大きなショックはしばらく相場が下げた後に起こる**ということです。株式相場に疎い方は、リーマンショックでサブプライムバブルがはじけたと勘違いしてしまいがちですが、そうではありません。**相場は下げるべくして下げ始めていた**のです。

下がり始め1年間の〝インテリトラップ〟に要注意

前作の『勝ち抜け！サバイバル投資術』では〝インテリトラップ〟、別のコラムでは〝インテリホイホイ〟と呼んだこともあるのですが、バブルが崩壊して相場が下落トレンドに転じた後の1年程度の期間が、もっとも注意を要する投資タイミングです。

「安くなったら買おうと思っていたんだ」とか「こんなに業績が良いのに割安だ。みんなバカだなぁ」などと勘違いして、まだ下がりきっていないところで株を購入してしまう方が、いつ

図表3-4　下がり始めの1年が鬼門

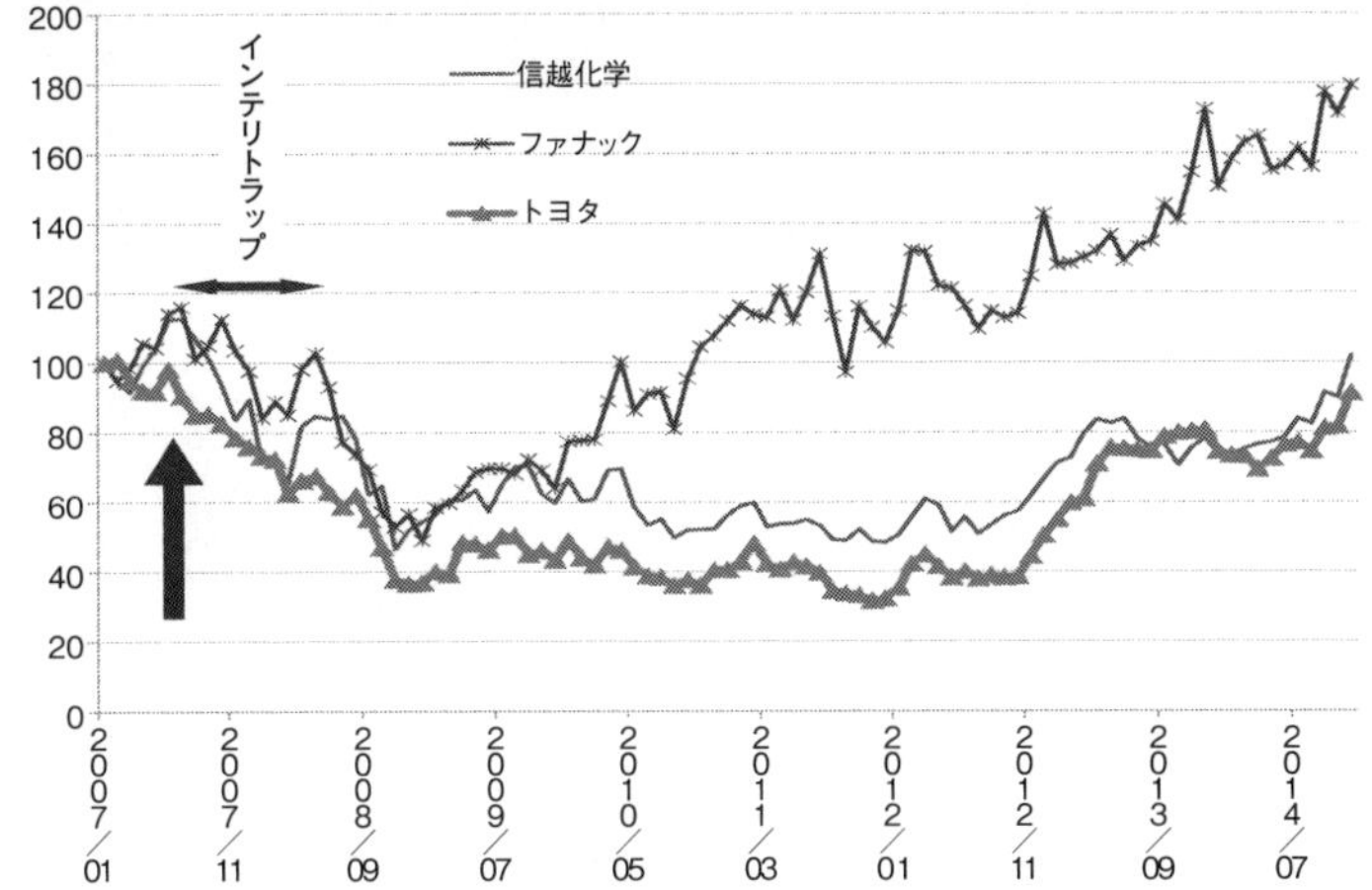

出所：ロイター

の時代もたくさん出てきます。特に勉強熱心で、負けず嫌い、本業でも大成功していて、投資に回すことが可能な資金もそれなりにある、こういう方がここでつまずきます。

図表３－４はサブプライムバブル崩壊直前から最近までのトヨタ、ファナック、信越化学の３銘柄の値動きを、２００７年１月を１００として見たものです。いずれも日本を代表する超優良企業で、国内外の年金運用団体なども多く保有している銘柄です。こういったピカピカ銘柄でも、相場全体の環境が悪化すれば、半値になってしまうこともあるのです。

２００７年の半ばが相場の天井です（上向きの矢印）。この付近では誰が見ても割高に思えるので、ここで買いにいこうという方は限られます（買い手が少ないから下がっていくので、当然といえば当然です）。それからの約１年間がクセモノです。「トヨタや信越化学が最高値から3割も安い、ファナックだって2割も安い。株価が下がったって、工場はそのままだし、業績が多少悪化したところで、日本を代表する企業の経営がおかしくなるなんてことはないはずだ。ここは長期的に見て絶好の買場だ。長期投資家が日本を支えるんだ！」と思って大枚をつぎ込んでしまう方が結構多いのです。確かに、この時点では業績は本格的に悪化する前なので、いろんな分析手法を学んだ方ほど「割安」という結論を出しがちです。

また、たとえ株価が下がっても、これらの企業がすぐに破綻する可能性はほとんどないでしょう。しかし、現に株価はさらに下がり、トヨタは6割安、他の2銘柄も半値になりました。業界下位企業だったらもっと下げ幅は大きく、なかには破綻するところも出てきます。それが巨大バブル崩壊の破壊力なのです。

「そんなことを言っても、その後は株価が戻っているじゃないか」

と言う方は、負けず嫌いで、学生時代の成績も良く、努力家で、おそらく社会に出ても優秀で本業で成功されているのだと思います。そういう方は得てして、自説を曲げることなく頑張ります。しかし、投資では必ずしも頑張れば頑張るほど報われるわけではありません。むしろ「みんなはそっちがいいならどうぞ。オレはイヤだけどね」とか、「あ～これはだめだ。間違えちゃったな。他を探そうっと」といったアマノジャク的な発想のほうが往々にして良い結果につながります。頑張り屋さんの強みが、投資では弱みに変わってしまう点をまとめると図表

図表3-5　頑張り屋さんの強みは投資の弱み！

頑張り屋さんの強み	裏を返せば……	実際の投資では
いつも前向き、ポジティブ志向	いつかはなんとかなる	個人の力ではどうにもならないことばかり
合理的、論理的な思考	正論が存在する	わかっていないことのほうが多いし、儲け方はいろいろ
自分への絶対の自信	自分の判断は正しい	間違いも多い。トータルで勝てばOK
負けず嫌い	負けを認めない	損失は小さいうちに切る
強いプライド	他者に対する優越感、まわりはアホ	群衆行動が相場の流れを決める

3－5のような感じになります。

こんな感じだから、**株価が下がり始めた後の1年は、お金があって勉強熱心で負けず嫌いのインテリがホイホイと「相場の罠」にかかります。だから、「インテリトラップ」**なのです。

これから投資を始めようと考えている方は、とにかく下げ始めているときに買わないことです。これを忘れて相場の天井を過ぎたところで買ってしまうと、暴落後は株価を見るのもイヤになり、損失を出すことも先送りして、数年間塩漬けにすることになりかねません。

「では、どうすればいいんだ？」

皆さんそう思われるでしょう。でも、ご安心ください。次の第4章で「バブルの波を乗りこなして資産を増やす5つの積極投資メソッド」を、第5章で「バブル崩壊に負けずに資産を守る5つの堅実投資メソッド」をご紹介します。

第4章

バブルの波で資産を増やす 5つの積極投資メソッド

「相場というものがわかりだしたのはこの頃だ。休みなしに強行軍すると、兵隊はバタバタ倒れる。休みも挟まねばならぬ。『休むも相場』というが、まったくその通りである」

（山崎種二：相場師・実業家。山種証券、山種物産、株式会社ヤマタネの創業者。第一次大戦後に発生した1920年の戦後恐慌を振り返って。1893～1983）

従来型の分散投資はもはや通用しない！

現在、世界中で量的緩和バブルが膨らんでいて、2016年から2017年が危ないという私の分析が正しいとすれば、具体的にどんな投資法ならバブル崩壊に耐えられるでしょうか。あるいはもっと積極的に投資機会として活かす方法には、どんなものがあるのでしょうか。私たちがよく目にする伝統的な国際分散投資や、巷に溢れるトレーディング手法には、バブル崩壊時にすべての資産が同時に暴落する新事態を前提としているものはまずありません。

前作の『勝ち抜け！サバイバル投資術』では3つの投資法を紹介しましたが、「もっと簡単で、手間がかからない方法を知りたい」「リターンを追及するよりも安全なものがいい」「余裕資金でもっと大きなリターンを狙う方法があれば教えてほしい」と、さまざまなご意見をいただきました。

そこで、従来の手法を検証するとともに、この3年間の研究で新たに有効性が確認できたもの、今後有効である可能性が高いものを加えて、積極的な投資法として5つ、資産を守ることに主眼を置いた手法として5つの計10種類の投資法をご紹介します。

それぞれ「期待リターン」「キャッシュ保全度」「メンテナンスの容易さ」「ストレスの少なさ」「有効な投資対象」が異なっているので、さまざまなニーズに合わせて選ぶことができます。

私のオススメの利用法は、ちょうど漢方薬を症状や体質に合わせて調合するように、10種類の投資法のなかから3つを選んで併用することです（詳しくは164ページで）。

こうすることによって、バブル崩壊に通用しない従来の投資対象の分散（日本株に○%、米国株に△%、外国債券に□%……と資金を分散して投資する手法）ではなく、効果的な投資戦略の併用が可能となります。どの手法も完全ではありませんが、仮に1つの手法がうまく機能しなかった場合にも、まったく違うアプローチの他の2つの投資法が補い合い、あなたを救ってくれるはずです。

5つの積極戦略で効果的なリターンを狙う！

本章では、バブルの波に上手に乗って資産を増やす積極投資法をご紹介します。「攻撃は最大の防御」でもあり、自ら能動的に動いている間は相場に対する恐怖心が薄れる効果もあります。バブルの生成と崩壊は景気循環の結果にすぎないと割り切って対策を考えれば、楽観的かつ前向きな準備ができるはずです。

図表4-1は5つの積極投資法の特性をまとめたものです。「期待リターン」は過去の実績や投資対象のリスクから想定されるもので、星の数が多いほど大きなリターンを狙うことができます。「キャッシュ保全」は、投資にお金をつぎ込んでリスクにさらす時間が短いほど星の数が多くなります。これは景気循環やバブルの生成・崩壊とは無関係に起こり得る自然災害や家族の病気といったリスクも考慮するときわめて重要な要素です。また、相場がクラッシュして、

図表4-1　バブルの波を乗りこなして資産を増やす５つの投資メソッド

	投資法	期待リターン	キャッシュ保全	メンテの容易さ	ストレスの少なさ	主な投資対象
1	半年投資	☆☆	☆☆	☆☆☆	☆	日本株、米国株
2	バフェット流大底投資	☆☆☆	☆☆	☆	☆	各国個別株、ETF
3	順張り投資モデル	☆☆	☆☆	☆	☆	日本株
4	過熱感指標で長期逆張り	☆☆☆	☆	☆	☆	日本株
5	10%リスクコントロール	☆☆	☆	☆	☆☆☆	日米株価指数ETF、投信

お金が実生活に必要になる不況時にすぐに使える状況にあるかどうかも考慮しています。

「メンテの容易さ」は文字通り、その投資法を使う場合に必要とされる時間を考慮したものです。時間と手間がほとんどかからないものは星の数が多く、ほぼ毎日、あるいは毎週記録を取って分析する必要があるもの、投資対象候補を暴落前からじっくり時間をかけて絞り込み、業績の推移をフォローする必要があるものは星の数が少なくなります。

「ストレスの少なさ」は、その投資法を利用するにあたって〝胆力〟を必要とするかどうかという切り口です。たとえば相場の大底で皆が震え上がっているときに買いに回る「バフェット流大底投資」は、まさに胆力勝負の投資法といえます。一方、相場の状況が悪いときにキャッシュポジションが増える投資法では、ストレスが小さくなるので誰でも実行しやすいことになり、星の数も多くなります。

最後が「投資対象」です。たとえば星の数のバランスが相対的に良い「半年投資」は、日本国内から投資しやすいもののなかでは日本株と米国株にしか有効ではありません。インド株や金への投資に使いたいと思っても、今のところは役に立ちそうもありません。

いずれにせよ、期待リターンが大きいものは、キャッシュをリスクにさらす期間が長かったり、メンテに手間がかかったり、利用する場合に不安に思うことが増えてストレスがかかったりします。がっちり儲かって、損失の可能性がほとんどなく、手間もかからず、「本当にこの戦略で大丈夫かなぁ？」と利用しているときにまったく気迷いすることもないなどという、おいしい話はあり得ません。そんな**夢のような話を聞いたら、新手の詐欺かマルチ商法だと疑う用心深さが投資には必要不可欠**です。

以下、それぞれの手法を説明します。あなたのニーズに合うものが必ずあるはずです。

1．半年投資

期待リターン☆☆　キャッシュ保全☆☆　メンテの容易さ☆☆☆　ストレスの少なさ☆

投資対象：日本株、米国株

欧米には、“Sell in May and go away, and do not come back until St Leger day (Halloween).〟

図表4-2　1990～2000年の月別平均騰落率

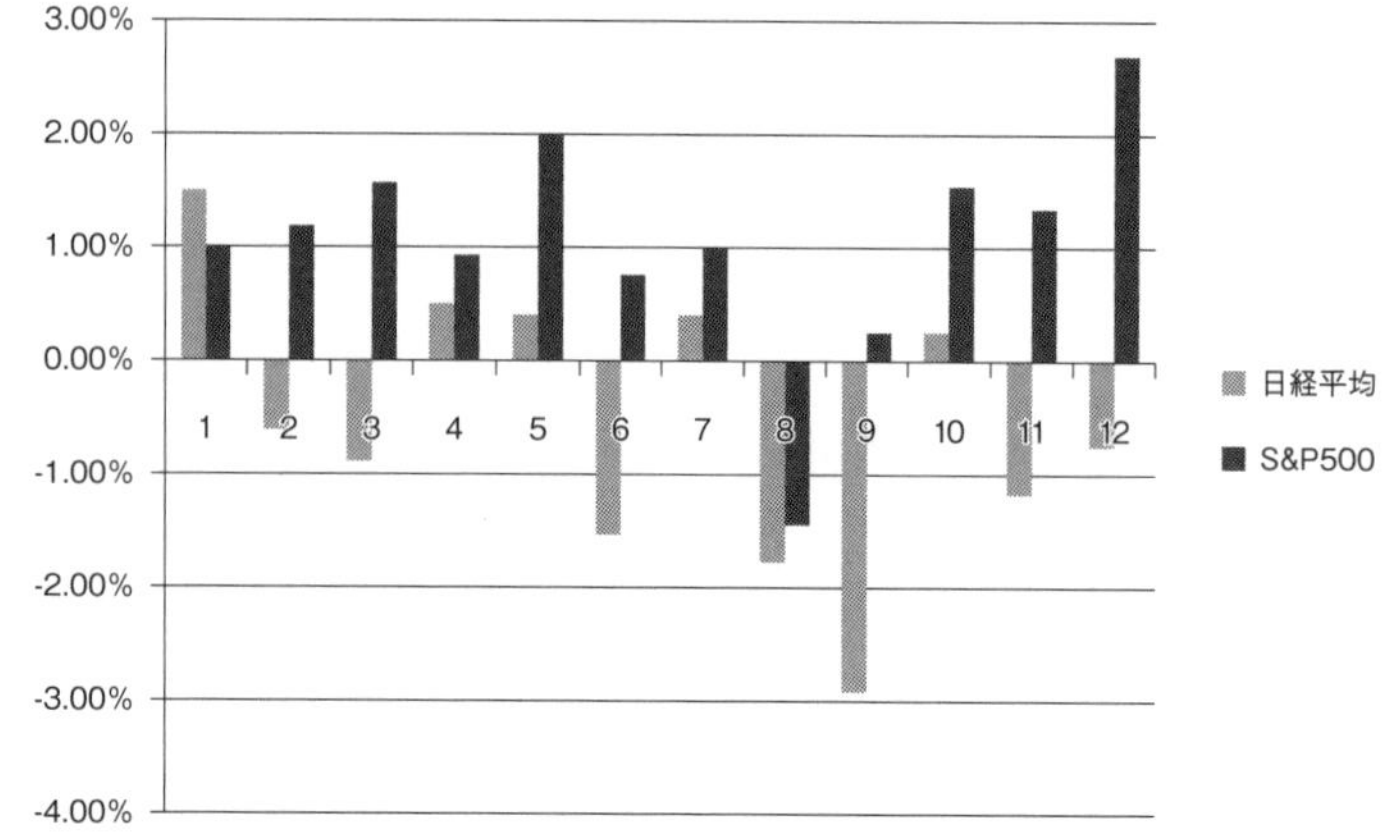

出所：ロイター

「5月に（株を）売り払ってどこかに行ってしまえ。そして9月半ば（アメリカでは10月末のハロウィン）まで（相場に）戻ってくるな」という投資格言があります。「そんなに株式投資が簡単なら誰も苦労しないよ」という声が聞こえそうですが、これが日本株にもかなり当てはまるようになり、最近はプロでも注目する方が増えてきました。

　図表４－２は日経平均とアメリカの代表的な株価指数であるＳ＆Ｐ５００指数の１９９０年から２０００年までの月別の平均騰落率です。日本では株・不動産バブル（バブル景気）が崩壊して失われた20年が始まった時期、アメリカはＩＴバブルに向けて長期好況の真っ最中でした。この期間では日本株は1月、4月、5月、7月と10月の5ヵ月は高いものの、他の7ヵ月は下げています。一方のアメリカ株は長期のブ

図表4-3　2001～2014年11月の月別平均騰落率

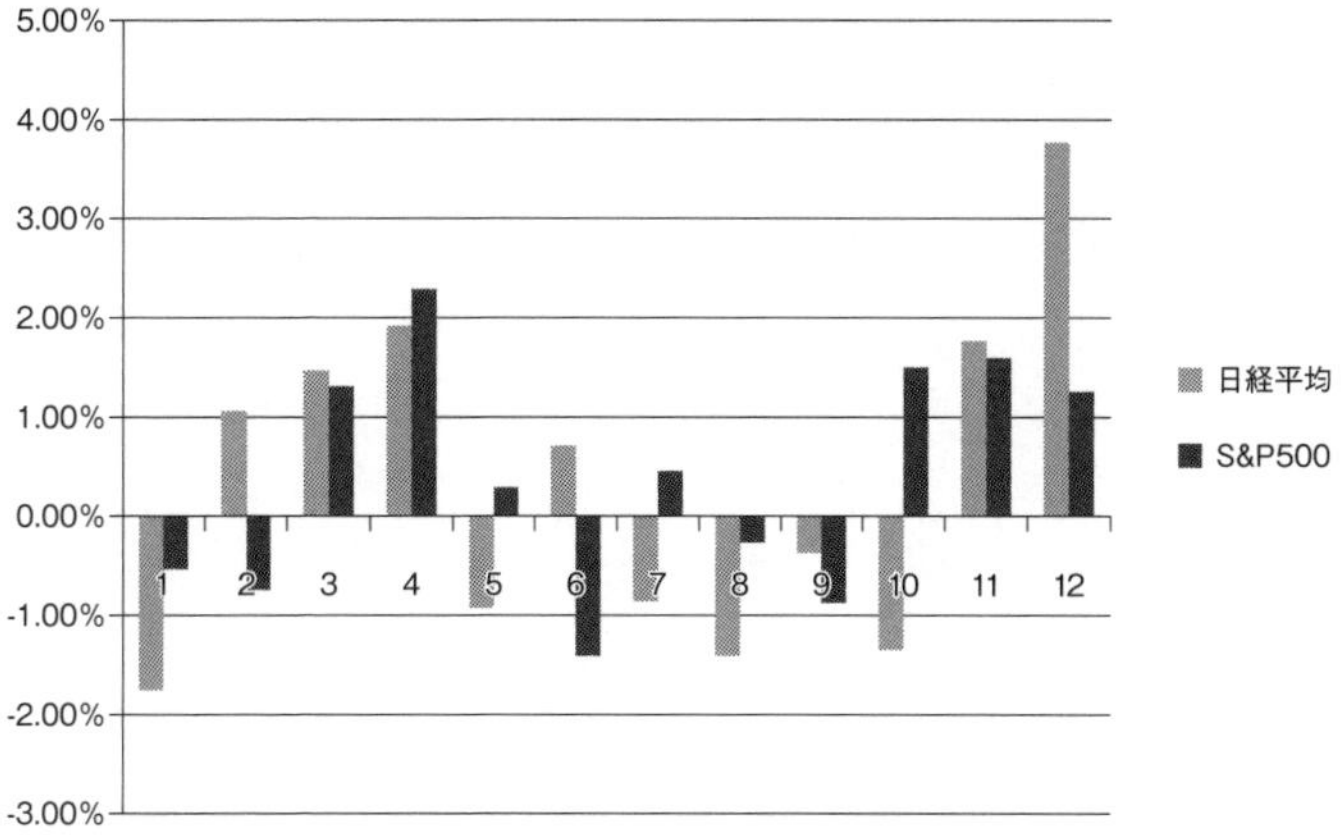

出所：ロイター

ル（強気）相場の真っ最中で、8月以外の平均リターンはプラスでした。

続いて、図表4−3は2001年以降の分析です。ITバブルが崩壊した後は日米ともに値動きが似たものとなり、「年末から春にかけて高くて、夏から調子が悪くなり、秋はボロボロ（裏を返せば相場の底で買いどき）」という傾向がはっきりと出ています。つまり、**株式に投資するなら、格言どおりに11月から4月までの半年間だけ投資する方法が良い**ことになります。

この現象は〝半年効果〟または〝ハロウィン効果〟のアノマリー（特異現象）として知られています。**アノマリーとは原因がよくわかっていないものの、なぜかそうなることが多い現象のこと**です。半年効果の原因としては、「欧米の投資ファンドのファンドマネージャーがボーナスを確定するために秋に手仕舞い売りをする」「年末に各種投資ファンドを解約するための通告期限が秋に来るので、ファンドがキャッシュポジションを高めなければならない」「決算が12月なので年初に買いが集まり、株が上がりやすい」など、さまざまな見方があります。

振り返って世界の株式市場に影響を与えた大事件の発生時期を考えてみると、2007年のパリバショックは夏に始まり、2008年のリーマンショックで大波乱となったのも9月と10月、2011年のギリシャ危機も夏から秋、2012年のスペイン経済危機も5月から始まっています。古くは1987年のブラックマンデーも10月、1997年のアジア通貨危機も初夏に始まり秋に大パニック、1998年のロシア財政危機も夏に始まっていますし、2001年の米同時多発テロは9月11日、つまり9月でした。このとき、半年効果を考慮して、**11月から4月の6ヵ月間しか株式を保有していなければ、これらの経済ショック、突発的なイベントをきっちりと回避できていた**ことになります。

アジア通貨危機が起こる前の1995年末から2014年11月までの日経平均と、日経平均に半年投資を用いた場合の結果が図表4-4です。仮に、この期間に日経平均に投資していたらアベノミクスで相場が戻ったといってもまだマイナス13%です（配当、税金を除く）。一方、半年投資を実践していたら、数々のショックをくぐり抜け、なんと3倍にもなっているのです。これを使わない手はありません。

この**半年投資の最大のメリットは実践がきわめて簡単なこと**です。なにせ10月末に買って翌

図表4-4　半年投資は手間いらずで驚異的な効果

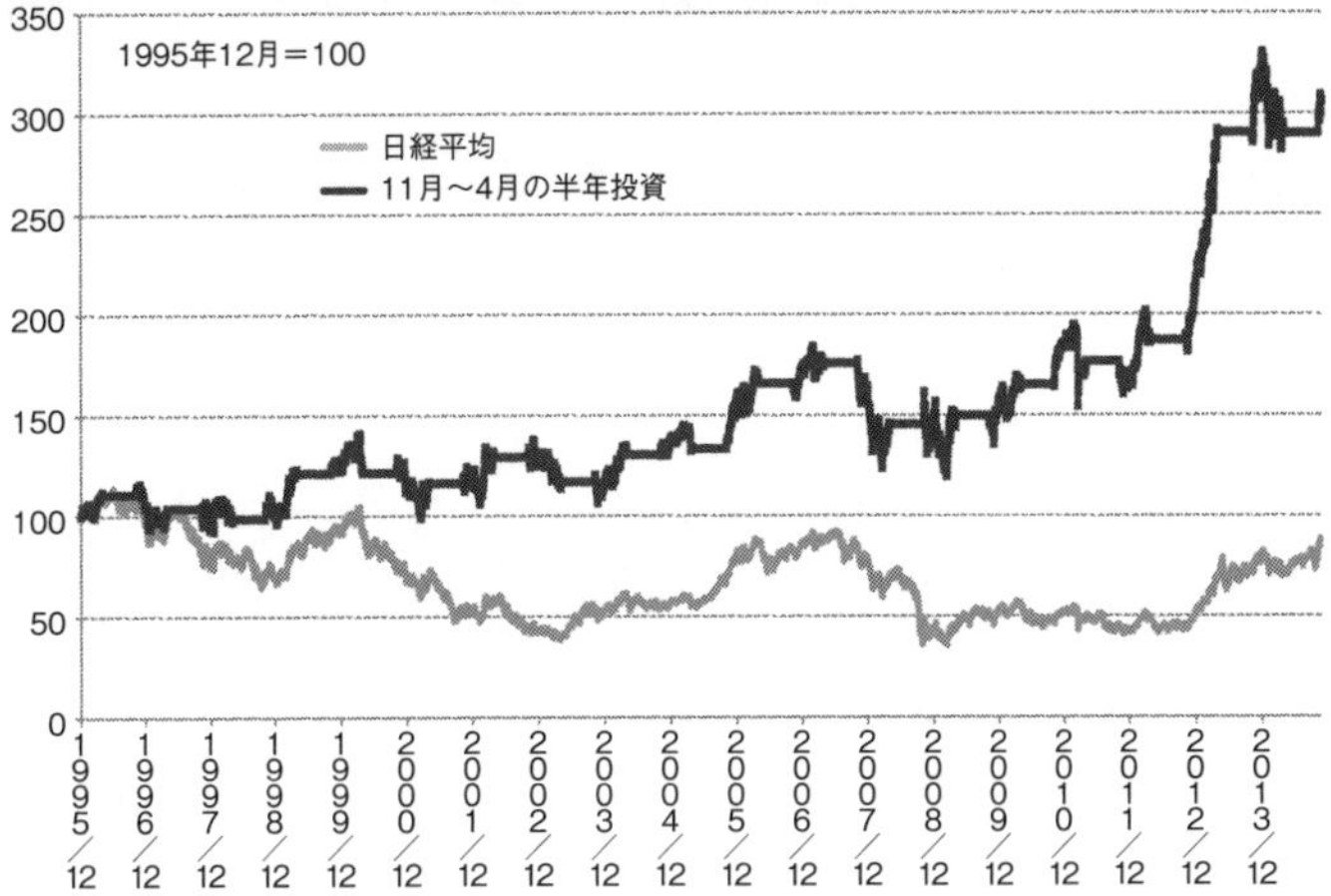

出所：ロイター

年4月末に売るだけなので手間がかかりません。

さらに、1年のうち半分の期間は銀行預金や円ＭＭＦ（マネー・マーケット・ファンド：短期債券だけで運用する安全性の高い投資信託）などで資金を退避させておくことになるので、キャッシュの保全の面からも安心感があります。

なお、半年投資が利用可能で、日本国内から投資しやすい投資対象は日本株と米国株で、日本なら日経平均かＴＯＰＩＸ（東証株価指数）、アメリカならＳ＆Ｐ５００指数を対象としたＥＴＦ（上場投資信託）や株価指数に連動する投資信託（購入時に手数料がかからないノーロードタイプ）、株価指数レバレッジトラッカーでの運用を想定しています。運用資金が多ければ時価総額が大きな個別株式（日本株ならソフトバンク、ファナック、ファーストリテイリング、トヨタなど）を5銘柄から10銘柄程度まとめて同時に取引することで、より低コストで高い効果が得られると予想されます。

なお、現時点では株式市場への外国人の投資規制が厳しい中国株やインド株では「半年効果」は観察されていないため、この手法は使えません。ただし、前掲の図表4-2でわかるように、かつては日本株にも「半年効果」はありませんでした。それが、日本で外国人投資家のプレゼンスが上がり、現在のように東証一部の株式売買金額の6割をも占めるようになると、欧米株と同じような半年効果が顕著になってきたのです。ですから、中国株やインド株にも将来半年投資が使える日が来る可能性があります。

完璧に見える半年投資にも注意点が2つあります。まず、毎年必ず11月から4月まで株価が上昇するわけではないということ。アノマリーはあくまで「だいたいそうなることが多い」というもので100%ではないのです。たとえば、2011年の東日本大震災は3月だったので、半年投資では全額投資中の期間と重なり、うまく機能できない結果となりました。さらに2014年だけを見れば、4月末まで保有するより年初に売却したほうが良い結果となります。それでもアベノミクス相場は2012年11月末から始まっていますし、2013年のバーナンキショックは半年投資ならポジションがゼロになっているべき5月だったので、総合的に見れば半年投資はやはり有効でした。「毎年目をつぶって、淡々と10月末に買い、4月末に売ること」が、この投資法のもっとも重要で意外に難しいポイントです。

もうひとつの注意点は、このアノマリーがいつまで有効なのか誰にもわからないことです。

あるアノマリーの有効性があまりにも一般的になり、皆がそれを使うようになると消えてしまうということがあります。たとえば、かつてはアメリカの小型株が1月に上昇する〝1月効果〟というものがありました。しかし広く知られて投資の教科書にも載るようになると、いつの間にかなくなってしまいました。今は1月に上がると思って多くの方が先回りするためか、12月に前倒しされているようです。ただし、アノマリーが、商慣行、税制、法制度などに起因しているなら、ある程度知れわたったとしても、そのアノマリーを利用できない投資家（大口機関投資家など）が多いので、まだまだ続くことも十分に考えられます。

この2つの注意点を考えると、「今年は下がっているけど半年投資で大丈夫かな」「著名なエコノミストがみんな言っているから、もうアノマリーが消えたかも」「こんなときに買うなんてできないよ」と葛藤を抱えることになります。だから、投資期間は1年の半分にすぎないのに、半年投資の「ストレスの少なさ」は☆1つだけとしています。結構胆力がいるのです。

結論として、半年投資は「期待リターン」が高いので☆2つで良好。「キャッシュ保全期間」も半年あるので☆2つ。基本的に手間いらずなので「メンテナンスの容易さ」は☆3つで最高点。ただし、毎年半年間じっとしているのは意外に大変なので「ストレスの少なさ」は☆1つだけ。投資対象は日本株と米国株です。**個人投資家が他の投資戦略と組み合わせる候補としてはトップクラスの手法**といえるでしょう。

2. バフェット流大底投資

期待リターン☆☆　キャッシュ保全☆☆　メンテの容易さ☆　ストレスの少なさ☆
投資対象：各国個別株、ETF

世界でも指折りの資産家であり、投資の神様ともいわれるウォーレン・バフェット氏の経営するバークシャー・ハザウェイ社（以下BH社）は、リーマンショックで苦境に陥った米銀に巨額の投資を行い100億ドル（約1兆1000億円！）もの利益を上げたようです。〝バフェット信者〟も世界中に多く、彼を目指す投資家やファンド、経営者も星の数ほどいるのですが、なかなかうまくいくことはありません。

その原因は、関連著作のストーリーだけを追って、「良い企業に集中投資すればいい」という彼の一面だけしか見ていないからです。実はもっとも重要なのは、**平時には運用資産の2割のキャッシュポジション（それでも数兆円！）で辛抱強く待ち、暴落時に優良株を信じられない好条件で買って巨万の富を築いたこと**なのです。これは、ぜひ見習いたい投資手法といえます。

BH社は保険事業を中心に鉄道、公益・エネルギー、住宅建設・ローンからキャンディー製造まで幅広い事業を行う子会社を保有し、2013年末の連結ベースの総資産は4261億ドル（約47兆円）もあります。総資産が大きいだけの会社なら山ほどありますが、他社との違いは「リーマンショックの際に、どうしてあれだけの巨額の投資ができたのか」という点です。

BH社が他社の株式への純投資を行う保険事業（Insurance and Other）だけでも、総資産は3141億ドル（35兆円）もあります。

この部門の財務諸表で普通の保険会社と大きく違うのは、現預金ポジションの多さです。2013年末には13・6％、金額にして426億ドル（約5兆円）もあり、いつでも投資できる資金になっています。驚くべき点は、世界的に株価が高い水準にあった2006年と2007年には、なんと資産の約2割を現預金ポジションにしていたことです。これが2008年のゴールドマン・サックスなどへの破格の条件での巨額投資を可能にしました。

2008年末には、BH社の同部門の総資産に占める現預金の比率は12・2％まで下がっています。しかし、株価が反転した2010年以降は徐々に現金を再び増やし、次の好条件の投資機会に備えているようです（2013年末の現預金比率は下がっていますが、これは保有株式が株価の上昇で2割も増えた結果で、現預金の保有額自体は増えています。図表4−5参照）。

ところで、さまざまなバフェット流投資の解説本には、投資の条件として「わかりやすい事業」「優秀な経営陣」「長く続くビジネス」を「安く買う」などと書いてあります。このため日本では一部のプロでさえも、「日本経済が悪くても業績の良い株に投資すれば大丈夫」「投資タイミングはわからないので考えるだけ無駄」「長期投資家は必ず最後には勝つ」などと言ってはばかりません。しかし、BH社の財務指標から読み取れるのは最後の「安く買う」がきわめ

図表4-5　BH社の現預金比率

年	BH社保険事業の現預金／総資産比率
2013	13.60%
2012	15.20%
2011	13.40%
2010	14.90%
2009	12.50%
2008	12.20%
2007	18.10%
2006	20.30%

出所：BH社財務諸表より著者作成

て重要で、そのために**市場暴落時まで投資資金を温存することが成功のカギ**ということです。言い換えれば、**「ファンダメンタルズ分析でいくら素晴らしい企業を見つけても、高く買ったら儲からない」**のです。

これは株価＝１株当たりの予想利益×ＰＥＲ（株価収益倍率）と考えてみればすぐにわかります。現在のように「ＰＥＲ20倍も当たり前」という時期と、２０１２年秋までのように「ＰＥＲ10倍以下が普通」という時期では、１株当たりの予想利益が同じでも株価が倍も異なります。

「でも良い会社は相場が回復すれば株価が戻るから、やっぱりいつ買ってもいいでしょ？」

そう主張する方もいます。しかし、20年近くもの間、日経平均やＴＯＰＩＸが総じて下落トレンドであったということは、新興企業株などを除けば、ほとんどの大手企業の株価が下げ続けたことを意味します。「いい会社さえ見つければよい」というバフェットもどきの投資法はうまくいきません。

バフェット流投資は、「バブル崩壊に負けない投資法」というよりは「バブル崩壊で大儲けする投資法」です。やり方はきわめて簡単で、バブル崩壊前は何年間でもキャッシュを温存し、

図表4-6　バフェット流大底投資（日本株）

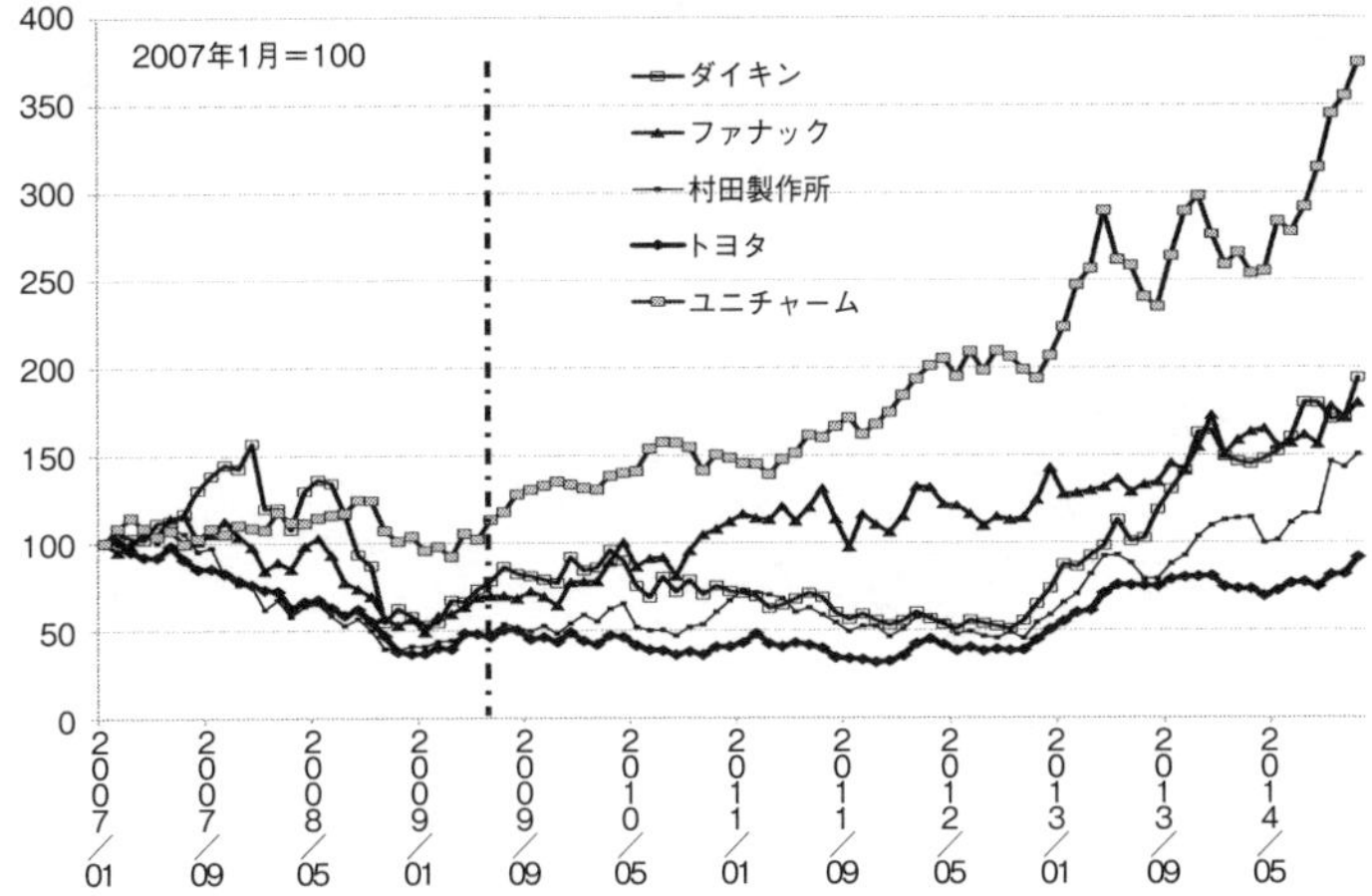

その間に「わかりやすい事業」「優秀な経営陣」「長く続くビジネス」のバーゲンハンティングリストを作っておきます。これにより、平時は自然災害などの突発的なショックに備えるキャッシュポジションにもなります。そしていよいよバブルが崩壊して各社の株価が半分や数分の1になったら、リストの企業のなかで十分に安くなったと思える銘柄に投資を開始します。

図表4-6は2007年1月を100とした場合の、日本を代表する企業の株式の変化を示したものです。2007年に前回バブルの高値をつけた銘柄が多いので、相場の8合目から9合目といったタイミングです。

バフェットなら大底で買うのですが、どこが大底かわからないのが普通の投資家です。そこで、後述する手法で「買い出動」となるポイントを探したのが、図の縦の鎖線2009年6月

図表4-7　バフェット流大底投資（米国株）

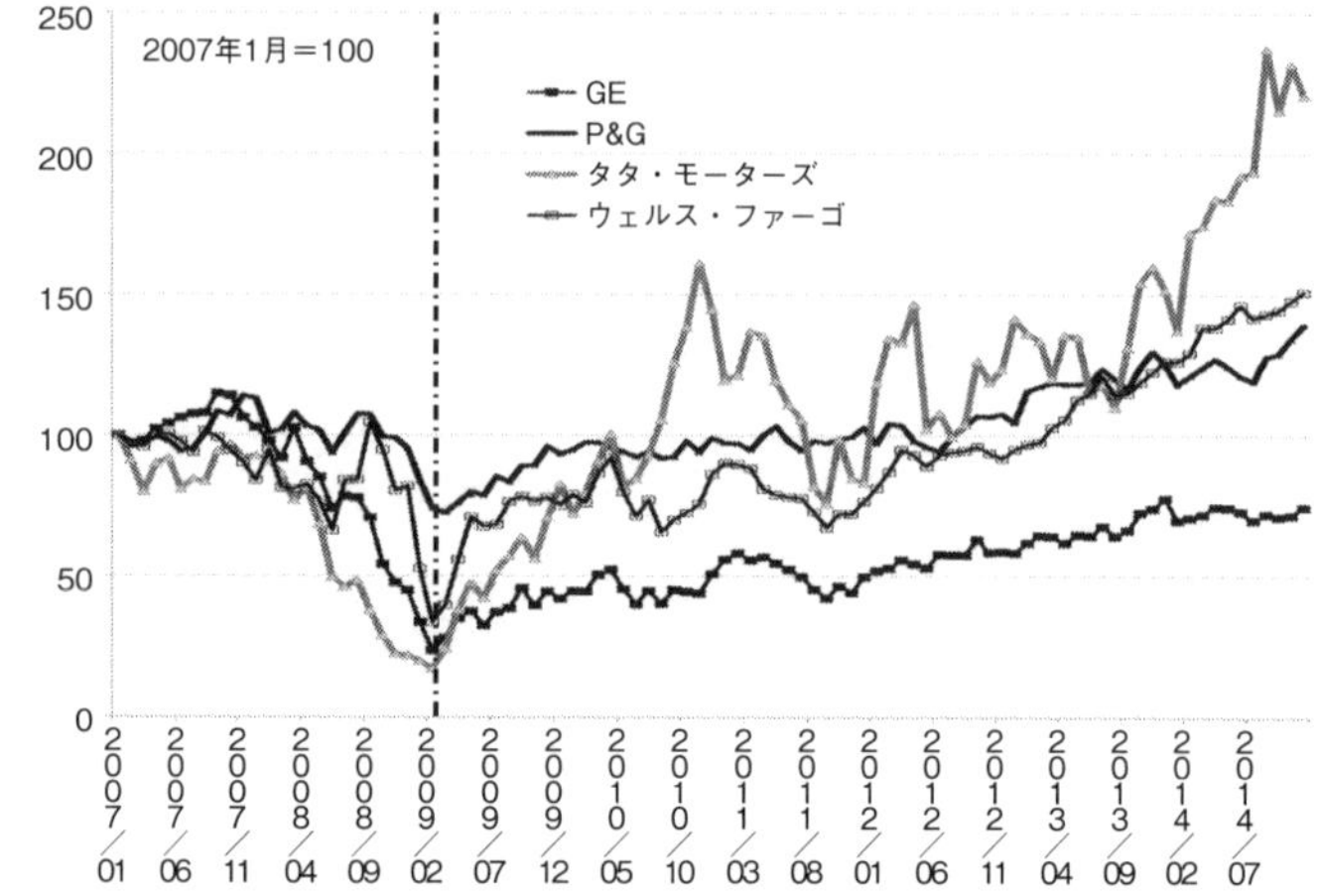

頃です。2007年に購入する場合に比べ、ダイキンやファナックで3割程度安く、村田製作所、トヨタなどは半値になっています。そこで購入し5年後の2014年4月まで保有していたら、損をするほうが難しかったでしょう。良い会社に投資するならバブルの最中や天井ではなく、バブル崩壊直後のほうが断然良いのです。

図表4-7は同様にGE（ゼネラル・エレクトリック）、P&G、ウェルス・ファーゴといった、これもアメリカを代表するような銘柄と、米国市場で取引できるインド株のタタ・モーターズ（ADR＝預託証書。米国企業以外の株式を米国市場で取引できるようにしたもの）の値動きを見たものです。2009年4月の縦の鎖線のタイミングでは、なんとGEやタタ・モーターズは6割安、ウェルス・ファーゴは半額、P&Gでさえ3割安でした。日本株と同様、これらを5年

間保有していれば、多くの銘柄が2倍から3倍にもなっています。バフェット氏がますますお金持ちになるわけです。

買いタイミングの判断は、きわめて難しいところです。皆が恐れおののいているときに買いに回るので、しっかりした裏づけがないとなかなか動けません。そこで、「恐怖指数」を使いましょう。恐怖指数とはオプション取引参加者が予想する将来の相場変動の大きさ（標準偏差）を数値化したもので、日本株では日経VI（ヴォラティリティ・インデックス）指数、米国株ではVIX（ヴィックス）指数があります。日経VIは2010年から始まった指数なので、過去の暴落時の検証ができないことに加えて、アメリカの株価指数S&P500を対象としたVIXよりも、ぴょんぴょん動きやすいという特徴があります。短期トレーディングなら日経VIでも良いのですが、数年単位の大底投資にはVIXのほうが適しています。

次ページの図表4-8はS&P500とVIX指数の動きを見たもので、ITバブル崩壊後の底値となった2002年後半、リーマンショック直後の2008年9月に極端に跳ね上がり、その後急落しています。VIX指数は1998年のロシア財政危機、2011年のギリシャ危機、2012年の欧州債務危機でも急騰しています。普段は10から20ぐらいの値なのですが、リーマンショックのときは90近い値になっています。こんなにわかりやすいものはありません。

利用法としては、暴落時を探す条件として、直近の高値からS&P500が3割以上下落していること（図の矢印で指摘部分）、VIXの月中高値が45より高くなっていることとし、再び

図表4-8　S&P500とVIXで大底を探す

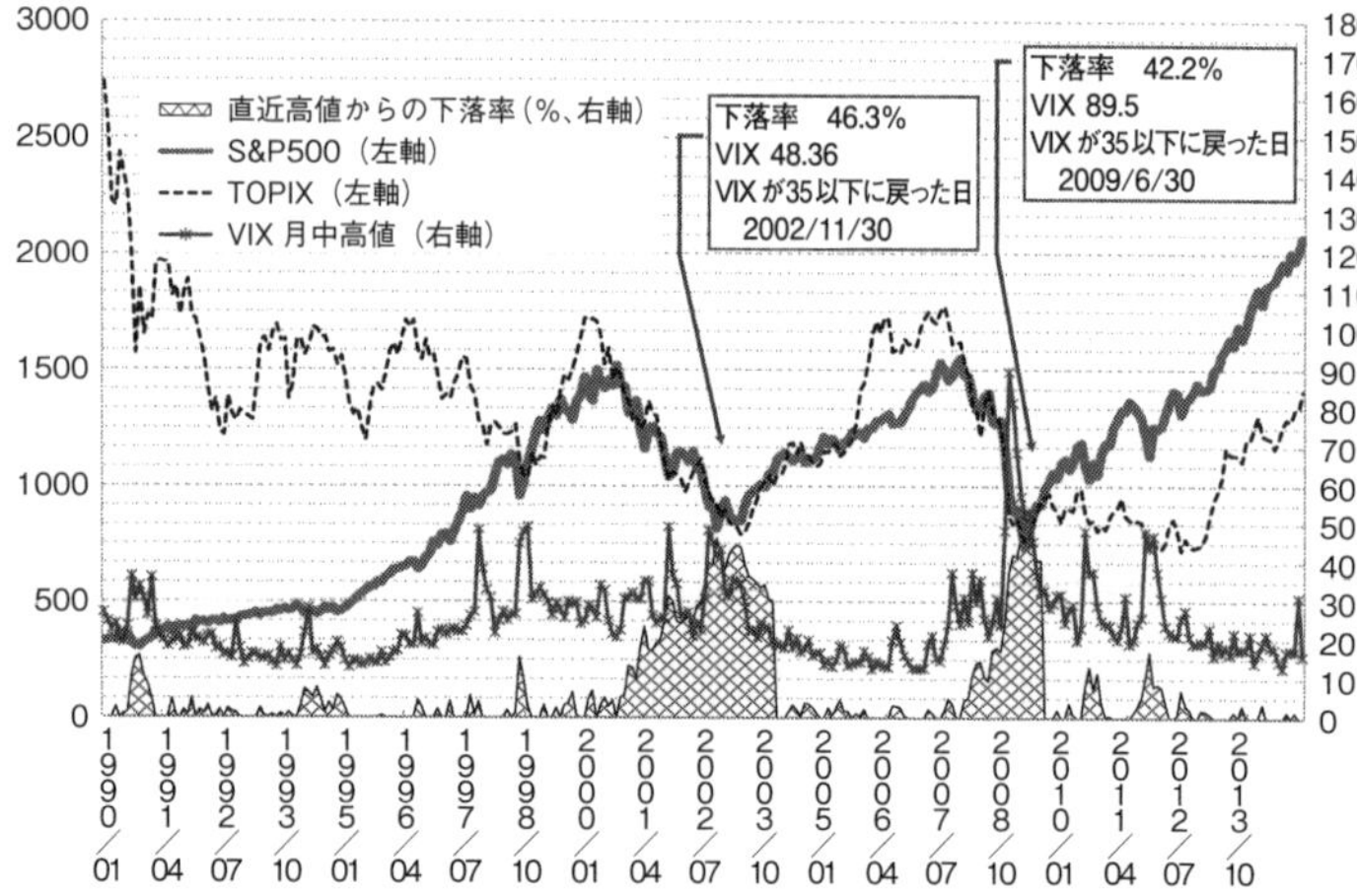

35を切る水準まで市場環境が落ち着いてきたときを、バフェット流大底投資の出番とします。なお、バブル崩壊時には米国株と日本株は似たような値動きとなるので、S&P500指数の下落率とVIXを使ったシグナルがそのまま日本株にも利用できます。図表4-8の点線がTOPIXですが、見事に大底のシグナルが一致していることがわかります。

また、保有期間はあらかじめバブル相場循環サイクルの7~10年より短い5年程度と決めておくか、第1章で紹介した米国株のバフェット指標がGDPと再び交差し、株価に過熱感が出るまでの4、5年程度とすると良いと思われます。

バフェット流大底投資をまとめると、大底圏で超優良株への投資を行うものなので、「期待リターン」は高く☆3つです。10年単位で見るとキャッシュでの保有期間が長いものの、本当に資金が必要な不況期の数年間に投資するので「キャッシュ保全」は☆2つです。また、投資をしていない期間にもVIX指数を毎月チェックしたり、いざというときに投資すべき投資対象を研究し、リストをアップデートしたりするのに手間がかかるため、「メンテの容易さ」は☆1つ。また、バブル崩壊時の誰もが投資から逃げたくなる時期に投資するので相当の思い切りが必要で、「ストレスの少なさ」は☆1つだけです。投資対象は各国の個別株にも、相場全体に投資する株価指数ETFにも利用も可能です。

3. 順張り投資モデル

期待リターン☆☆　キャッシュ保全☆☆　メンテの容易さ☆　ストレスの少なさ☆
投資対象：日本株

順張りとは相場の上昇トレンドや下降トレンドに乗って投資する方法のことです。株式相場はゆっくり上がって、ドカンと落ちるのが普通です。著名な投資家であるジョン・テンプルトンは「強気相場は悲観のなかに生まれ、懐疑のなかで育ち、楽観とともに成熟し幸福のうちに消えてゆく」と述べています。

「よし、上がりそうなときに投資して、危ないと思ったら売ればいいんだな。簡単さ」

と思ったあなたは、この本を読んでいて本当に幸運だと思います。人間の感覚や相場観ほど当てにならないものはありません。**買いたいときに買い、売りたいときに売っていたら、損をするように相場の神様は行動**します。プロ中のプロであるべきエコノミストやストラテジスト、個別株アナリストからファンドマネージャーでさえ、一部の例外を除き、大相場になれば浮かれて強気になり、暴落すればうなだれて悲観論一色になるのです。

そこで図表4-9にあるような「買いシグナル」と「売りシグナル」を出す投資モデルを使った運用を考えます。株式相場はゆっくり上がってドカンと下げるので、まず相場が上昇トレンドに入ったら買いで入ります。相場の天井で売ることはまず無理なので諦めて、下げトレンドに転換したら売る(買いポジションを手仕舞う)という順張りでの投資を考えます。

株式相場や為替相場は各種経済指標、中央銀行の政策、要人発言、通関統計などさまざまな材料を織り込み、それらを消化して、売買金額、各種騰落率、信用取引損益率、投資主体別取引動向、価格変動率、eワラントのプット・コールレシオ、ツィッターの書き込み数、ネットの株式掲示板の閲覧数といったさまざまな情報を吐き出します。

また、テクニカル分析では値動きのパターンそのものや、変化の方向、変化までの時間などを情報と考えて相場のシグナルを読み取ろうとします。実際、各種経済指標から近未来の景気動向や別の経済指標の予測は頻繁に行われていますし、予測精度が高いものもあります。となれば、これを相場の予測にも使わない手はありません。**投資モデルを使うことは一種の知恵の**

図表4-9　順張り投資シグナルを使う

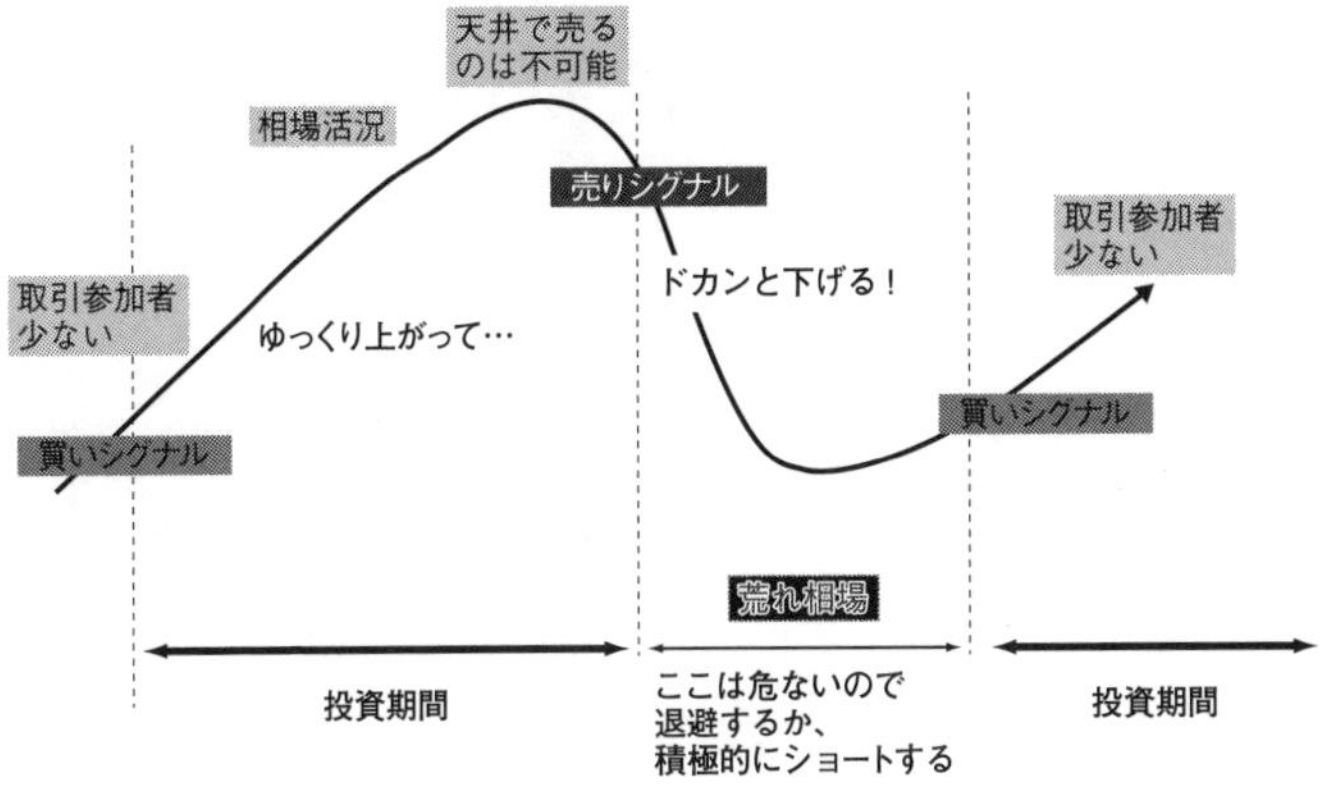

アウトソーシングです。投資モデルが出すシグナルは、あなたの感情や相場観とは別の切り口で投資のヒントを与えてくれるようになります。これがまさに投資戦略の分散で意図していることなのです。

投資シグナルを使ううえでの注意点は、カーブフィッティング（測定値や過去の値動きをなんとか説明できるように、いろいろな変数を詰め込んで辻褄を合わせること）です。投資用のソフトウェアの優劣を競う大会で優れた結果を出した投資モデルが、実際の運用ではまったく役に立たないことがしばしばあります。その理由は別の視点から考えてみれば簡単です。

まず、2点間のランダムな曲線を想定し、これがある資産の過去の値動きとします。数学的には、変数を増やして、足したり引いたり、二乗、三乗や平方根を使ったりすれば、その期間の値動きにピッタリあった「コテコテ投資モデル」ができあがります。

　ところが、ある2点間で完璧なまでに有効であったこの「コテコテ投資モデル」が、それに続く2点間で有効かというと、当然のことながら役に立ちません。そして、その区間もまた20個ぐらいの変数を組み合わせれば「完璧な投資モデル」を作ることはできますが、次の期間ではやっぱり勝ったり負けたりで鳴かず飛ばずとなります。システム運用でなかなか勝てないわけもここにあります。

　カーブフィッティングのモデルと、使える投資モデルの何が違うのかというと、「合理的な将来への影響が説明できる変数」を組み込んでいるかどうかであると私は考えています。テクニカル分析の愛用者は多く、FX取引などでいくつかのテクニカル分析を組み合わせて自動売買を行っている方も増えているようです。確かに、相場の値動きは完全にランダムというわけではなく、上がりすぎや下げすぎが修正される「平均回帰」や長期のトレンドが継続する「自己相関」についての研究もあります。

　とはいえ、過去の値動きだけの分析では、バックミラーを見て運転するようなものともいえます。そこにたとえば、機械受注統計やそのサブ統計などの景気や株価に対する先行性があるものを組み込めば、それは単に過去の値動きだけから将来を予測するものではなく、実体経済の変化の将来への影響を勘案していることになります。同様に、量的緩和の開始や終了といった中央銀行の政策変更を数値化して組み込めば、政治家や官僚の将来に向けた意思を勘案して

図表4-10　DOIモデルの運用結果

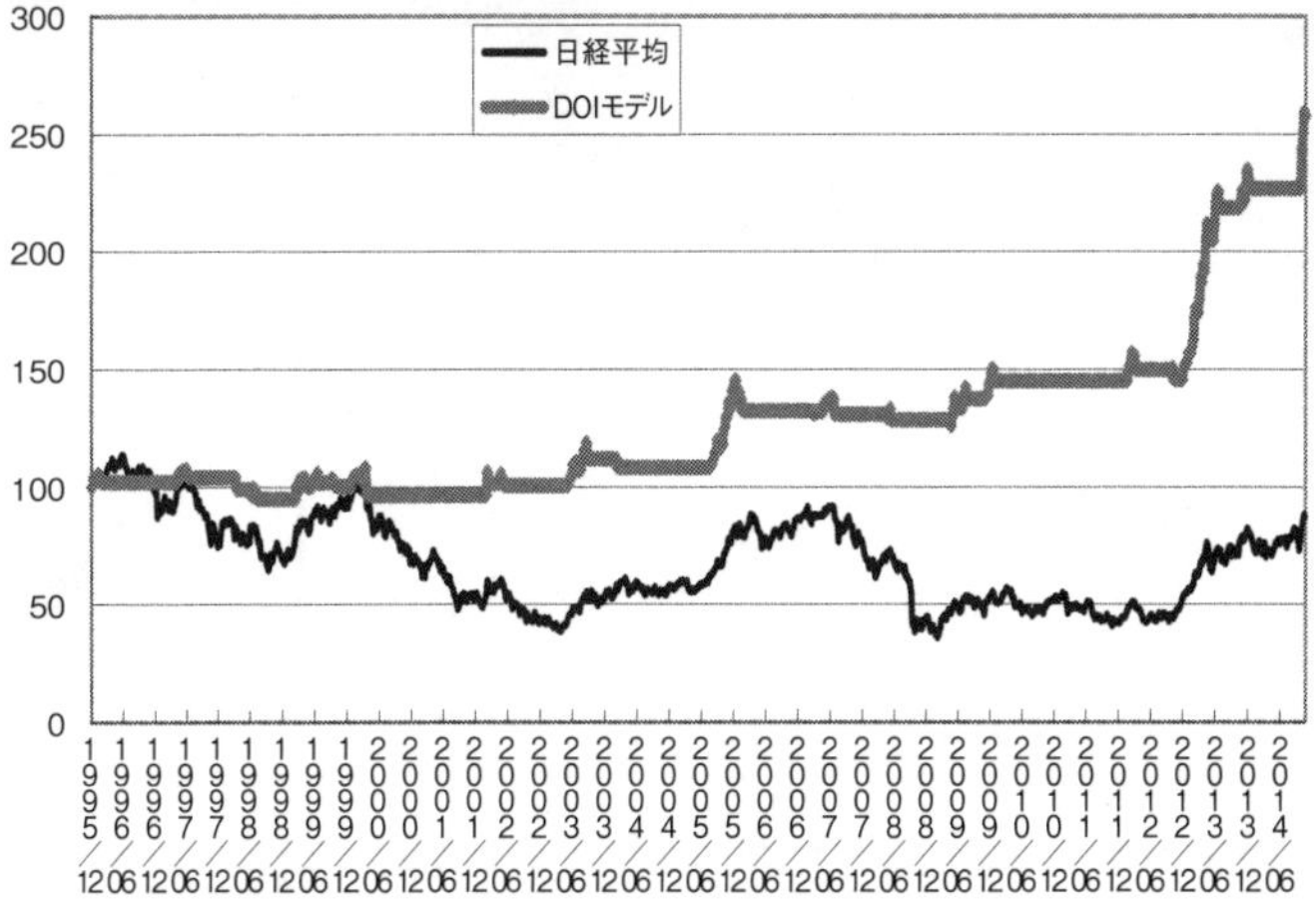

出所：ロイター、著者オリジナルデータ

いることになり、これもランダムな値動きとはまったく意味が異なります。こうして自分だけの投資シグナルを得ることができれば理想的です。

この目的に合った投資モデルとして私が作成したのが、マクロ経済指標とテクニカル分析を組み合わせた「DOIモデル」です。DOIモデルでは、マクロ経済指標の変化、長期的な株価のトレンドと現在の価格の相対的な位置、価格急変時からの時間経過によって、買いシグナルまたは売り（手仕舞い）シグナルを1週間ごとに判別し、買いシグナルに転換したら翌週中に買い、売りシグナルに転換したら翌週中に売るという運用を行うことを想定しています。

図表4-10はDOIモデルのパフォーマンスを見たものです。日経平均が過去19年でマイナス13%であったのに対し、DOIモデルでは約

図表4-11　ゴールデンクロスとデッドクロス

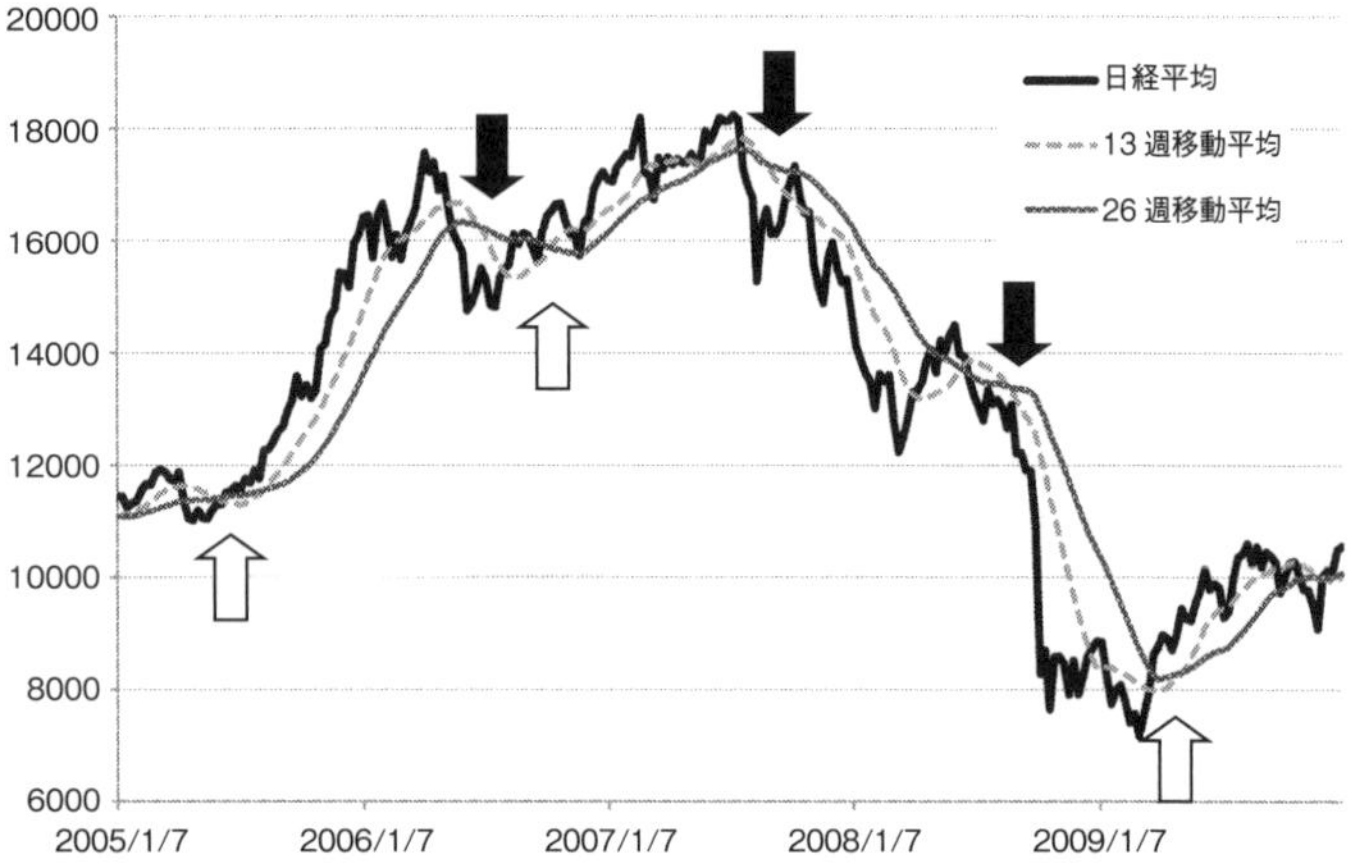

出所：ロイター

2・6倍になっています（配当、税金、売買手数料等を考慮せず）。安定性も高く、なにしろ大きく負けていないのが特徴です。

DOIモデルは、今のところ日本株だけが対象です。また、現在のモデルで取り逃している小幅な戻しを収益機会にし、下げに関してはもう少し早めにシグナルを出せるように改良する余地があると考えています。さらに、同様の分析ロジックを用いた米国株対象の「DOIモデルS&P500版（仮）」も研究中です。

「う〜ん。経済変数とかたくさんあるんじゃ面倒だなぁ。もっと楽な方法ないの？」

という方のために、お手軽で効果的な方法をご紹介しましょう。過去の値動きからトレンドを見つけようとするテクニカル分析のなかでも、〝鉄則〟として知られている「ゴールデンクロス」と「デッドクロス」を使った方法です（図表4

図表4-12　移動平均で順張り投資

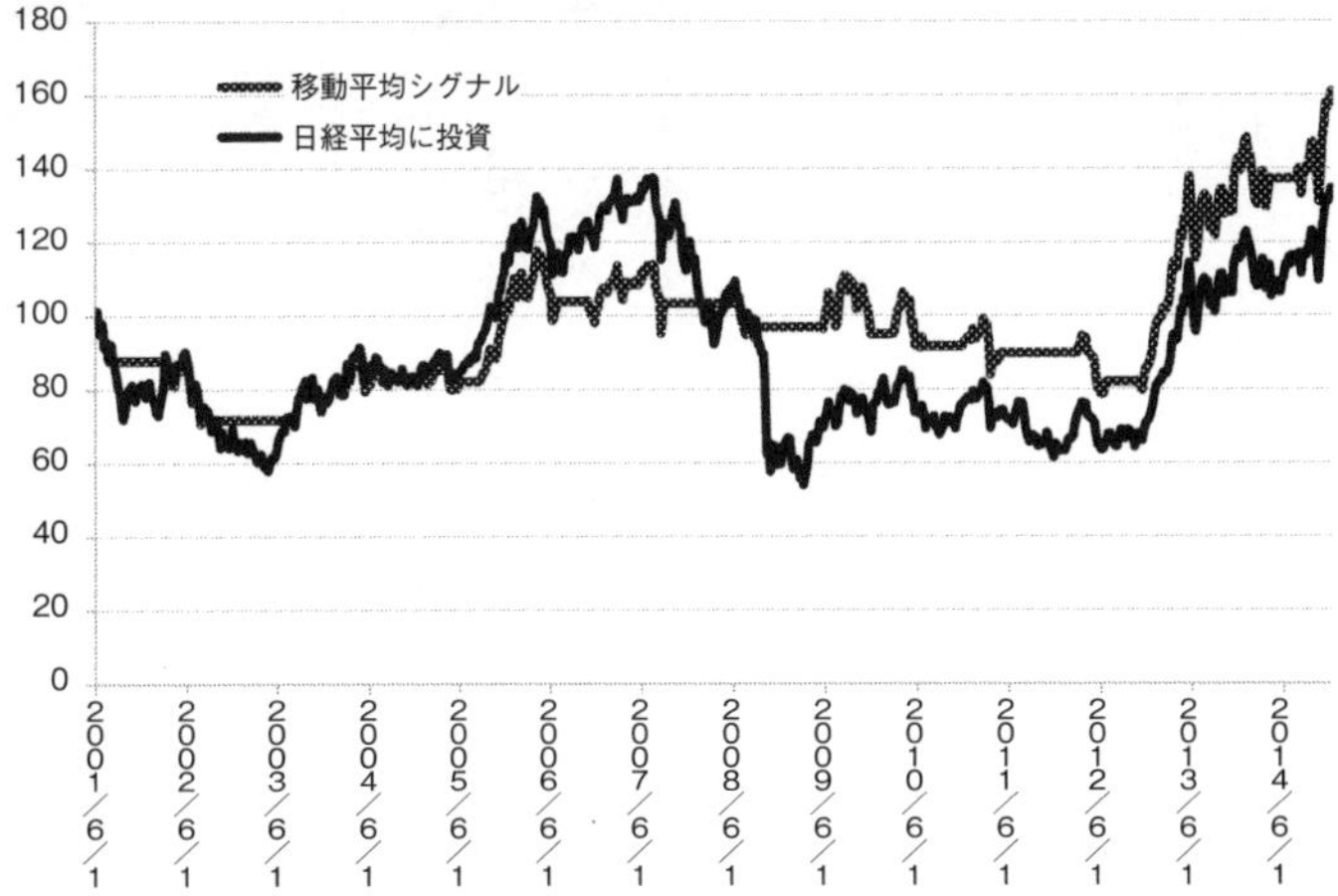

出所：ロイター

─11）。

ゴールデンクロスとは毎週の終値の13週間（だいたい3ヵ月）の移動平均線と26週（だいたい半年）の移動平均線を比べて、短期間の13週間移動平均線（図中破線）が、長い期間の26週間移動平均線（図中濃点線）を下から上に抜いた場合は上昇トレンド発生と見て「買いシグナル」、その逆の長い期間の26週移動平均線が短い期間の13週移動平均線を上から下に抜けた場合は下落トレンド発生と見て「売りシグナル」とするものです。図の白い矢印で示した箇所はゴールデンクロスで買いシグナル、黒い矢印はデッドクロスで売りシグナルです。トレンドを結構うまく当てていることがわかります。

移動平均線のゴールデンクロスとデッドクロスを用いて運用した場合の試算結果が図表4─12です。日経平均に普通に投資していた場合に比べ、クラッシュは早めに抜けて大損を回避し、上昇相場にも早い時期に参加できています。そのうえ2001年からの運用で2割も日経平均を上回っているので、なかなかのものです。

順張り投資シグナルによる運用をまとめると、「期待リターン」は半年投資に迫る好結果が得られることが多いので☆2つ。「キャッシュ保全」も相対的にキャッシュで持つ時間が長いので☆2つと良好です。難点は、まず自分のモデル作成が大変で定期的にアップデートもしなければならないので「メンテナンスの容易さ」は☆1つだけ。「ストレスの少なさ」は投資シグナルが相場観とは違うことが多く、シグナル通りに淡々とトレードするのが意外に大変なので☆1つです。投資対象は日本株の株価指数がやりやすいのですが、英語の情報入手が苦にならなければ米国株でもできないことはありません。

4. 過熱感指標で長期逆張り

期待リターン☆☆　キャッシュ保全☆　メンテの容易さ☆　ストレスの少なさ☆
投資対象：日本株

「なんで君たちは、ここの安いところで買って、この高いところで売れないのかなぁ」

親会社からの天下り役員が、某社のファンドマネージャーたちに向かってポロッとこう言ったという話を聞いたことがあります。「じゃあ、あなたがやってみせてください」という言葉が聞こえてきそうですが、意外に簡単で売買タイミングをバッチリ教えてくれる手法がありま す。それが「過熱感指標」を投資シグナルに使う方法です。

過熱感指標とは、相場の上げすぎ・下げすぎを探るもので、値動きから情報を読み取るテクニカル分析で、数種類あります。ただ、過去の値動きだけでは将来の予想可能性の点でダマシが多くてやや難があります。そこで、投資家の実際の行動が反映されていて、誰が見ても同じ解釈が可能な「信用取引損益率」と「プット・コールレシオ（ＰＣレシオ）」を使った２つの手法を紹介します。

取引の理想は大底で買って天井で売ることですが、そんな都合が良いものはありません（未だに研究はしていますが……）。現在有効と思われる過熱感指標を用いた２つの投資法は、ともに相場の大底のちょっと手前で「買い」、相場の天井の少し手前で「売り」となります（次ページの図表4-13）。**暴落の最中で大多数の人がパニック売りに走っているときに、あえて買い向かう「逆張り」と呼ばれる投資スタイル**です。

まず最初は、信用取引損益率を使う方法です。信用取引とは証券会社からお金を借りて株式を買う、または株式を借りて空売りする取引のことです。実際に保有する資金の3倍程度の売買ができるので、リスクもリターンも大きな取引といえます。

信用取引では大部分の方がお金を借りて株式を買う取引をするので、株価が上がってくると信用取引をしている方々の損益を全部足して、どのぐらいの損益率かを示す信用取引損益率が

図表4-13　過熱感指標シグナルは「早めに乗って早めに降りる」

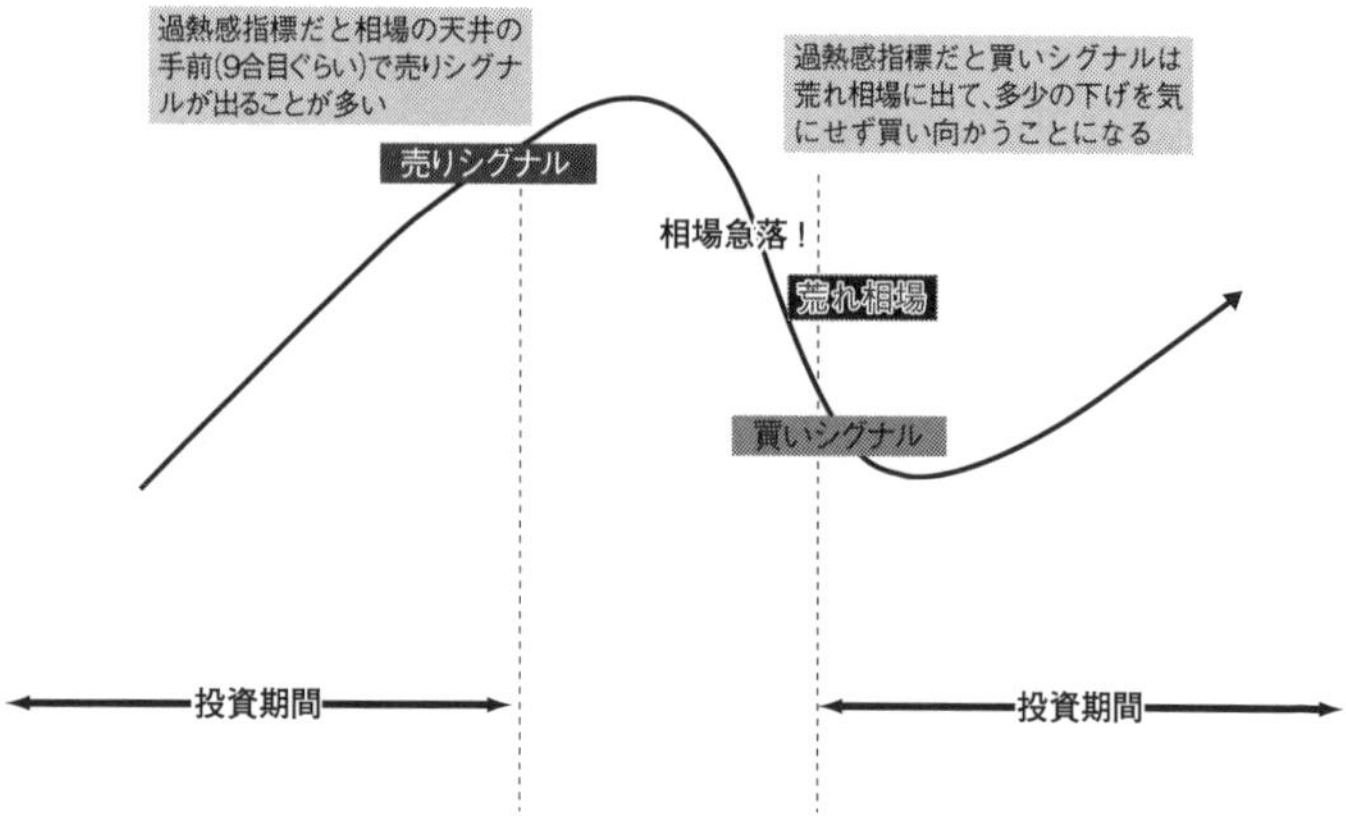

好転してきます。総じていつもマイナスなのですが、相場の天井が近くなるとプラスになることがあります。逆に相場が下落すると損失を抱える方が多くなり信用取引損益率が悪化します。ほとんどの場合、多くの信用取引利用者が多額の損失を抱えているときが株式を買う好機で、逆に大部分の方が儲かっているときは手仕舞いのタイミングとなります。

この数字は、週次で東京証券取引所で発表されているので、誰でも簡単に入手できます。また、オンライン証券会社によっては、自社の顧客だけの損益率を独自に発表しているところもあります。

次ページの図表4-14は、信用取引損益率の5週間（データ5個）の移動平均を計算し、それをシグナルに使ったものです（東証が発表する信用取引損益率そのままだと、振幅が大きくて

図表4-14　信用損益率を投資シグナルに使う

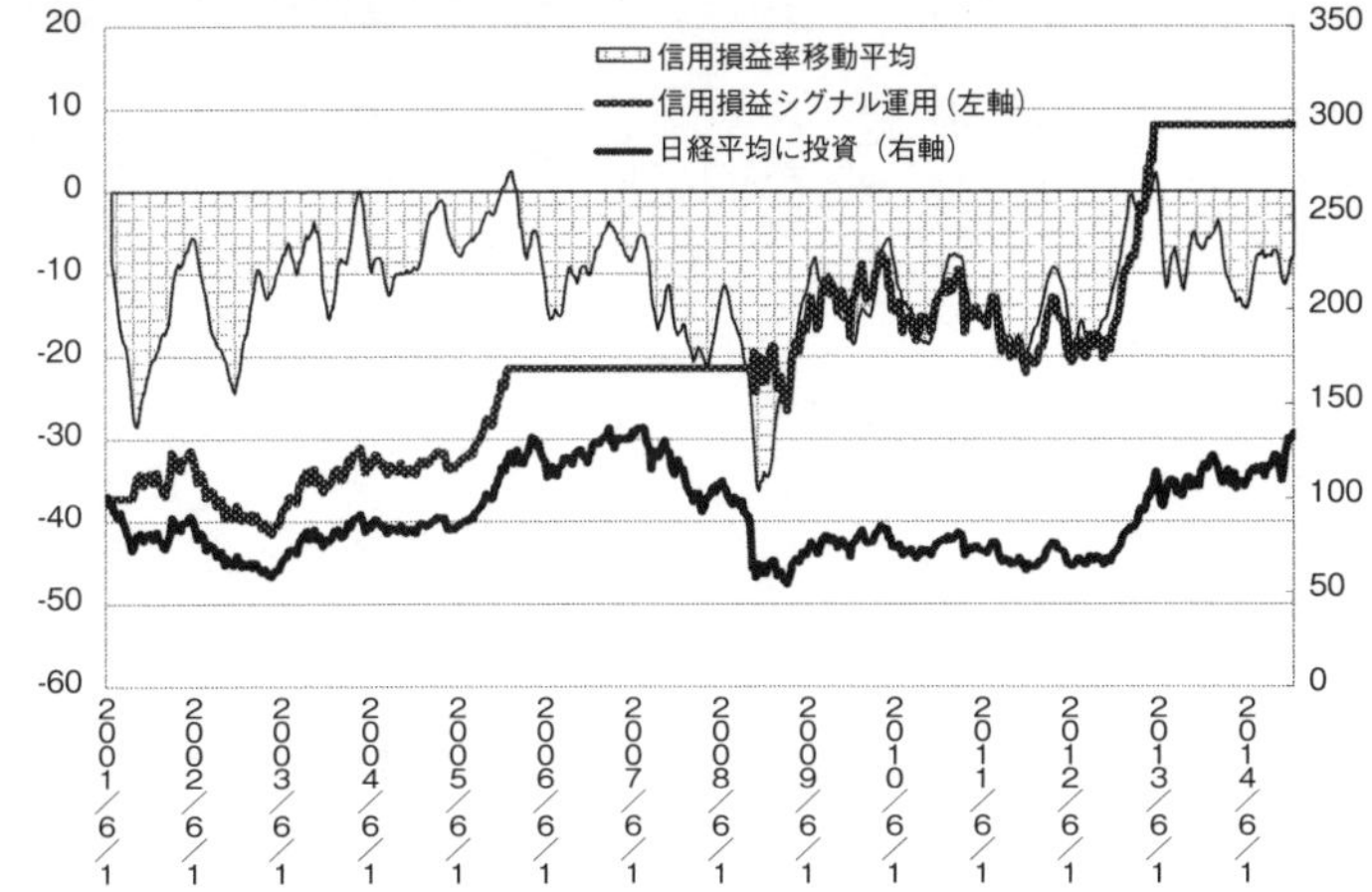

出所：東証、ロイター

シグナルとしては使いにくかったので、いろいろ試した結果、5週間が今のところ使い勝手がもっとも良さそうです）。

使い方は簡単で、信用取引損益率の5週移動平均がマイナス25を下回ったら（損失が大きくなったら）買いシグナル、移動平均が2を上回って（総じて儲けすぎとなったら）売り（手仕舞い）シグナルとしています。

結果は、驚きのハイパフォーマンスです。**2001年からの運用で、日経平均にそのまま投資していたら13年間保有して3割増であったのに対し、信用損益率シグナルを使った投資は同期間で3倍**にもなっていました。

信用取引損益率は投資家の損益状況を表すので、今後の需給と相場の方向性を的確に予測し、良い逆張りシグナルとなっている可能性が高いといえます。また、最終局面だと経験則ではいえるのですが、下落している最中に買いに回るために相当な胆力が必要で、その分リターンが高くなっているという面もあります。

もう1つの手法はPCレシオを使うもので、これもかなりの優れものです。この指標は、個人投資家向けにオンライン証券を通じて売買されるeワラント（カバードワラント）の売買動向から算出され、eワラント証券のホームページなどで前日分が公表されています。

カバードワラントにはいくつか種類がありますが、投資家が強気のときには、株価が上がると利益が出る「コール」という種類がよく取引され、弱気のときには下がると利益が出る「プット」という種類が売れるようになります。相場の天井ではほとんどの方が強気になり、プットを買う人が激減します。PCレシオは、プットの売買金額÷コールの売買金額なので、プットの売買が減るとPCレシオが低下します。逆に、相場の大底では誰もが弱気なのでプットの取引が急増して、PCレシオが急上昇します（図表4-15）。このため、PCレシオは個人投資家の相場の先行きに対する見方を、客観的に表していると考えられます。

これを売買シグナルとして用いた投資結果を試算したものが、130ページの図表4-16です。なお、PCレシオも日々の振幅が激しいのでシグナルとするには平準化する必要があり、ここでは週終値5日分の平均（5週移動平均）を用いています。PCレシオの5週移動平均が110％を上回ったら弱気過ぎなので相場の底と考えて買いシグナル、10％を下回ったら投資家が強気過ぎるので売り（手仕舞い）シグナルとしています。

図表4-15　PCレシオと株価の関係

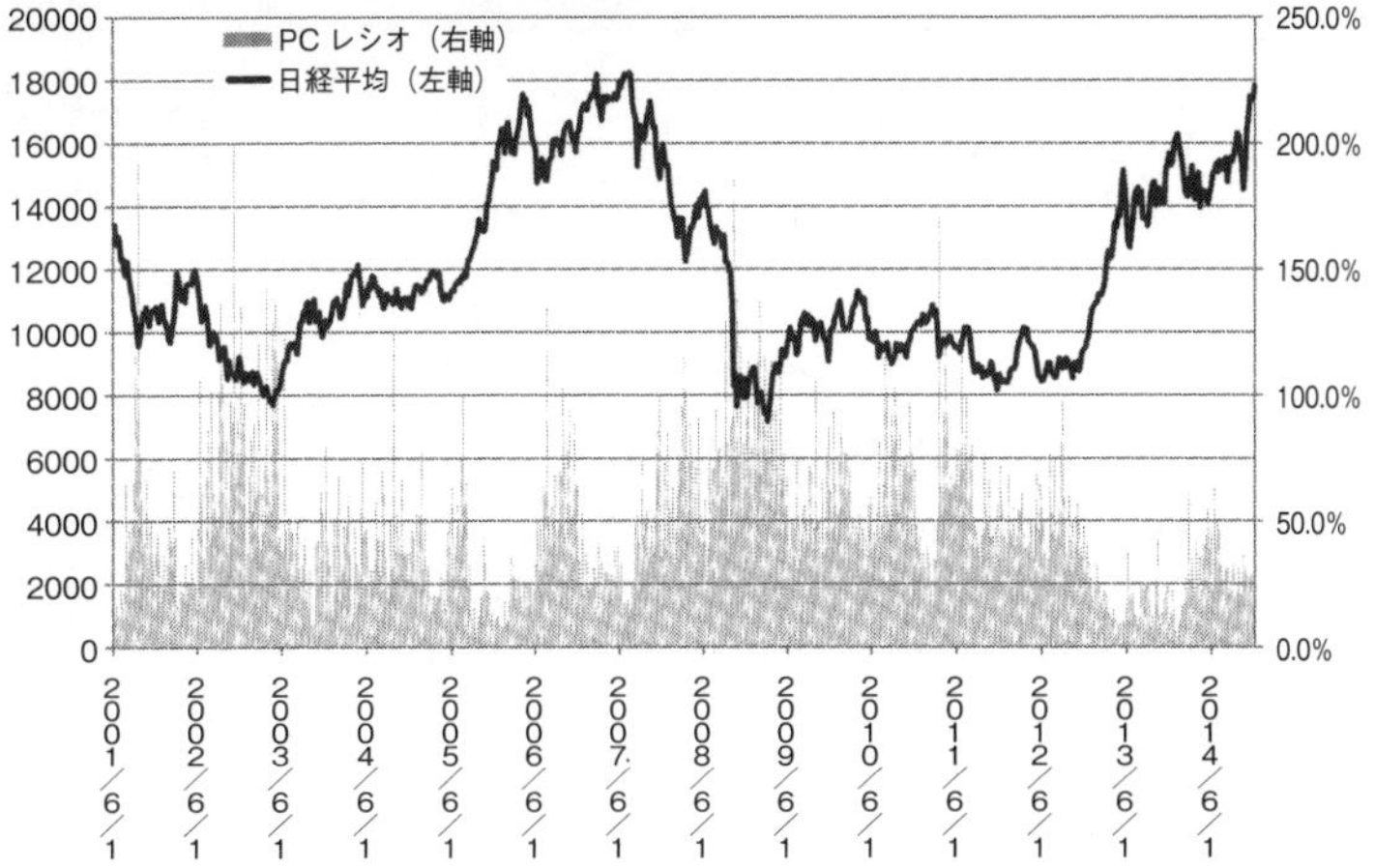

出所：eワラント証券

結果は、信用取引損益率をさらに上回るもので、「もう普通に投資していたのがバカバカしくなるぐらいの結果」でした。2001年からの運用で3・5倍にもなっています（配当、税金、手数料を除く）。投資家が上がると思っているか、下がると思っているかという感情をシグナルにしているので、単純なテクニカル分析よりは有効性が高いのも当然かもしれません。また、信用取引損益率を使った場合と同様に、相場の大底付近で売り急ぐ大多数の投資家とは逆に買いに動くので、その分投資リスクも期待リターンも高くなる投資法といえます。

過熱感指標を用いた長期逆張り運用をまとめるなら、「期待リターン」は半年投資を上回る好結果が得られることが多いので☆3つです。「キャッシュ保全」については、保有期間が数年以上と長く、資金ニーズが多い不況時に資金

図表4-16　PCレシオを投資シグナルに使う

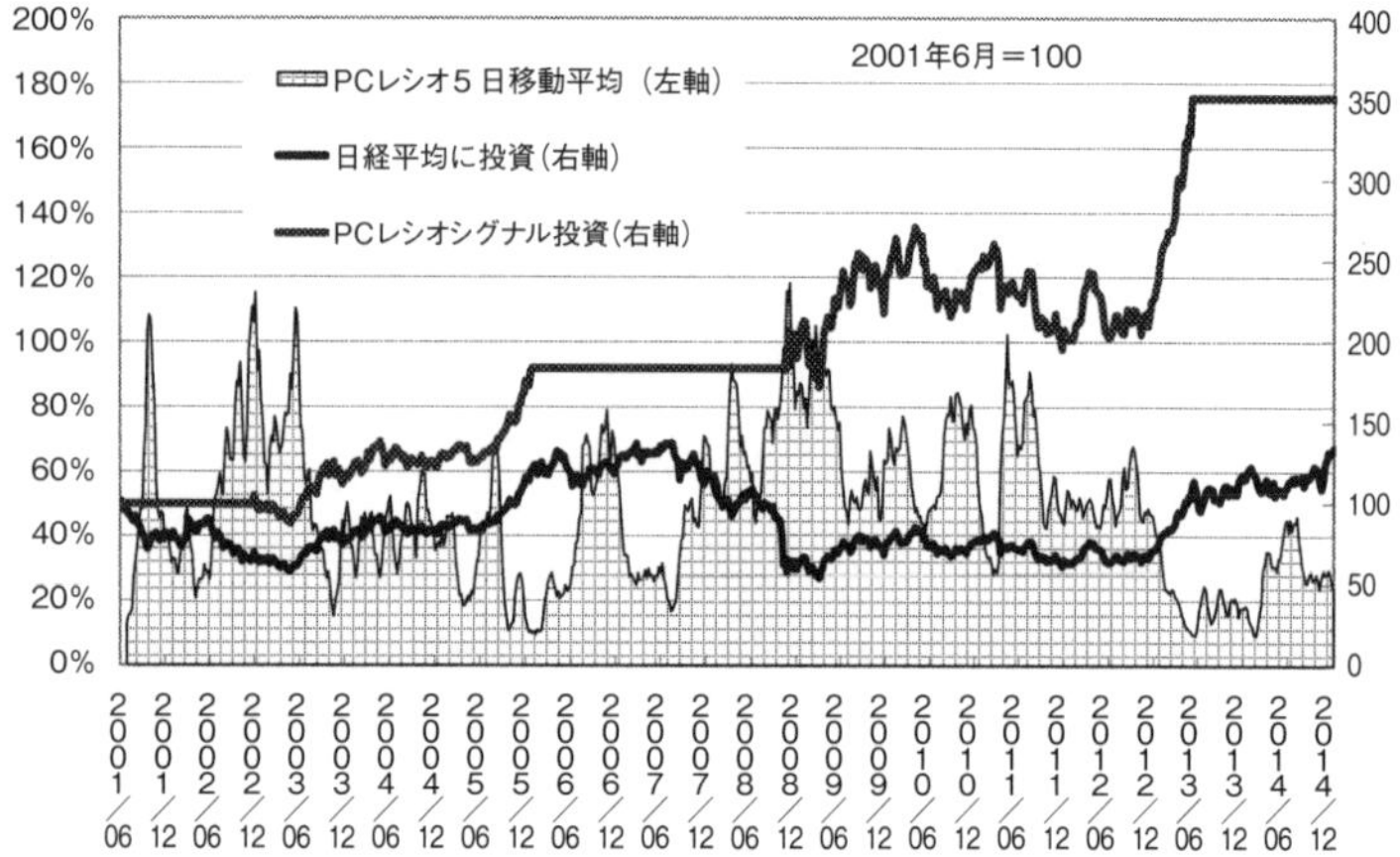

出所：eワラント証券

を投資に回すので☆1つだけ。「メンテナンスの容易さ」はPCレシオ利用でも信用損益率でも、最低週1日は短時間ながらアップデートが不可欠なので☆は1つだけです。「ストレスの少なさ」は、相場の大底手前で逆張りの買いに入るので、きわめてストレスが多い投資になると予想されます。ということで☆は1つ。投資対象は日本株全般で、株価指数のTOPIXや日経平均に連動するETF、投信や個別株というように幅広く使えます。

5．10％リスクコントロール

期待リターン☆☆　キャッシュ保全☆　メンテの容易さ☆　ストレスの少なさ☆☆☆

投資対象：日米株価指数ETF、株価指数連動投資信託

「株価が高値圏にあるときにはキャッシュポジションを多めにして暴落を避け、底値圏ではガツンと買いに回る」理想的な投資を、一定のルールに基づいて機械的に暴落を避けることを目指す手法が「リスクコントロール投資戦略」です。

これを機械的なルールではなく相場観に頼ると、「株価が高いときには強気になって、ついつい大きなポジションを抱えてしまい、その後の暴落で大損、底値圏では投資をする気にもならないし、資金もない」というのがよくあるパターンです。プロの運用者の相場観に任せても、常に全額株式に投資するスタイルではうまくいきようがありません。

一般に、資産運用会社などが喧伝するリスクコントロール戦略で、株式への投資割合を変化させるものには次のようなものがあります。

◎株式市場の変動を予想する〝独自センサー〟で、50％と100％で組み入れ比率を切り替える

◎〝相場局面を判断する非公開ロジック〟で、ゼロから100％で組み入れ比率を変える

◎オプション価格から算出した予想変動率指数（VIX指数や日経VI）で、ゼロ、50％、100％と切り替える

◎過去100日の株価変化率のボラティリティ（年率換算）で、株式投資割合をゼロから100％と連続して変える

これらのうち、〝独自センサー〟や〝相場局面を判断する非公開ロジック〟が有効かどうかは試算できないので、それらのファンドの運用実績を見るしかありません。ただ、リスクコントロール戦略というからには、ITバブルが崩壊した2000年以降やリーマンショックの2008年に有効でなければ意味がありません。となると、非公開ロジックで過去の実証ができないものばかりの現状では、数回の暴落を経た10数年後でないと利用するのは危険な賭けとなってしまいます。

また、恐怖指数ともいわれるVIX指数が上昇するのは、実際に暴落が始まってからとなる場合がほとんどなので、「VIXが急騰したときに売る」のでは遅すぎます。また、3段階しか株式の組み入れ割合を切り替えないのであれば、VIX指数がいくつになったら割合を変えるかという基準で大きくパフォーマンスが変わります。それが開示されていなければ、やはり、何回かの暴落を経て効果があったかどうかを見るしか術がありません。

一方、過去100日の値動きから算出された年率換算の標準偏差（ボラティリティ）を用いたリスクコントロール戦略は、すでにアメリカで運用実績があり、まずまずの成果を収めています。これは、全体のリスク目標とする数値（10％など）になるように株式への投資割合を変動させる手法です。たとえば10％リスクコントロール戦略で、過去100日の標準偏差が年率換算で30％だったら、10％÷30％＝1／3となり、運用資産の33・3％だけ株式で運用し、残

図表4-17　TOPIX10%リスクコントロール

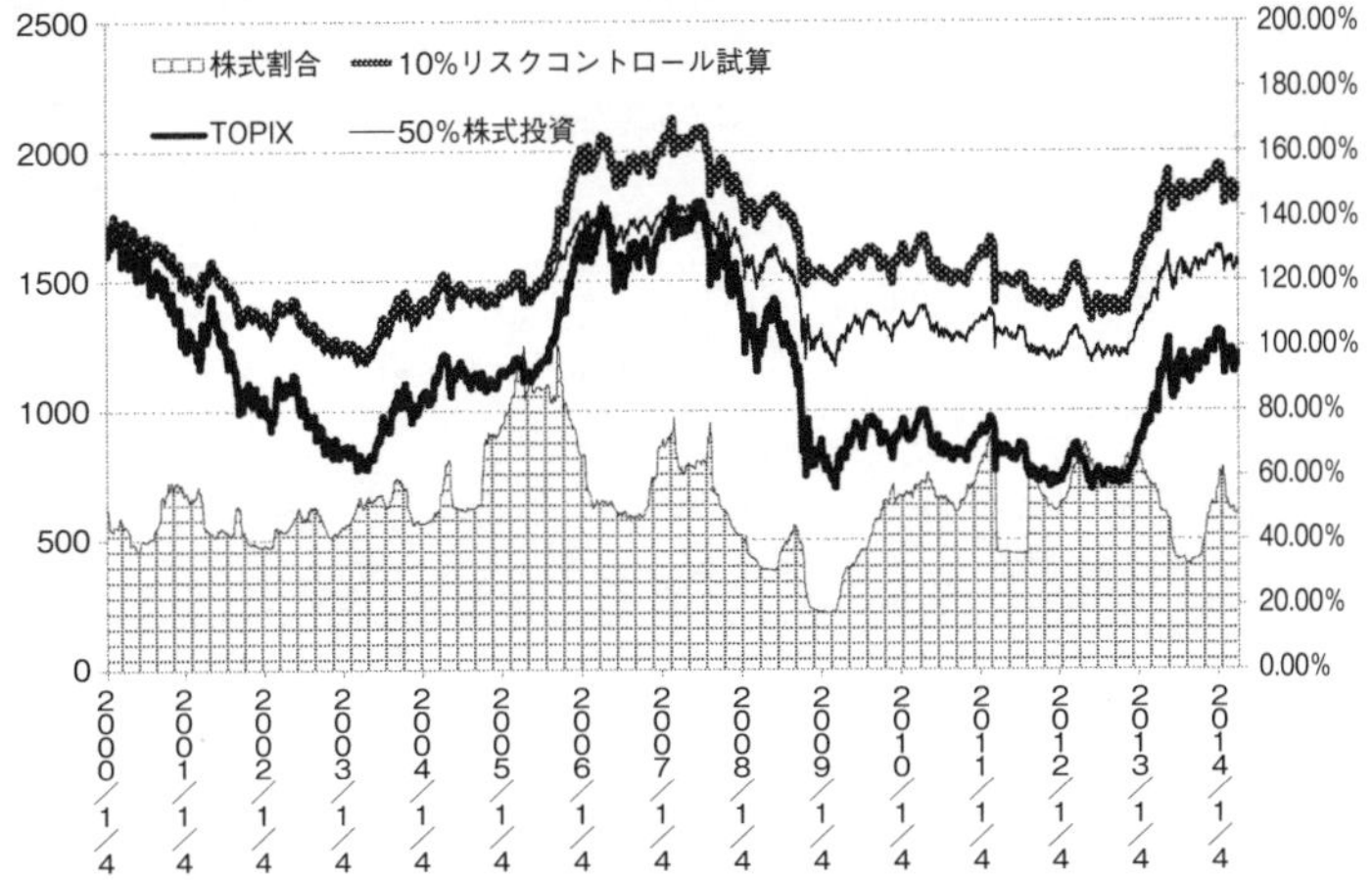

出所：eワラント証券

りは現金にしておきます。相場が落ち着いて標準偏差が20%に下がったら、10%÷20%＝50%まで株式の割合を増やしていきます。この10%リスクコントロール戦略でTOPIXへの運用を前提に試算したものが図表4-17です。

2000年以降のITバブル崩壊やリーマンショックがあっても、10%リスクコントロール戦略（図中のアミ状の線）は、「株式上昇局面で徐々に投資ポジションを減らして下落に備え」「その後に暴落があれば、さらにポジションを減らして損失を抑え」「相場が底値で落ち着いたら、早めに株式組み込み割合を増やす」ことができているようです。常に投資資金の50%だけ株式に投資する戦略（図中の細い線）に比べると、2005年夏から2005年末の小泉郵政相場や2012年末から2013年春のアベノミクス相場にうまく乗ることができています。

図表4-18　組み入れ割合の推移

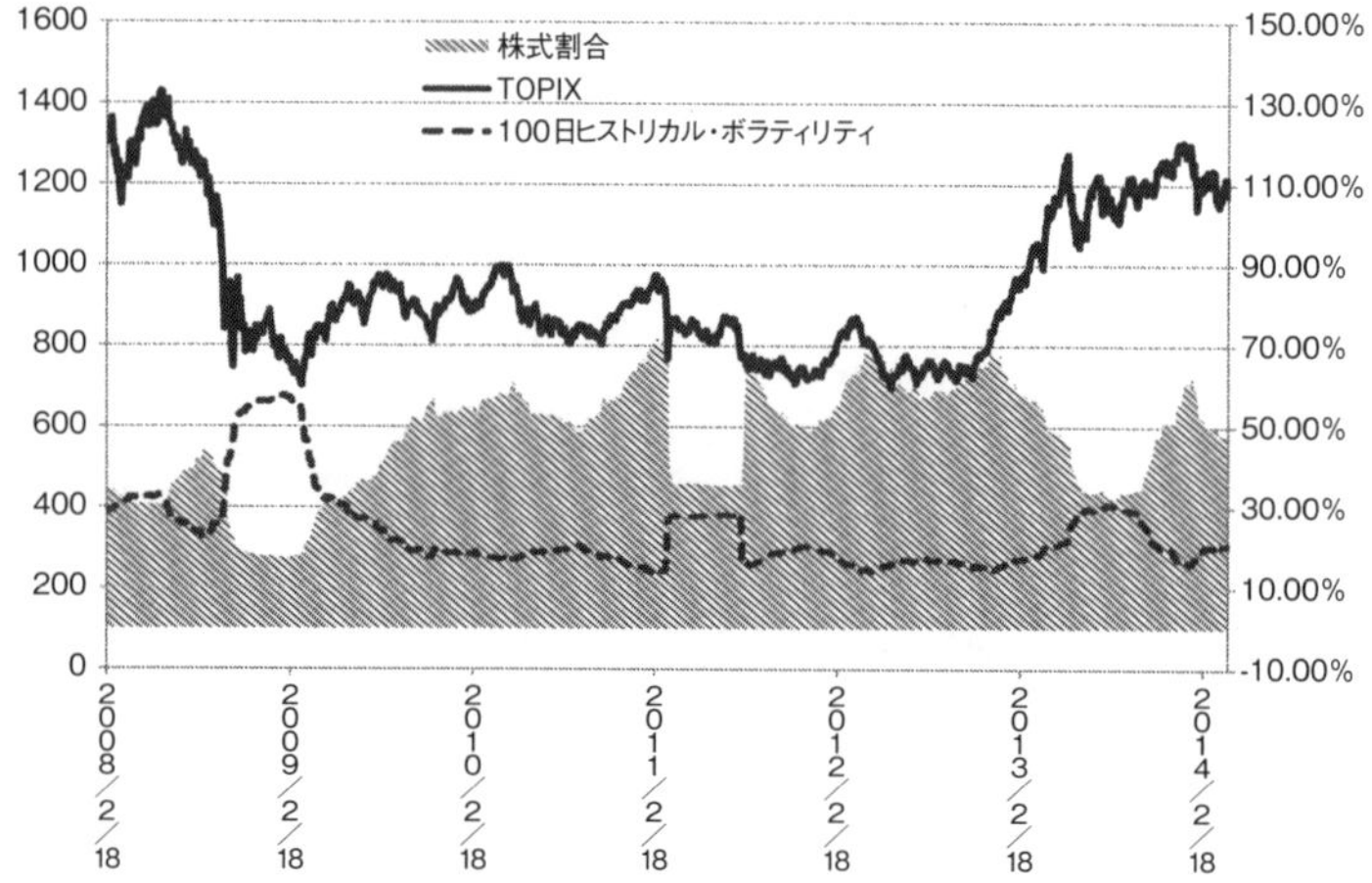

出所：eワラント証券

また、常に株式投資している場合（ＴＯＰＩＸ）に比べ、２００８年の暴落や２０１３年5月の急落（ＦＲＢ議長の発言で市場が急落したバーナンキショック）では、相対的に損失が少なく済んでいます。

さらに詳しく見るため、２００８年から直近までの１００日ヒストリカル・ボラティリティと10%リスクコントロール戦略の株式組み入れ割合を示したのが図表４-18です。

これを見ると、１００日ボラティリティ（図中の点線）は２００８年秋の暴落では株式保有割合（図の網掛け部分）を減らすのが遅れているものの、暴落の途中から株式投資割合を減らしたことで損失を抑えられています。また、２０１０年から２０１２年の欧州債務危機では、株式投資割合が高めだったものの１００％でなかっただけ損が少なく、２０１２年末のアベノミクス相場開始時にはすでに高い株式保有割合になっていて、その後の上昇にしっかり参加できています。さらに、2013年初めの上昇局面ではボラティリティが緩やかに上昇したため株式保有割合が減り、2013年5月のバーナンキショック前には株式保有割合が3割程度まで落ちていたため、損失が少なく済んでいます。

この戦略を個人レベルで運用するなら、まずTOPIXや日経平均の1日ごとの変化率をエクセルなどで計算し、その日から過去100日分の標準偏差を出し、これを年率換算します。これで求めた値が、その時点の100日ボラティリティです。最後にこの値を使って、株式への投資割合を決めます。あとは、この数値に従って機械的に株式への投資割合を管理するだけです※。

※日次の変化率は「当日の指数÷前日の指数から1を引いたもの」、またはエクセルの自然対数関数LNを使って「＝LN（当日の指数）－LN（前日の指数）」で計算できます。標準偏差はエクセル関数のSTDEVを使って「＝STDEV（100日前の変化率から当日の変化率まで）」と範囲を指定すれば計算できます。これを年率換算するには252（営業日）の平方根、関数ならSQRTを使って「＝SQRT（252）」を乗じます（365ではない理由は、休日を除いた1年間の取引可能日数の252日で考えるからです）。10％ボラティリティ戦略での株式投資割合は「10％÷3営業日前の100日ボラティリティと1の小さいほう」となります。なお、エクセルで使えるサンプルスプレッドシートは次のリンク先から無料ダウンロードできます。https://www.ewarrant.co.jp/images/posts/kiwameru/20140414-risk ％ 20control ％ 2010 ％ 20strategy ％ 20-sample％ 20worksheet.zip

10％リスクコントロール投資をまとめると、「期待リターン」は株価指数より高くなることが期待され、過去のバブル崩壊にも強いことが実証されているので☆2つで良好といえます。キャッシュの割合は相対的に低いので「キャッシュ保全」は☆1つです。毎日あるいはちょっと手を抜いても週1回は株式比率を計算し、それに従って投資ポジションを増減させなければならないので「メンテの容易さ」は☆1つと、ちょっと面倒かもしれません。

一方、リスクが高いときにポジションが減り、メンテが多い分だけどういった投資をしているかわかりやすいので不安は少ないでしょう。ですから、「ストレスの少なさ」は☆3つでかなり安心感があります。なお、頻繁に投資割合を変動させる売買コストや手間を考えると、投資対象は現物株ではなく、TOPIX、日経平均やS&P500といった株価指数連動投資信託（売買手数料がかからないノーロードタイプ）か、ETF（上場投資信託）が良いでしょう。また、ミニ株価指数先物や5倍レバレッジトラッカー（カバードワラントの1種でETFに近い性質のもの）を上手に使い、1週間に1回程度まで取引頻度を減らしても、ほぼ同様の効果を得ることができます。

第5章

バブル崩壊に負けずに資産を守る5つの堅実投資メソッド

「個人投資家にできないことは、プロに有利なゲームでプロに勝つことだ。自分のゲームで自分にコントロールできることで勝てば良い」

(ベンジャミン・グレアム：バリュー投資の父と呼ばれるプロ投資家・経済学者。『証券分析』(1934)『賢明なる投資家』(1949) は現在でも投資の名著とされている。1894 ～ 1976)

図表5-1　バブル崩壊に負けずに資産を守る5つの投資法

	投資法	期待リターン	キャッシュ保全	メンテの容易さ	ストレスの少なさ	主な投資対象
6	半年投資+トレーリングストップ	☆	☆☆☆	☆	☆☆	TOPIX ETF、TOPIX投信
7	起き上がり小法師国投資	☆☆☆	☆	☆☆☆	☆	新興国株、米国株
8	金低コスト投資	☆	☆☆	☆☆☆	☆☆	金ETF、金トラッカー
9	ソフトコモディティ投資	☆☆☆	☆	☆☆	☆	ETF、eワラント
10	3通貨FXアナグマ投資	☆	☆☆☆	☆☆☆	☆☆☆	FX、外貨MMF

攻めだけでなく守りも重視を！

前章ではバブルの波を乗りこなして資産を増やす手法を紹介しましたが、「リーマンショック後はなんとかなったものの、今度こそ本当に大恐慌の再来になったらどうするの？」「儲けはなくてもいいから、資産をしっかり保全する方法が知りたい」「量的緩和がインフレを招くならそれに負けない投資法が知りたい」「とにかく楽なものがいい」といった、手堅い資産防衛術も知っておくに越したことはありません。

そこで、本章では守りに重点を置いた手法をご紹介します（図表5-1）。

それぞれについて、前章の5つの手法と同様に「期待リターン」「キャッシュ保全度」「メンテナンスの容易さ」「ストレスの少なさ」「有効な投資対象」について説明しています。同じ守りといっても、損失に耐える期間が長くなる可能性、投資にかける時間の長さ、究極のクラッシュ対策になるのはどれか、といった点で違いがあります。どういったものが適しているかは各人各様なので、前章の5手法と本章の5手法のなかから、3つ選ぶつもりで読み進んでください。きっとお好みのものが見つかるはずです。また、本章の最後に目的別のモデルプランをいくつか挙げてあるので、ぜひご参考にしてください。

6. 半年投資＋トレーリングストップ

期待リターン☆　キャッシュ保全☆☆☆　メンテの容易さ☆　ストレスの少なさ☆☆
投資対象：ＴＯＰＩＸ ＥＴＦ、ＴＯＰＩＸ投資信託

トレーリングストップ（trailing stop）とは、投資対象や投資期間を問わず、多くの勝ち残っているトレーダーに利用されている投資テクニックです。行動心理学でもしばしば指摘されるように、普通の投資家はちょっとの利益で早く手仕舞ってしまいます。にもかかわらず、損失が出始めたら「臭いものにはフタ」とばかりに見るのもやめてしまい、現実から逃避しようとします。そしてズルズルと先延ばしした揚句に大損する結果に終わることがほとんどです。

ところが投資熟練者はその逆で、**利食いをガマンにガマンして利益を伸ばし、損は小さいうちに感情を入れずに淡々と損切り**します。この結果、**投資熟練者は5勝5敗、あるいは場合に**

図表5-2　トレーリング・ストップのイメージ

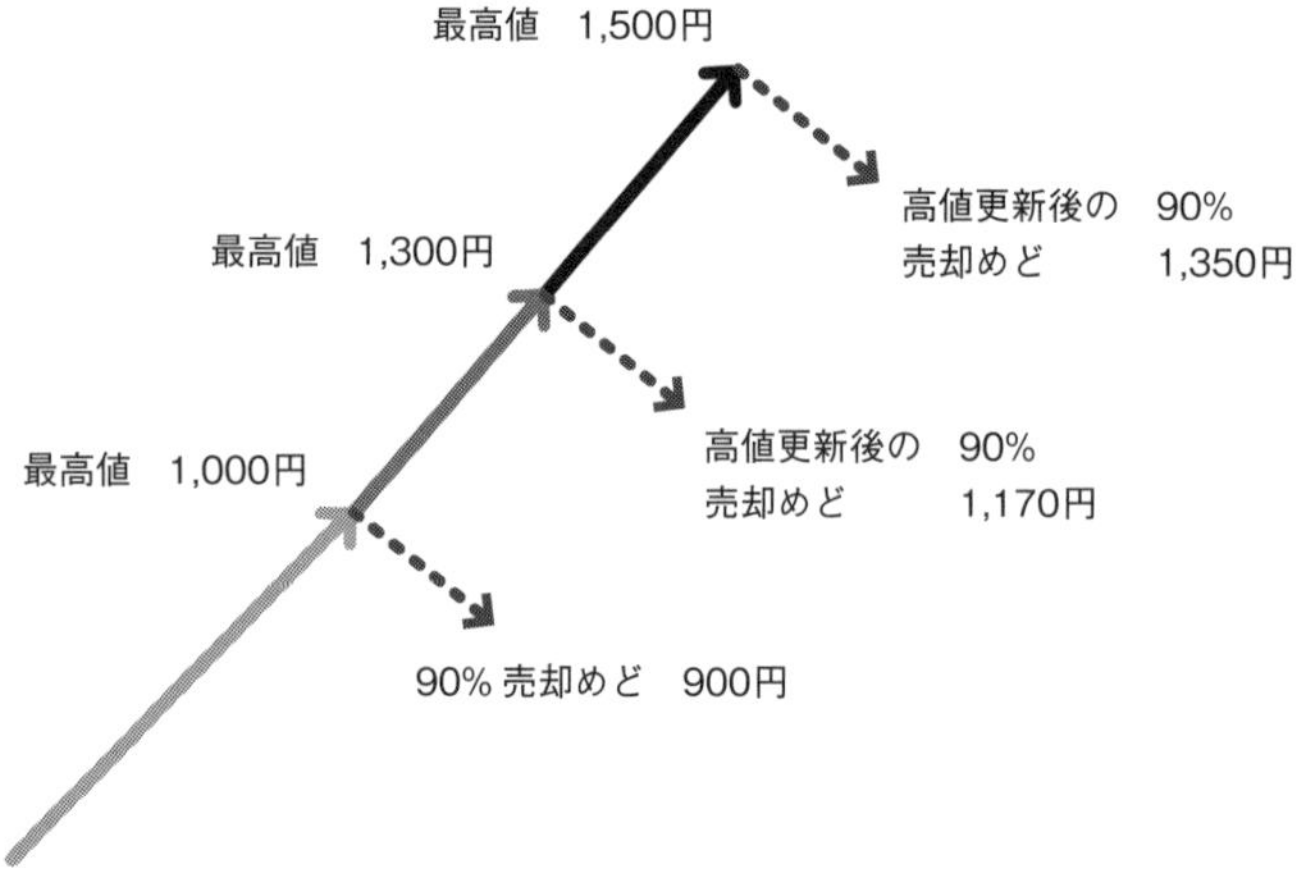

よっては2勝8敗でもトータルの損益をプラスにすることができるようになります。この感情を挟まず機械的なルールで投資するのがトレーリングストップです（図表5-2）。

たとえば、「直近の最高値から10%下がったら手仕舞う」というトレーリングストップで運用するなら、最高値が１０００円の場合は９００円まで下落したらサクッと手仕舞います。株価が続伸して１３００円になったら、売却のめどとする価格を１３００円×90%＝１１７０円まで切り上げます。ここで反落したら１１７０円で売るので、９００円で売ったときに比べて利益が大きくなっています。さらに株価が続伸して１５００円になったら、売却のめどをその10%下の１３５０円に再び切り上げます。こうすることで、最高値で売ることを諦める代わりに、上昇トレンドに乗って利益を伸ばしつつ、下がり始めたら早めに手仕舞うことができるようになります。この手法は株式だけでなく、FXやコモディティ投資でも広く利用されています。

トレーリングストップはあくまで手仕舞いのポイントを決める手法なので、別の方法で投資を始めるポイントを決めて用います。そこで、有効性が検証されていてロジックが簡単な「半年投資」と組み合わせます。**使い方は簡単で10月末に買い、あとはトレーリングストップで売却するか、上昇し続ければ4月末に売却**します。ただ、1回手仕舞っても11月から4月の期間中で上昇トレンドに戻るようなら投資を再開します。

なお、トレーリングストップでは、直近の最高値を何%下回ったところに売却のめど（トリガー価格）を設定するか、また再び相場が戻りトリガー価格をどの程度上回ったら再参入するかという数値がきわめて重要です。一般に、値動きが荒い個別株に用いる場合は10％や20％といった大きな値になり、比較的値動きが少ない株価指数に用いる場合は3％から5％程度で設定することが多くなります。また、短期トレーディングやFXの場合は0・5％や1％といったより小さな数値になります。

次ページの図表5−3は、10月末に買って4月末に売却する半年投資と、半年投資に直近の高値から算出したトリガー価格に達したら手仕舞う戦略を組み合わせた「半年投資＋トレーリングストップ」の投資パフォーマンスを、TOPIXへの投資前提に試算したものです（開始時点を100とし、日次終値ベース、配当・売買手数料・税金は考慮せず）。トレーリングストッ

図表5-3　TOPIXで半年投資＋トレーリングストップ

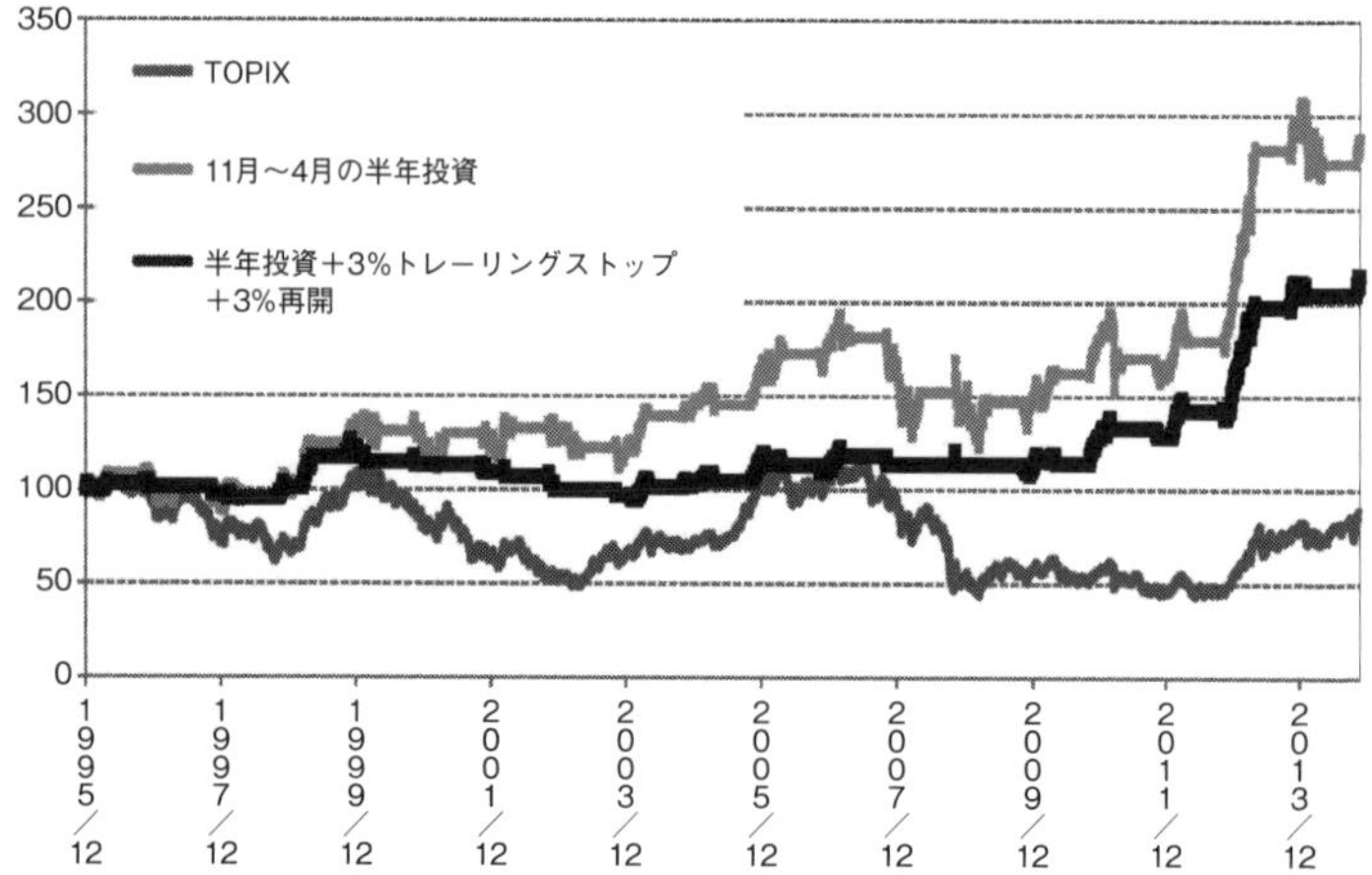

出所：ロイター

プのルールでいったん相場から退出した後でも、まだ半年投資の期間内であればトリガー価格を一定割合上回ったら場合に再び投資する運用を想定し、過去10年間で最適であった退出・再参入のトリガー設定を探りました。

まず、ＴＯＰＩＸに半年投資した場合の過去10年のパフォーマンスは2・8倍でした。これにトレーリングストップを組み合わせた場合は、「直近の高値から3％下回ったら手仕舞い、再上昇してそのトリガー価格より3％高い価格（たまたまですが、直近高値と同値になります）を超えたら再参入する」という投資ルールで、過去10年で2・1倍でした。

このように、シンプルな半年投資のほうが高パフォーマンスです。しかし図から見て取れるように、**「守り」という観点ではトレーリングストップの安定性が光ります。**なにしろ大きく下がることがほとんどないのです。**半年投資がうまくいかない場合、あるいは今後〝半年効果のアノマリー〟がなくなってしまった場合でも、早めにポジションを手仕舞うことができる点が大きなメリット**です。

これらを総合すると、「半年投資とトレーリングストップを併用する方法」は、半年投資よりもややパフォーマンスが落ちるため「期待リターン」は☆1つです。「キャッシュの保全」は、半年投資よりもさらに投資期間が短くなるので、キャッシュで保有する期間が1年の過半となります。ですから、突発的なイベントが起きても安心で☆3つをつけることができます。毎日、あるいは毎週末にはエクセルに期間中の最高値を入力し、トリガー価格での売り指値注文を入れておく手間がちょっと面倒なので「メンテの容易さ」は☆1つ。マメな方向きです。一方、相場が悪くなったら早めに手仕舞えるので、「ストレスの少なさ」は☆2つとかなり保守的な投資法といえます。投資対象は日本株の株価指数で日経平均よりも価格変動が少ないTOPIX、利用する金融商品はETFまたは低コストのTOPIXを対象とした株価指数連動投信（購入時に手数料がかからないノーロードタイプ）が適していると思われます。

7. 起き上がり小法師国投資

期待リターン☆☆☆　キャッシュ保全☆　メンテの容易さ☆☆☆　ストレスの少なさ☆

投資対象：新興国株、米国株

「分散投資は暴落時には効果がない」ことは、第1章で述べたように各国株式間相関が上昇していることからも明らかです。しかし、それは暴落の最中の話で、経済危機が去った後の株価の戻りは、どこに投資しているかで大きな差が出ます。米国株やタイ株、ドイツ株などはリーマンショック前の最高値を数年で回復し、インド株もそれに続いて現在も最高値を更新中です。

しかし、日本株や中国株は2014年11月時点で、リーマンショック前の高値を回復できていません。ということは、バブル崩壊後の数年間塩漬けにする覚悟と経済的な余裕があるなら、投資対象をきちんと選んで、暴落後の復元力が高くてすぐに再上昇する株、あるいは国に投資すれば良いことになります。とはいえ、1990年初頭の日本の株・不動産バブル崩壊前に高値で日本株を買ったり、不動産を買っていたりしたら、その後20年たってもダメだったので慎重に選ばなければなりません。

そこで2000年から2010年までの各国主要株価指数のリターンと、各国の名目GDPをプロットしてみたのが図表5-4です。図中の円の大きさは2000年時点の名目GDP（米ドル換算）で、より大きな国は市場の魅力度が大きく、有望な投資機会も多いといえます。

一見してすぐにわかるように、見事に右肩上がりに並んでいます。つまり、名目GDPが大きく増えた国の株式が大きく上昇したのです。名目GDPが増えないデフレの日本は株価も上がりません。一方、この期間に大きく経済成長したロシア、中国、インドネシア、ブラジル、

図表5-4　2000年時点のGDP（円の大きさ）、および2000年～2010年の名目GDP成長率と株式リターン

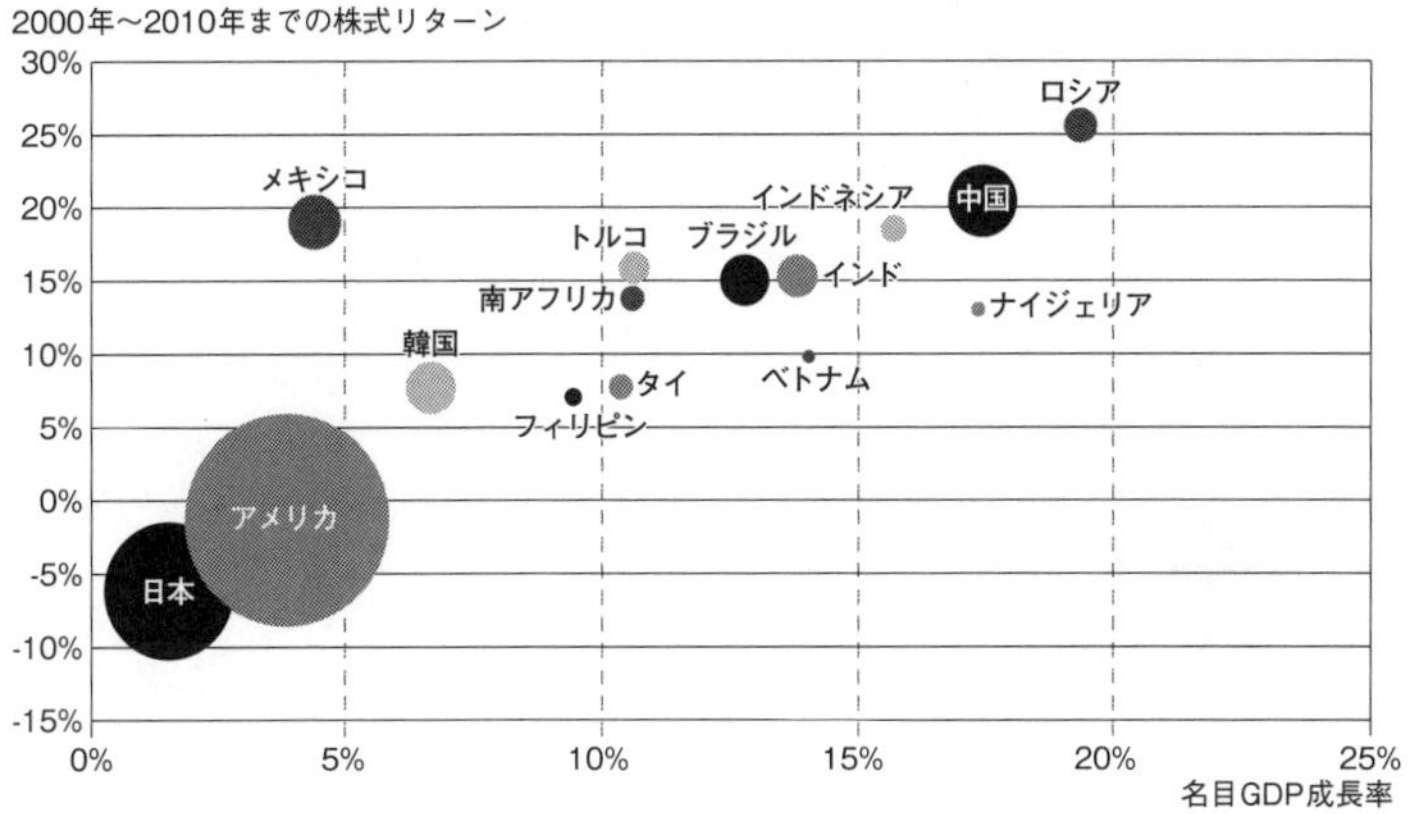

出所：国連、総務省、ロイター

トルコといった国々の株式に投資していれば、2000年のITバブル崩壊や2008年のリーマンショックがあっても、それを補う大きなリターンを得ることができたことになります。

ここで問題なのは、**「2000年から2010年に名目GDPが成長するなんて事前にはわからない」ということ**です。GDPを構成要素で考えれば、人口増減の直接の影響が大きい個人消費だけでなく、企業の投資や在庫増加、公共投資や政府による消費も相当影響します。このため、IMFなどの将来推計では計量モデルを使って各国の経済成長予測を行います。

とはいえ変数が多ければ多いほど、ちょっとした前提条件の変化で数値が大きく変わってきます。また、高成長が続くとどうしても甘い予想になりがちです。さらに、経済成長率の予想通りに数字を合わせてくる統計数値そのものの

**図表5-5　2000年のGDP（円の大きさ）、
および2010年までのGDP成長率と生産年齢人口増加率**

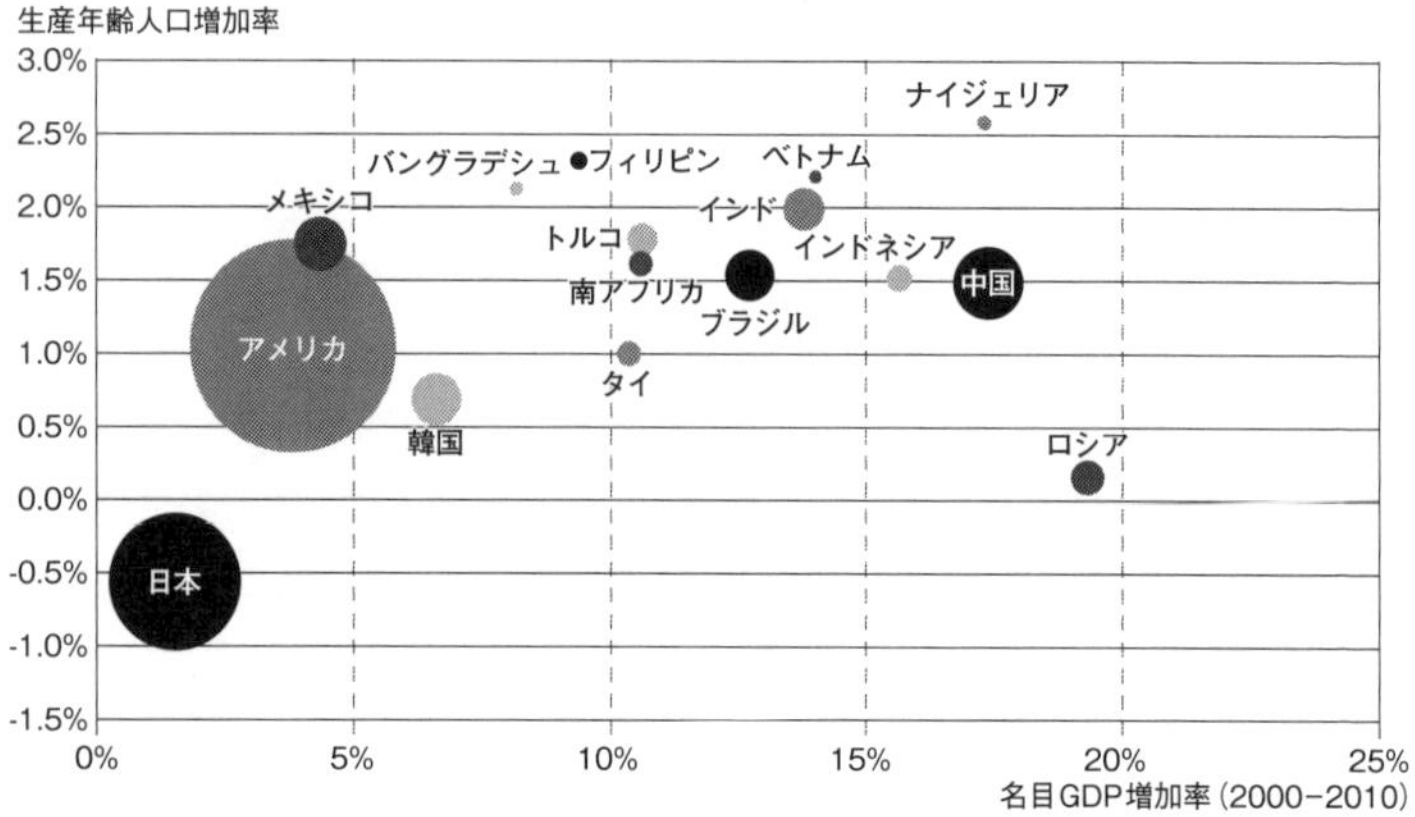

出所：国連、総務省

信頼性が低い国や、年初の予想はいつも高めで後になって水準を切り下げてくる国、資源輸出頼みで経済成長の予測がしにくい国もあります。そこで、ごまかしがほとんどなく、20～30年先までほぼ確実に予想ができて、かつGDP成長率に大きな影響を与えるとされる生産年齢人口の増加率と、同期間の実際の名目GDPの成長率をプロットしたのが、図表5-5です。

結果は「十分使える水準」といえます。ドンピシャとはいえないまでも、生産年齢人口が減少していた日本は名目GDP成長率が低く、生産年齢人口が増加していたナイジェリア、ベトナム、インド、インドネシア、ブラジル、フィリピン、トルコ、中国といった新興国の多くは、GDPの名目成長率も高くなっていました。例外は生産年齢人口がほとんど増えなかったのに、名目GDPが大きく増えたロシアです。ただ、かつての超大国でもあり、現在も豊富な石油や天然ガスを持つ資源国であることを考えると、1998年のロシア財政危機後の混乱から復活した特殊なケースといえそうです。

さらに予測の精度を高めるために、識字率にも着目します。生産年齢人口が増えるといっても生産性の高い労働力になりやすい国とそうではない国があるからです。

日本は江戸時代から識字率が高く、これが明治維新後の急速な発展と戦後の日本の急速な復興を遂げる一助になっていたと考えられています。一方、かつて初等教育に課題があった新興国でも近年識字率の目覚しい改善が見られます。たとえばインドの識字率は1900年頃は5%程度、1930年で10%、1950年でようやく20%と、5人に1人しか読み書きができない状況でした。ユネスコ推計では2015年予測で71%と大きく上昇していますが、まだ改善の余地が大きい状況です。ところが、若年層（15～24歳）に絞った識字率を見ると、2001年は76%だったのが、2006年には81%、2015年には90%に急上昇しています。**若年層の識字率が高いということは将来の人口全体の識字率上昇がほぼ確実というだけでなく、より生産性が高い労働力が今後供給され続ける**ということを意味します。

同様に現時点では識字率の水準にまだ課題があるエジプト、バングラデシュ、ナイジェリアでも、若年識字率は大きく向上しています（次ページの図表5–6）。

ロシア、アメリカ、日本、韓国などは識字率はほぼ100%なので、十分な初等教育が行われているといえます。しかし逆をいえば、基礎的な人的資本の開発は十分にされていて伸びシ

図表5-6　成人識字率と若年層識字率（2015年予想）

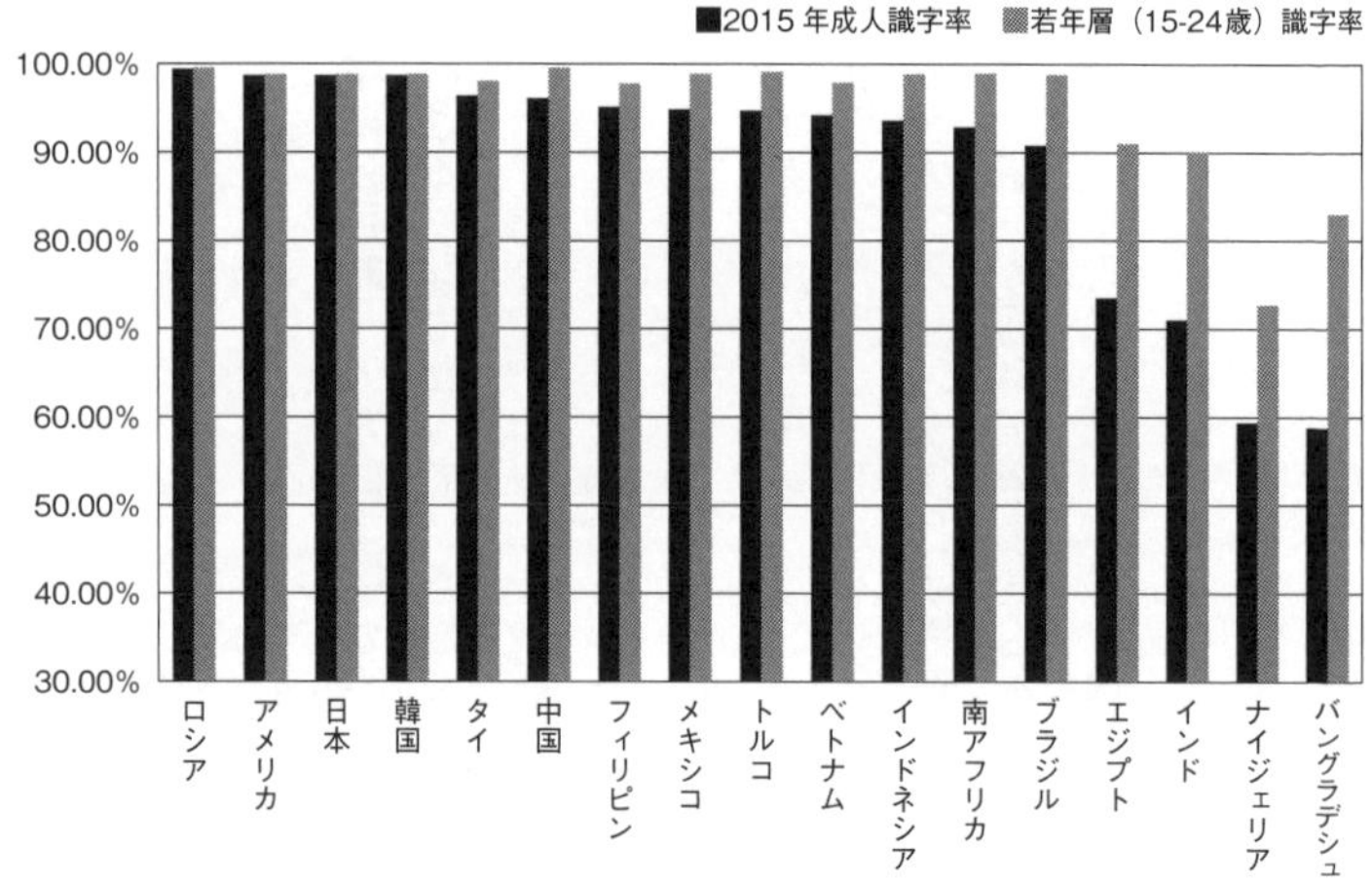

出所：ユネスコ

ロがないことになります。特に、生産年齢人口が減少し始めているロシア、日本、韓国では、労働力投下による発展は期待できません。

そこで、若年層識字率と国民全体の識字率のギャップを識字率向上による成長余地と考え、これと生産年齢人口増加率で、投資対象にできそうな国々をプロットしたのが図表5−7です（円の大きさは2012年時点のGDPで市場の大きさを表しています）。

まず**注目すべきはフィリピン、メキシコ、インドネシア、アメリカのように、すでに国民全体の識字率が十分に高く（若年層識字率とのギャップが少なく）、生産年齢人口の増加が見込まれる国々**です。これらは、今後生産性が高い労働力が続々と提供される状況にあり、順調な経済成長が高い識字率と生産年齢人口増加率からサポートされています。**「起き上がり小法師」**

図表5-7　名目GDP(2012年)と識字率上昇幅、生産年齢人口増加率

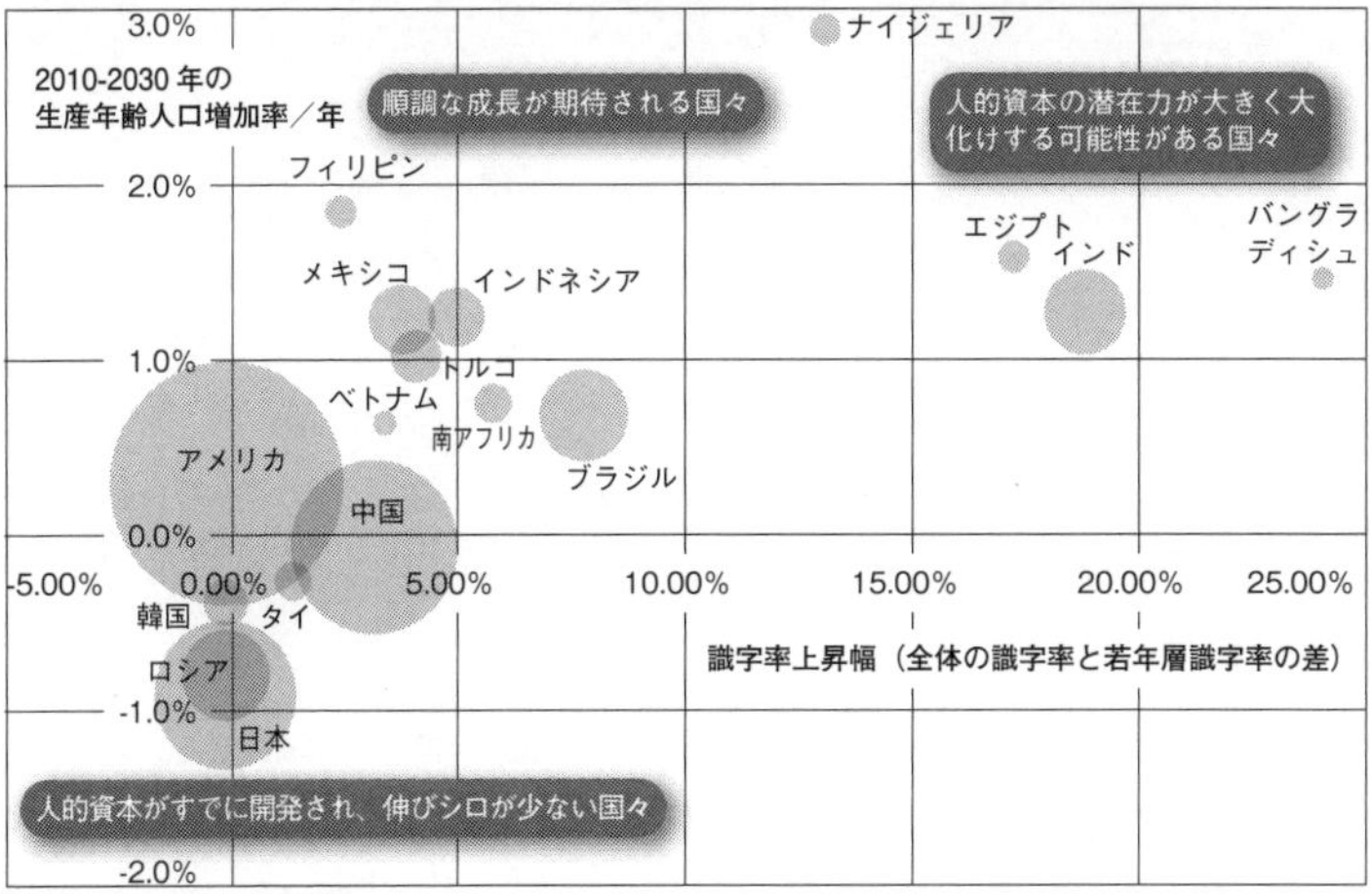

出所：ユネスコ、総務省

のような復元力が高い投資先として真っ先に考えたいのが、これらの国々といえます。

一方、**若年層の識字率が国民全体の識字率よりも大きく（ギャップが大きく）、今後10年程度の期間に国民全体の識字率が大きく向上することが予見される国々（インド、エジプト、バングラデシュ、ナイジェリア）は、可能性に溢れる投資先**といえます（ただしリスクは高め）。これらの国々は今まで人的資本の開発が十分でなかったために、その底上げだけでも国全体の経済成長が期待できます。さらに生産年齢人口が増加するので、人的資本の潜在性が大きく、大化けする可能性がある国々です。ただし、天変地異、パンデミック、政変、経済危機、資源価格の変動、戦争等で充実した初等教育を継続できないような事態が起こると、識字率向上が遅れ、そのことが経済成長の制約要因にもなりかねません。

起き上がり小法師国投資の対象は、いわば究極の手抜き、ほったらかし投資でも大丈夫そうなところとなるので、日本、ロシア、韓国、中国、タイは避けたほうが良さそうです。

なお、新興国に長期間投資するので、投資コストはきわめて重要です。年2％や3％も維持コスト（信託報酬）がかかるような新興国株式を対象とした投資信託は避け、投資コストが安いETF（上場投資信託）か米国上場の新興国株式のADRを用いましょう。

総合すると、成長性が高い新興国（の一部）や米国株に投資し、相場のクラッシュに巻き込まれたらじっと起き上がるまで耐えるこの戦略は、成長性が高い国への投資となるので「期待リターン」は☆3つと高くなります。しかし、キャッシュが必要となる景気のどん底では換金できないので「キャッシュ保全」は☆1つだけ。ほったらかしで手間いらずなので、「メンテの容易さ」は☆3つです。ただし、バブル崩壊時には、株価下落と場合によっては円高で大きく評価額を下げることが予想されるため、ストレスを抱えるつらい期間が長く、「ストレスの少なさ」は☆1つだけとなります。投資対象はミドルリスクの投資ならフィリピン、メキシコ、インドネシア、インド、アメリカです。また、資金の一部だけならもっとリスクが高いインド、エジプト、ナイジェリアなどを組み込んでも良いでしょう。

8．金低コスト投資

期待リターン☆　キャッシュ保全☆☆　メンテの容易さ☆☆☆　ストレスの少なさ☆☆

投資対象：金ETF、金トラッカー

コモディティの価格は、「一物一価」で世界のどこでも同じといわれます。なかでも金などの貴金属は単価が高いので輸送コストが相対的に低いうえ、原油や穀物と違って産地による性質の違いがなく、「世界のどこでも同じ価格」という特徴が顕著に現れます。このため、1トロイオンス当たりの米ドル価格をそのグラム数である31・1034768で割って1グラム当たりに換算し、これに米ドル／円レートを乗じれば円建ての金価格とほぼ同額になります。

金は米ドル価格（米ドルと金との交換比率）がまず決まって、それを各通貨建ての価格に換算します。この手順は何かに似ているような……。そう外国為替レートとそっくりです。つまり、ドルとの交換比率がベースとなる金という〝通貨〟と円との交換比率（クロス円レート）を円建ての金価格と呼んでいるわけで、**古代から通貨であった金は依然として準通貨ともいえる価値を持ち続けています。**

では、これがなぜバブル崩壊に備える投資になるのかというと、まず、**最近の傾向として、ドル建ての金価格とドル円相場が逆方向に動くことによって打ち消し合い、円建ての金価格が相対的に安定している**ことが挙げられます。アメリカで株価が暴落すると（時間差はありますが）

ドル建ての金価格が上昇し、同時に円高ドル安（円建ての金価格には下げ要因）となる傾向があります。これは米国株が暴落すると、間髪入れずにＦＲＢがドル資金を市場にドンドン供給することが多く、結果としてドル建ての金が、資産価値の保全を目的に買われる傾向があるからです。

逆に、アメリカの景気が回復して米国株高になると、米ドル高円安になるとともにドル建ての金価格は下落する傾向があります。すると、ここでも円建ての金価格はドル建ての金価格の下落と米ドル高円安による価格上昇が相殺して値動きが小さくなります。だから、株価や為替の動きを緩和する資産として、金は日本の投資家にとって有効な投資先となるのです。

金投資を考えるべきもう1つの理由は、将来日本の財政問題が深刻化し、日本円が叩き売られて暴落した場合でも、金はその価値を保つので究極のリスクヘッジになることです。この可能性は今のところ高くはないのですが、こうした価値の安定性が、５０００年の戦乱と王朝の変遷の歴史を持つインドや中国で金が愛好される最大の理由といえます。

さらに理由として挙げられるのが、今回の「量的緩和バブル」では、日米欧中の各中央銀行の無節操な金融緩和策によって世界に溢れるお金の量がどんどん増えつつあり、モノの裏づけがない各通貨への漠然とした不安が増していることです。通貨への信認が薄れた状況では、金は数少ない資金の逃避先となるはずです。

「そこまで心配しなくても」

図表5-8　不動産、株、金、米ドルの価格推移（1971=100）

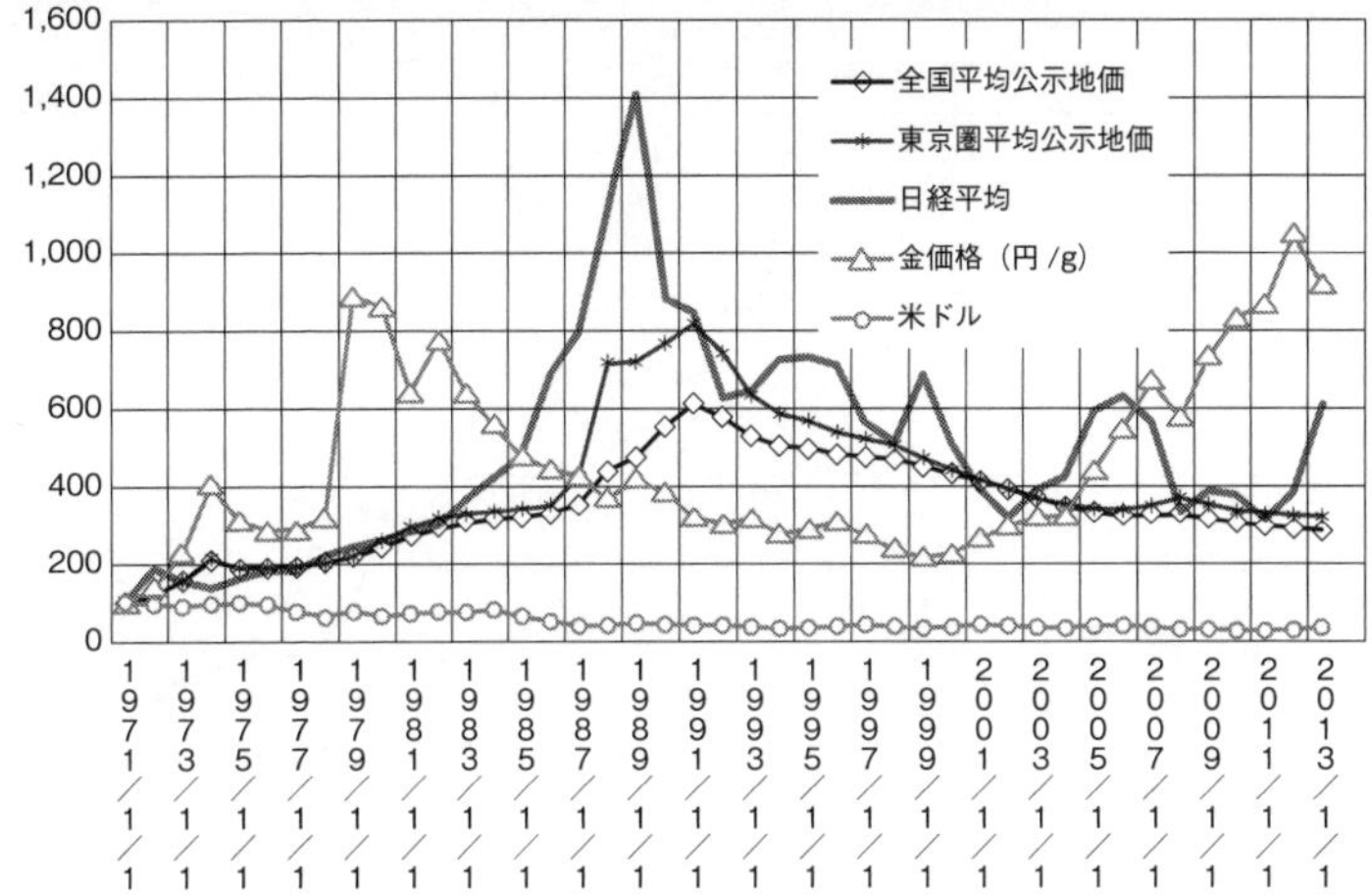

出所：国土交通省、ロイター

という声もあるかもしれませんが、まずは金価格の推移を見てみましょう。

アメリカが一方的に米ドルと金の交換停止を宣言した1971年に米ドルが実質的な金本位制をやめた結果、日本円も非兌換通貨（金や銀などの裏づけがない通貨）になりました。そこで1971年を100として、その後の国内不動産価格（全国平均と東京圏平均）、株価（日経平均）、円建て金価格と、米ドル（米ドル／円レート）の価格変化を見たものが図表5－8です。

まず、米ドルですが40年間多少の変動はあっても一貫して大きく下がっています（円高ドル安）。金は二度の石油危機の後、各国中央銀行の金放出によって米ドル建て価格が低迷したため、円建て価格も長期間調整しました。しかし、2000年頃からの上昇は目覚しく、株、不動産を大きく上回っています（配当、不動産から

図表5-9　金建ての不動産価格・株価の推移（1971=100）

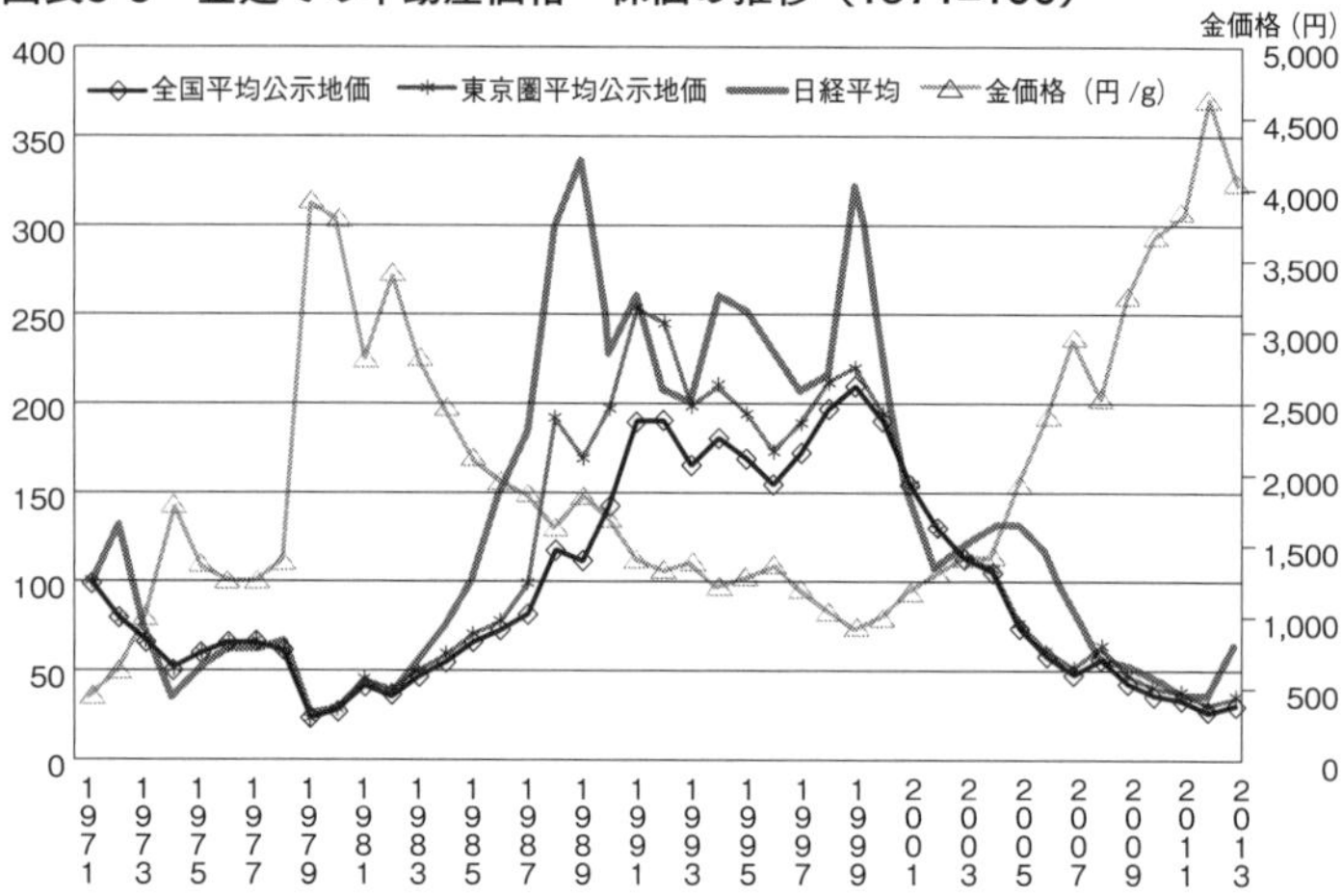

出所：国土交通省、ロイター

の収入や税金は考慮せず）。

株価（日経平均）は１９８０年代終わりの株・不動産バブル期は突出していましたが、その後は下落トレンドのなかで振幅を繰り返しています。不動産価格は東京圏、全国平均ともに１９９１年のバブル崩壊後はジリ安の展開となっています。結果を見れば、40年間の円ベースのパフォーマンスは、金地金がもっとも高く、次いで株、東京圏の不動産、全国の不動産、米ドルの順となりました。

次に、金を米ドルやユーロのような通貨の１つと見て、同じく１９７１年以降の金建て（砂金や金貨でモノを買うようなイメージ）の不動産と株の推移を表したのが図表5-9です。

金建て価格では図表５-８とは異なり、１９７１年の米ドルと金の交換停止後から１９７９年の第２次石油危機の頃まで株と不動産は下がり続け、その後、日本の株・不動産バブルの膨張とともに急騰しています。これは、高率のインフレ環境ではコモディティ投資のパフォーマンスが良く、株や不動産は緩やかなインフレに良いとされる一般的な投資知識とも一致しています。なお、興味深いのは、株や不動産の金建て価格は、日本の株・不動産バブルが崩壊した後もITバブル崩壊の2000年頃まではそれなりの高値を保っていたことです。

しかし、2000年以降は、金価格がほぼ一貫して上昇したのに対し、金建ての日本株や不動産価格は下がりっぱなしです。2013年末時点ではいくらか戻したとはいえ、全国平均の不動産の金建て価格は1971年当時から70%も下落し、東京圏でも65%の下落、株価は35%の下落となりました。

これを見ると、40年間、金で保有していたほうが良かった（配当や不動産から得られる収益は考慮せず）ことになるとともに、2000年から日本円の価値が金に対して大きく下がったともいえそうです。つまり、**金を通貨として見るなら、日本円の価値は2000年以降大きく毀《き》損《そん》し、それに伴って日本国内の資産価格も相対的に安くなった**ということです。直接の原因としては、2001年から2006年と2008年以降の日銀の通貨供給の増大や、ITバブル崩壊後から急拡大している基軸通貨である米ドルの供給増で、各国通貨の価値がおしなべて下がったことが影響している可能性も考えられます。

「なら金地金を買えばいいのね」

というように簡単ではありません。たとえば金地金1キロを自宅に保管していたら盗難の危険が増しますし、洪水や土砂災害などで失われてしまうかもしれません。また、金地金は数万円や数十万円の小さなバー（地金）で投資すると売買価格差と手数料があまりにも大きいので、500グラム単位でないとかなり割高です（2014年末の金価格で二百数十万円程度）。手頃に見えるウィーン金貨などの地金をコインの形に成型したものもイマイチです。盗難のリスクが高いことに加えて、保存状況が悪いと売却時にいきなり安い地金リサイクル価格にまで買い叩かれ、売買コストが金貨の価格の13％から20％ほどにもなってしまいます。

このため、金に投資するには、いかに低コストでかつ流動性を確保できるかということが重要となります。この観点から現時点でもっとも使いやすいのは国内上場の金ETFです。手数料は株式取引と同じで、オンライン証券ならまったく気にならない水準です。維持コストも年間0・4％程度で、**いつでも売却できる流動性と保管の手間がかからないこと、税金が株式と合算できる20・315％の分離課税となることが大きなメリット**です。なお、株式ではなくFX投資がメインの方であれば、損益通算できる金ミニ先物取引を用いたり、投資金額の20％で金を対象にした5倍プラスレバレッジトラッカー（カバードワラントの1種）を購入したりして、残りを現預金や金MMFで保全しておくことも一案です。

金低コスト投資をまとめると、「期待リターン」は資産価値の保全重視で短期的な大儲けは狙わないので☆は1つです。金自体が準通貨と考えられるので「キャッシュ保全」は☆2つです。メンテはまったく必要がないので「メンテの容易さ」は☆3つ。円建てにした金価格の変動率は相対的に低いとはいえ、相場の大底圏では金価格もいくらか下げる場合もあるので、「ストレスの少なさ」は☆2つとなります。投資対象は金地金ではなく、金ETF、金ミニ先物取引か金レバレッジトラッカーとなります。

9. ソフトコモディティ投資

期待リターン☆☆☆　キャッシュ保全☆　メンテの容易さ☆☆　ストレスの少なさ☆
投資対象：ETF、eワラント

ソフトコモディティとはコーン、大豆、小麦、コメといった農作物のことです。これがバブル崩壊に備えた投資といえるのは、**農産物は株式や債券、通貨はもちろん原油や金といった鉱物系のコモディティの価格とも相関が低い**からです。

次ページの図表5-10は、2004年から2014年までのTOPIX（東証株価指数）とコーンや各国株式、原油、金、プラチナなどとの相関の推移を見たものです。日本からの投資を前提に、為替ヘッジは行わない場合の円換算のリターンで相関を計算していますが、コーンの相関の低さは際立っています。

特に、2007年から2009年の相場の混乱期だけでなく、平時でも金地金と並んで

図表5-10　TOPIXと他の資産との相関の推移

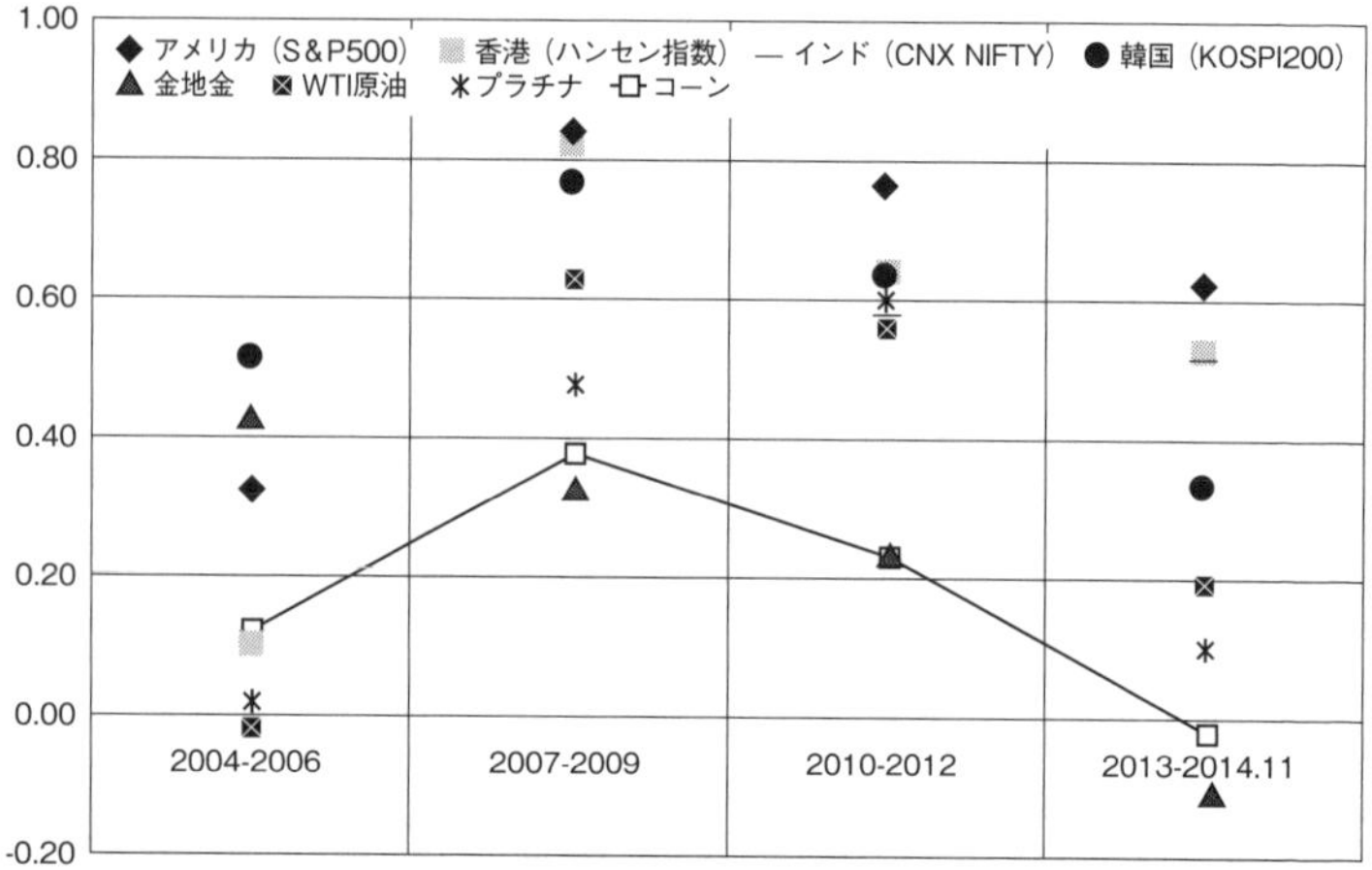

TOPIXとの相関が低いので、分散投資でポートフォリオ全体のリスクを低減できる数少ない投資対象といえます。このため、投資評論家が分散投資の有効性を主張するのであれば、本来、外国株式や海外の低格付け債券（ジャンク債）ではなく、コーンを筆頭に金やプラチナを日本株とペアの投資先とすべきなのです。

コーンが株式や原油などとの相関が低い理由を考えると意外に簡単なことで、**穀物価格が景気よりも天候に左右されるから**です。また、取引されたものは消費されるので、この点で再取引可能な金などとも大きく異なります。さらに穀物には、次のような構造的な長期上昇要因があります。

◎新興国での食肉消費の拡大

一般に、1人当たりのGDPが増えると食肉消費が増えるとされています。そしていったん食肉の消費が増えると元には戻りません。日本でも経済成長とともに食肉消費が急増し、韓国や中国も同じ経過をたどっています。食肉は、穀物を直接消費する場合に比べておおよそ鶏肉で3〜4倍、豚肉で7〜8倍、牛肉だと10倍以上もの穀物を飼料として必要とします。実際、過去に穀物輸出国であった中国は、現段階ですでに穀物輸入国になっています。仮に14億人の人口を抱える中国でアメリカ並みに牛肉を食べるようになり、インドネシアやアフリカでも食肉消費が増えたら、穀物需給を相当逼迫《ひっぱく》させる要因となるでしょう。

◎異常気象

化石燃料の大量消費に起因して、異常気象が世界各地で発生しています。当然のことながら、農作物の生産に大きな影響を与え、周期的に穀物価格を跳ね上げる原因となっています。

◎アメリカでのコーンからのエタノール生産

コーンの世界最大の生産国であり輸出国でもあるアメリカでは、エタノール生産に大量のコーンを使用しています。もともと中東産原油への依存を減らす国策であったため、シェールガス・シェールオイルの生産増加で必要性が薄れてはいます。しかし、一大産業となったエタノール生産は、政治的な理由もあって高水準のまま継続される見込みです。

◎人口増加

欧米で人口増加が緩やかであっても、インド、インドネシアやアフリカでの人口増加は速いペースで続いています。この結果、国連推計によると現在72億の世界人口は2030年には83億、2050年には93億に増加すると予想されています。現在でも食糧が行きわたっていない地域があることに加え、世界の総人口が3割も増加するとなると、穀物価格も高騰することになると予想されます。

以上の理由から、**ソフトコモディティ、なかでも投資しやすいコーンは、実体経済との相関が高い原油や銅などと違い、これからもリスク分散に役立つ**と考えられます。

難点は、投資対象が日本国内からでは流動性にやや難がある国内トウモロコシ商品先物取引を使うか、コーンを対象としたeワラントのうち権利行使価格がもっとも低いコールを購入して、満期日が来たら次のものに乗り換える方法に限定されてしまうことです。ただし、穀物や農産物全体に投資するなら、米国上場のETFも利用することができます。

なお、ソフトコモディティに直接投資する代わりに、米国上場の穀物関連企業の株式や、日本で穀物に強い商社株に投資することを考える方もいるかもしれません。しかし、これらの株価は株式市場全体の動向に大きく影響を受けるので、バブル崩壊に負けないという趣旨からはそれてしまいます。

ソフトコモディティへの投資をまとめると、「期待リターン」は長期上昇トレンドに支えられ☆は3つです。景気や株価との相関が低いのですが、キャッシュの割合はないので、「キャッシュ保全」は☆1つです。メンテナンスは、先物取引やeワラントの場合は長くても半年程度の間隔で銘柄を乗り換えていく必要があるので、「メンテの容易さ」は☆2つ。また、投資対象のソフトコモディティは値動きが大きいので安心感が高いとはいえず、「ストレスの少なさ」も☆1つだけです。投資対象は商品先物やeワラントとなるので、全体として上級者向けの手法となります。

10. 3通貨FXアナグマ投資

期待リターン☆　キャッシュ保全☆☆☆　メンテの容易さ☆☆☆　ストレスの少なさ☆☆☆
投資対象：FX、外貨MMF

〝アナグマ〟とは、堅牢な守りで知られる将棋の戦法のことです。それにちなんだこの手法は、「仮に今回のバブル崩壊では円高になることがあっても、日本の構造的な問題が解決されない限りいずれ円安に戻るだろう」、あるいは「数回先のバブル崩壊では円は暴落する側になる可能性が高い」という想定の下、趨勢《すうせい》的に価値を維持すると思われる外貨に投資しておくものです。かつて、ハンガリー、中南米やロシアでハイパーインフレが起きた際に、流動性があり、

図表5-11　各国通貨の実質実効レート（Broad Base, 1994-2014）

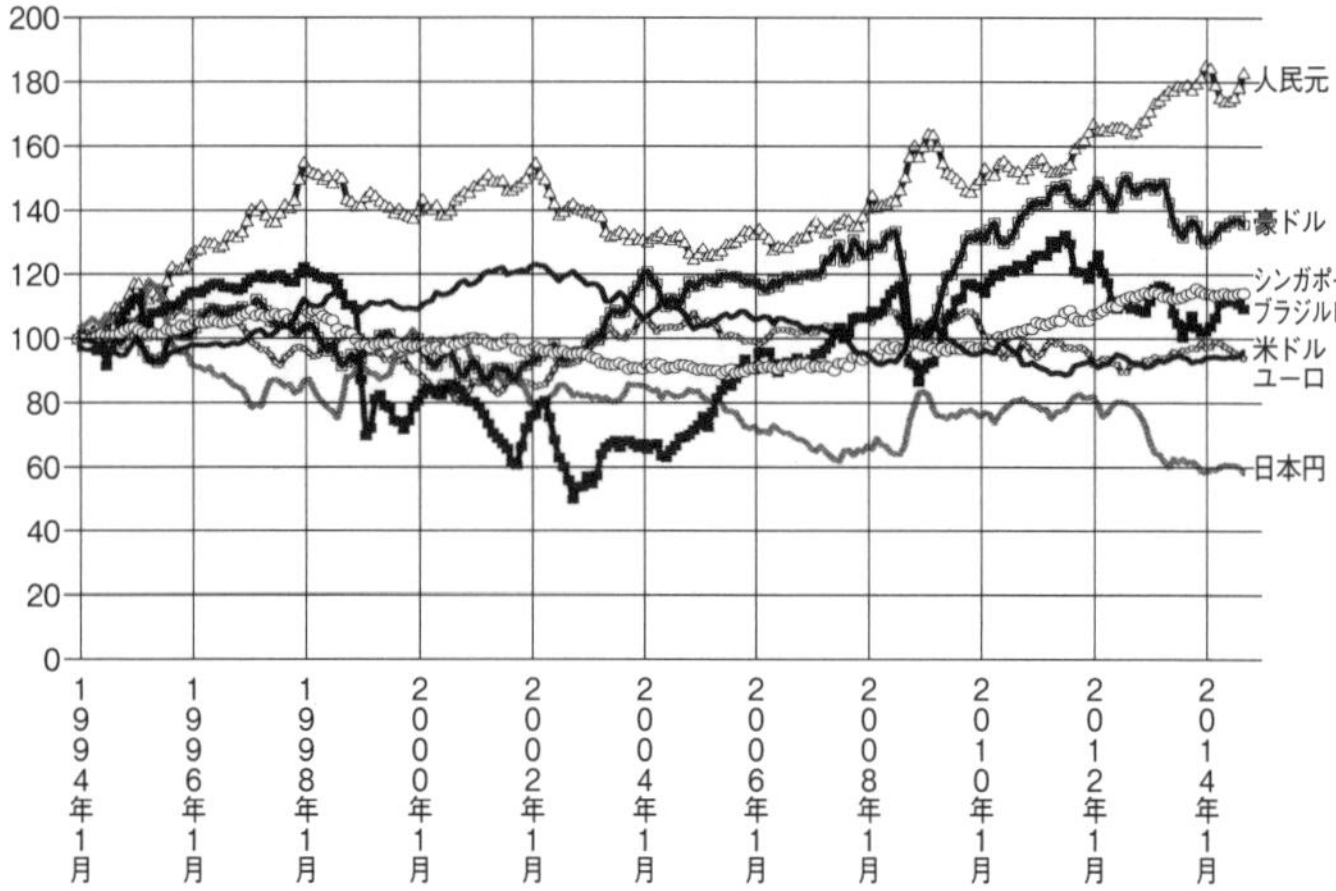

出所：BIS

もっとも効果的なリスク回避の手段が米ドルだったことを参考にしています。そこで、低コストかつ流動性がある手段で3種類の外貨に投資して、じっと嵐が過ぎ去るのを待つわけです。

図表5−11はインフレ率で調整（実質レート）したうえで、実際の貿易相手国の通貨が何であるかを勘案（実効レート）して、通貨の価値がどう変遷してきたか見たものです（実質実効レート）。この20年で、人民元、豪ドル、ブラジルレアル、シンガポールドルが価値を高めていることがわかります。

このうち、人民元は自由に取引ができない規制通貨で緊急時の流動性には不安があり、ブラジルレアルも2016年のリオ・デ・ジャネイロ五輪後の経済状況にかなり懸念があります。そこで、長く寝かせるなら、豪ドル、シンガポールドルに加えて、基軸通貨である米ドルへの投資が有効と考えられます。

具体的には売買コストが安く、金利相当額（スワップ）の支払いも良いＦＸ取引か、流動性や資産の保全に安心感がある外貨ＭＭＦ（ただし日本国内で容易に取引できるのは米ドルと豪ドルのみ）を利用します。シンガポールドルの代わりにユーロを使って、豪ドル、ユーロ、米ドルとすることも可能です。ただ、過去20年を見ると、日本円、英ポンド、ユーロは趨勢的に強くないこと、３通貨とも金融政策が現状でも緩和的で、再度不況に突入する可能性があることから、その分リターンが下がると思われます。

ＦＸ取引は外貨預金代わりにコストが安い手段として使うだけなので、この投資法で使う場合のレバレッジはせいぜい3倍程度までとし、強制ロスカット（証拠金不足による強制的な決済）にかからないようにしましょう。また、ＦＸ業者がバブル崩壊で潰れてしまったり、連絡がつかなくなったりしては本末転倒なので、海外の怪しい国や専制国家にあるような業者の利用は避けましょう。業者選定が面倒な場合は、売買頻度が極端に少ないのでコンマ数銭程度のわずかな為替コストの差よりも、安心できるオンライン証券やネット専業銀行で扱っているＦＸ取引や外貨ＭＭＦを利用するのが良いと思われます。

３通貨ＦＸアナグマ投資をまとめると、「期待リターン」は資産の保全最優先なので☆は１つです。外貨もキャッシュといえるので「キャッシュ保全」は☆３つ。メンテはレバレッジ２倍から3倍のＦＸ取引や外貨ＭＭＦならほぼ不要なので「メンテの容易さ」は☆３つと、これも優秀です。為替リスクはありますが、トレンドが強い通貨なので安心感は高く、「ストレスの少なさ」も☆3つです。投資対象はＦＸ取引と外貨ＭＭＦで、**全体として極端な状況にもきわめて強い守りの投資法**といえます。

攻守ともに力強いマルチ投資戦略の実践例

「どうやってジェットコースター相場の影響を軽減するか」「バブルとクラッシュを前提にどう儲けるか」を考えたとき、念頭に置いておかなければならないのは、**1つの投資戦略が今までは有効であっても、いつまでも通用する保証はどこにもなく、またすべての局面に強い戦略もないということ**です。

一方、アプローチが異なる投資戦略を併用すれば、大失敗する可能性はかなり下がります。これが投資対象だけを日本株、米国株、中国株といった各国の株式に分散投資しようという旧来の考え方との大きな違いです。

そこで、まず投資資金を3つに分けます（それ以上になると管理が面倒になります）。そして、これまで紹介してきた5つの「攻め」の投資法、5つの「守り」の投資法のなかから、3つ選んで実践します。これで個人が簡単にヘッジファンドのような投資戦略の併用を行うことができます。組み合わせは投資にかける時間や運用金額、ストレス耐性などによって異なるので、参考までにモデルプランを3つ作ってみました。

モデルプランその1：暴落耐性重視のサバイバル投資

◎半年投資（日本株ETF）
◎バフェット流大底投資（日米個別株で候補リストを作成して待つ）
◎金低コスト投資

半年投資は1年の半分がキャッシュ、バフェット流大底投資も平時はずっとキャッシュです。また金低コスト投資は究極のヘッジ投資で想定外のシナリオに対応できます。**全体としてバブル崩壊による暴落や自然災害などによる突発的なショックへの耐性がきわめて強い、マルチ・ストラテジー運用**になります。バフェット流大底投資のために、日頃から業績が底堅い数銘柄に候補を絞っておくところに時間がかかりますが、その分、経済の勉強にもなります。VIX指数を使ってもなお買いタイミングに自信が持てないときは、2回に資金を分けて買いに入ると良いでしょう。

モデルプランその2：コツコツ時間をかけてきっちり投資

◎過熱感指標で長期逆張り（信用取引損益率で日本株ETFを利用）
◎10%リスクコントロール（S&P500連動投資信託を利用）
◎順張り投資モデル（日経平均ETFまたは個別株で5から10銘柄の同時売買）

少なくとも毎週末にきちんと数値をアップデートし、投資シグナルを確認することが苦にならないマメな方にぴったりの、コツコツきっちり投資で固めるプランです。相場がどういったタイミングにいるかを別々の観点から見ることによって、**相場観を養うのにも良い組み合わせ**と思われます。

モデルプランその3：手間もヒマもかけない究極の欲張り投資

◎半年投資（米国株ＥＴＦ）
◎起き上がり小法師国投資（フィリピン株ＥＴＦとインド株ＥＴＦを利用）
◎3通貨ＦＸアナグマ投資（米ドル、豪ドル、シンガポールドル）

なるべく手間をかけずに上手に暴落を乗り切りながら資産の保全もし、しかも、できれば大きく儲けたいという欲張りな組み合わせです。米国株は半年投資なので年1回買って、年1回淡々と売るだけです。フィリピンとインドのＥＴＦはずっと持ちっぱなし、3通貨ＦＸアナグマ投資も1回組んだら投資している間はずっとそのままです。ただし、この組み合わせの場合は**暴落時に換金できるとは限らないので、投資資金とは別に半年程度生活できる余裕資金を温存しておくことが必須**です。

第6章

銀行が絶対に教えてくれない NISAの本当の使い方

「床屋に髪の毛を切ったほうがいいかどうか聞いてはいけない。いつも『やるべきだ』という答えしか返ってこないのは、不動産業者やウォール街のバンカーも同じだ」

(ウォーレン・バフェット：「オマハの賢人」と称される著名な投資家。40年以上もの長期間にわたり驚異的な運用成果を続けて大富豪となる。長期投資で知られ、信奉者も多い。1930～)

実は、損したらドボンの難アリ制度だった！

「私、失敗しないので」

人気医療ドラマ「ドクターX」の主人公で絶対にミスをしない医師、大門未知子の決めゼリフをご存じでしょうか。実はこの大門ばりのテクニックを必要とされる制度が、一度は耳や目にしたことがあるであろう、誰でも簡単にすぐできそうなイメージの「少額投資非課税制度（NISA＝ニーサ）」なのです。

これまで「緊急措置」といわれながら延長されてきた株式の売却益や配当への優遇税制を廃止する代わりに、2014年、金融機関へのアメとしてイギリスのISA（個人貯蓄口座）をベースに制度が設計されました。NISAが使えるのは1人につき1つの金融機関だけということと、1回始めると途中で他の金融機関に変更する手続きが面倒であることから、金融機関にとっては早い者勝ちの陣取り合戦の様相を呈しています。

出だしはまずまずで、2014年6月時点で727万口座、1兆5631億円がNISA口座を通して投資されています。そのうち66・5％の1兆395億円が投資信託、31・7％の4949億円が株式、ETF（上場投資信託）は0・9％の140億円、REIT（上場不動産投資信託）も0・9％の145億円でした（出所：金融庁）。

NISAを簡単にいうなら、「配当や売却益が非課税（20・315％の税金を払わなくても良い）」

というメリットがあって、「1人年間100万円まで、5年で最大500万円まで」の利用枠が決まっているという制度です（今後、1人120万円に増額、年間80万円までの子供NISAも登場する予定）。

「それはいい〜ねぇ〜」と思う時点で、あなたはちょっとお人好しかもしれません。「悪魔は細部に宿る」という言葉通り、細かいところにこそ落とし穴があります。実は、NISAは利益が非課税である一方、損失も〝なかったもの〟とされるのです。

どういうことかというと、通常の場合、株式や投資信託を売却して損が出ると、他の株式や投資信託の売却益からこの損失分を引くことができます。また、使い切れない損失は3年間繰り越すことができます。

ところがNISA枠の100万円で購入した投資で損をしても、その損は存在しないものとされてしまいます。たとえば、NISAで買ったA社株を売却して30万円の損が出た一方、NISAの口座を通じずに買ったB社株を売却して30万円の利益が出たとしましょう。

すると、B社株の30万円の利益に対してだけ課税（分離課税＝20・315％）されるため、6万945円を支払うことになります。普通にA社株とB社株に投資していたら差し引きゼロだったのに、です。「私、失敗しないので」というテクニックが必要とされると述べた理由もおわかりでしょう。

「NISAで投資信託を」にだまされてはいけない！

にわかNISA専門家や銀行のセールストークは次のようになります。

「投資信託なら倒産がないから大丈夫ですよ！」

「期間が5年といっても、もう1回延長できるから実質10年。長期分散投資なら心配はいりませんね」

このような営業努力によって、NISA口座の66・5％は投資信託になっています。しかしながら、銀行では投資信託しか売れないというお店の事情を考慮しても、NISAの正しい使い方になっているとは思われません。

まず、NISAには5年という保有期間が決まっていて、そこで強制的に1回損益が清算されてしまいます。おまけに一度売却したらその枠は二度と使えないので、「もったいない」が大好きな日本人は、売却後の分配金の非課税枠がなくなってしまうのを惜しんで、結局5年間目一杯保有し続けることになるでしょう。

しかし、5年後の株価がどうなっているかは誰にもわかりませんし、投資信託だって相場全体が低迷していれば損失が出ます。また、人気がなくなった投資信託は途中で運用をやめて償還されることもあります。投資信託なら確かに倒産はありませんが、価格が半分以下になってしまうことは珍しいことではありません。おまけに投資信託は保有しているだけで、新興国関連や複雑な仕組みのものだと年2％近く、一般的なものでも年1％程度の保有コスト（信託報酬）がかかってしまいます。

こういった各種コストを考慮すると、NISA口座を持つならオンライン証券でETF（上場投信）やREIT（不動産投資信託）を利用するのが良いでしょう。また、途中で売却することを考えても、数週間から1ヵ月近く目標価格での指値注文を置きっぱなしにできるオンライントレードの使い勝手は大変便利です。なお、売買委託手数料も損失と同じでなかったことにされてしまうので、手数料が高い従来型の証券会社を利用する際には注意しましょう。

過去にもしNISAがあったとしたらどうなった？

「5年間配当を目一杯もらって、5年目が最高値になってそこで売却して全部非課税」

これがNISAを利用する際のベストシナリオです。そうなると「配当や分配金が高くて」「5年間で確実に大きく上昇」して、おまけに「絶対に損することはない」金融商品にNISA枠で投資するのが理想的です。「ちょっと難しいかも」とは思いつつ、「やっぱり5年間もあればなんとかなっているかもしれない……」と思いたいのは人の性。しかしながら、それはまったくの幻想にすぎません。

そこで、もし仮に2000年当時にNISAが制度化されていたものと想定して、2000年から毎年初に投資を始めて5年間保有したらどうなっていたのか、TOPIXで試算してみ

図表6-1　もし2000年当時からNISAがあったとした場合の運用成果試算

投資開始日	開始時のTOPIX	5年後	5年後のTOPIX	投資リターン
2000年1月4日	1717.47	2005年12月30日	1649.76	-3.94%
2001年1月4日	1280.94	2006年12月29日	1681.07	31.24%
2002年1月4日	1053.96	2007年12月28日	1475.68	40.01%
2003年1月6日	860.07	2008年12月30日	859.24	-0.10%
2004年1月5日	1058.99	2009年12月30日	907.59	-14.30%
2005年1月5日	1143.36	2010年12月30日	898.8	-21.39%
2006年1月4日	1673.07	2011年12月30日	728.61	-56.45%
2007年1月4日	1698.95	2012年12月28日	859.8	-49.39%
2008年1月4日	1411.91	2013年12月30日	1302.29	-7.76%

たのが図表6－1です（配当、手数料、税金は考慮せず）。

まず驚くのが、5年間のリターンの差がきわめて大きいことです。ITバブル崩壊直前の2000年1月に始めた投資がイマイチだったのは当然としても、2003年1月というITバブル後の安値をつける直前の相場水準が低い時期に始めても、5年間保有している間に売りどきを逃して、次のバブル崩壊であるリーマンショックと重なってしまい、5年後でようやくトントン。2001年や2002年のITバブル崩壊後に購入して、リーマンショック前に売り抜けたときだけ5年間で約3割と約4割のプラスという好成績でしたが、2004年以降に始めたものは壊滅状態です。**5年きっかり運用してプラスで終わるのは至難の業**ということは否定できません。これをイメージ図にすると図

図表6-2　NISAは5年と決まっているのでどこで始めるかが難しい

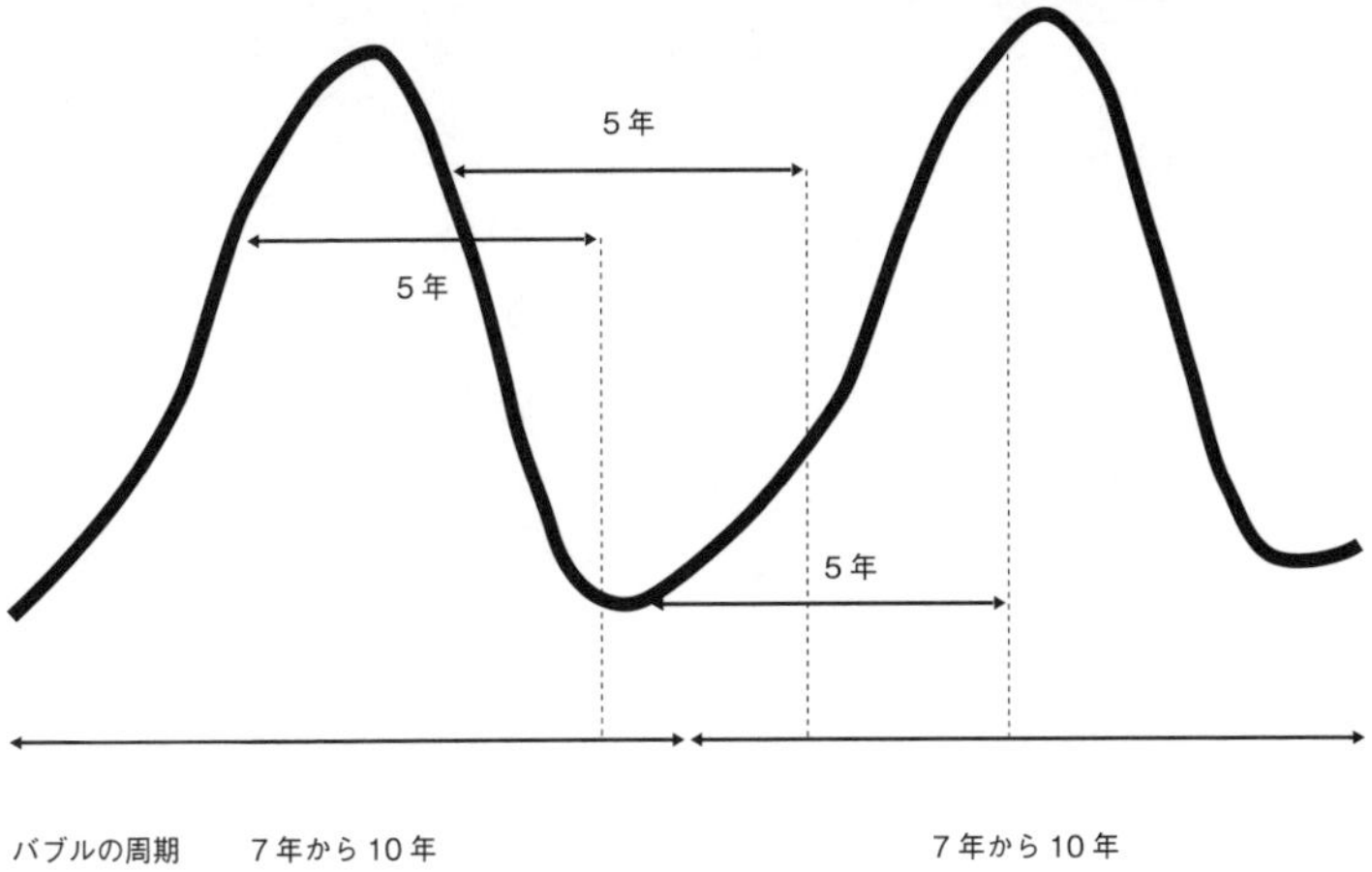

表6-2のようになります。ほとんどの方が結局5年保有してしまうなら、どこで始めるかがきわめて重要となります。

そこで現実的に「配当が非課税になるので、元本が少しぐらい目減りしても全体で得になればOK」と考えたとしましょう。つまり、5年間の配当や分配金で節税できる分と、元本の損失が同じ水準になれば、「とりあえずNISAを使って損はしなかった」ことになります。となると、配当の5倍（年1回の配当として5年分）までの損失で済めばいいので、配当利回り（配当金額÷株価）が1％なら元本の損は5％以内、配当4％なら元本の損失は20％以内までOKとなります。ただ、5％の損などちょっと相場が荒れればすぐに超えますし、相場がクラッシュすれば株や投資信託はもちろんREITでも、20％ぐらいの損失は出てしまいます。

NISAの人気銘柄はかなり残念な状況という現実

「いやいや、そんなことはないでしょ。実際に日本株が難しいと思うから6割以上の人が投資信託を買っているわけだし」という声が聞こえてきそうなので、NISAで購入されている投資信託の売れ筋ランキングを調べてみました。

結果は、きわめて憂慮すべき状況といえます。売れ筋の銘柄を見る限り、ほとんどの方がNISAの5年後に強制的に清算される仕組みの問題点に気づいていないか、何に投資されているのかよくわかっていないように思われます。

人気上位の投資信託は、ほとんどが海外REITや新興国の国債（ブラジル、ロシア、南アフリカ、メキシコ、カザフスタン、コロンビアなど）、欧米のハイイールド債券（低格付け債券）で運用する毎月分配型投信です。なかには、これに通貨選択型という名前がついて高金利の新興国通貨が下落すると大損する仕組みのものもあります。

海外REITというからには為替リスクがあるとはわかっているでしょうが、一体どれだけの方が**REITは株式相場が暴落すれば、株式と同じように大きく値下がりする**ことを理解しているかはかなり疑問です。REITは中身が不動産でも、株式市場に上場されていて需給で価格が決まります。値動きは不動産会社株で配当が多いものと似ているのです。

まして、新興国の国債はパナマやベネズエラ、ガーナあたりまで含まれ、投資不適格とされる「BB」や「B」といった格付けという、きわめてリスクが高いものが4割弱も入っていることがあるということには、恐らくほとんどの方が気づいていないでしょう。これらの国債は1997年のアジア通貨危機や1998年のロシア財政危機のような事態になれば、文字通りデフォルトする（元利金の全部または一部が償還されない）可能性が高いから利回りが高いのです。

それを毎月の分配金で先取りして喜んでいても、かなりの確率で後で大損することになります（他の株式の譲渡益との損益通算も、損失の3年繰越しもできません）。さらに、"通貨選択型"で当座の利回りが良くなるのは、その高金利の新興国通貨が値下がりしたらいきなり損失がふくらむ代償としてなのです。暴落時に大爆発を引き起こす、この爆弾をかかえたような仕組みを理解している投資家はおそらく皆無でしょう。

さらに、これらの売れ筋投資信託はおしなべて1・5%から2%程度も毎年管理コストがかかる仕組みになっています。5年間で7%から10%も支払うことになり、その分、確実にパフォーマンスも悪化します。

それでもまだ半信半疑の方のために、サブプライムバブル崩壊前の2007年に、当時売れ筋だった同種のハイイールド債券や米国高利回り社債ファンド（呼び名は違いますが、ともに低格付け債券です）、外国国債ファンド、大手日本株アクティブ投信（ファンドマネージャーが投資対象を選ぶもの）に投資していたら、その後の5年間の値動きがどうなったか調べてみました（次ページの図表6－3）。

図表6-3　2007年1月に同種の投資信託に投資していたら……

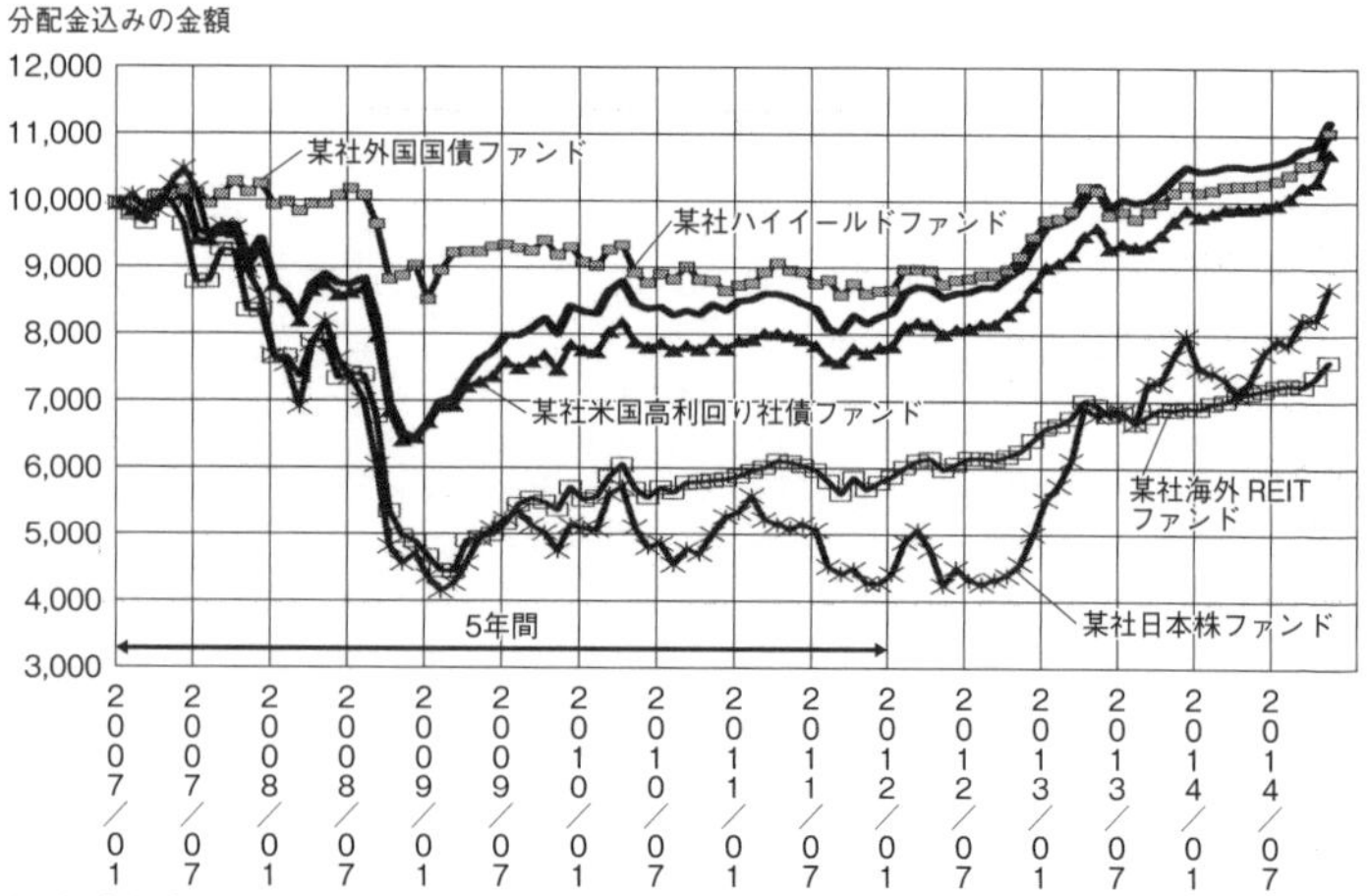

出所：各社資料より著者作成

結果は、２００７年が相場の天井圏で、リーマンショック時には海外ＲＥＩＴや日本株ファンドは6割減、ハイイールド債ファンドは4割減、外国国債に投資するものでさえ一時15%ほどのマイナスになりました。そして5年後の２０１１年末で、それまでの分配金を合計しても1~6割のマイナスで終わっていました。もし２００７年当時にＮＩＳＡがあり、それでこれらの投資信託を購入していたとしたら、5年後に強制的に売却されて涙目となっていたはずです。

なお、ここ数年で登場したばかりの売れ筋の投資信託で、とりわけＮＩＳＡ枠で購入しないほうが良いものがあります。それは日本株の1日あたりの変動率を2倍や3倍にする仕組みの投資信託です。「損をしたら諦め、リターンは大きく狙う」という「人生大博打」のような割り切った考え方自体を否定はしません（個人的にはNISA枠を投機に使うことはまったく勧めませんが）。しかし、この1日のリターンの3倍という仕組みは、元本がゼロ以下にならないように株価が下がったらポジションを減らし、株価が上がったら増やすという調整を行います。この結果、長く保有していると相場が上下に動くだけで、「高いところで買い、安いところで売る」という下手な投資の見本のような行動を勝手に繰り返し、だんだん目減りしていきます。これを5年間保有したとしたら……。私の指摘を5年後に実感することになるはずです。

将棋や囲碁に〝負けないNISA〟のヒントあり

では、NISAに向いている投資メソッドがまったくないかというと、そうではありません。そのキモは「取れるモノを全部取ろうと思わないこと」です。将棋や囲碁をやったことがあるならピンとくるかもしれません。たとえば将棋の超初心者だと、相手の駒が取れるようになったら後先を考えずに取ってしまいます。でも、少し定石《じょうせき》（将棋や囲碁などの戦術）をカジれば、「この駒を取ると、こうなって、ああなってしまうから、そのままにして他を攻めよう」ということがわかってきます。囲碁でも同じで、「相手の石をそこで1個取るよりも、こっちでもっと大きな獲物を狙ったほうがいい」とか「これを取ってしまうと不利になる」ということがわかります。

NISAも似たようなもので、「目先の損得にとらわれて動くと損失が出て負け」という

図表6-4　NISAはこのタイミングだけで使う

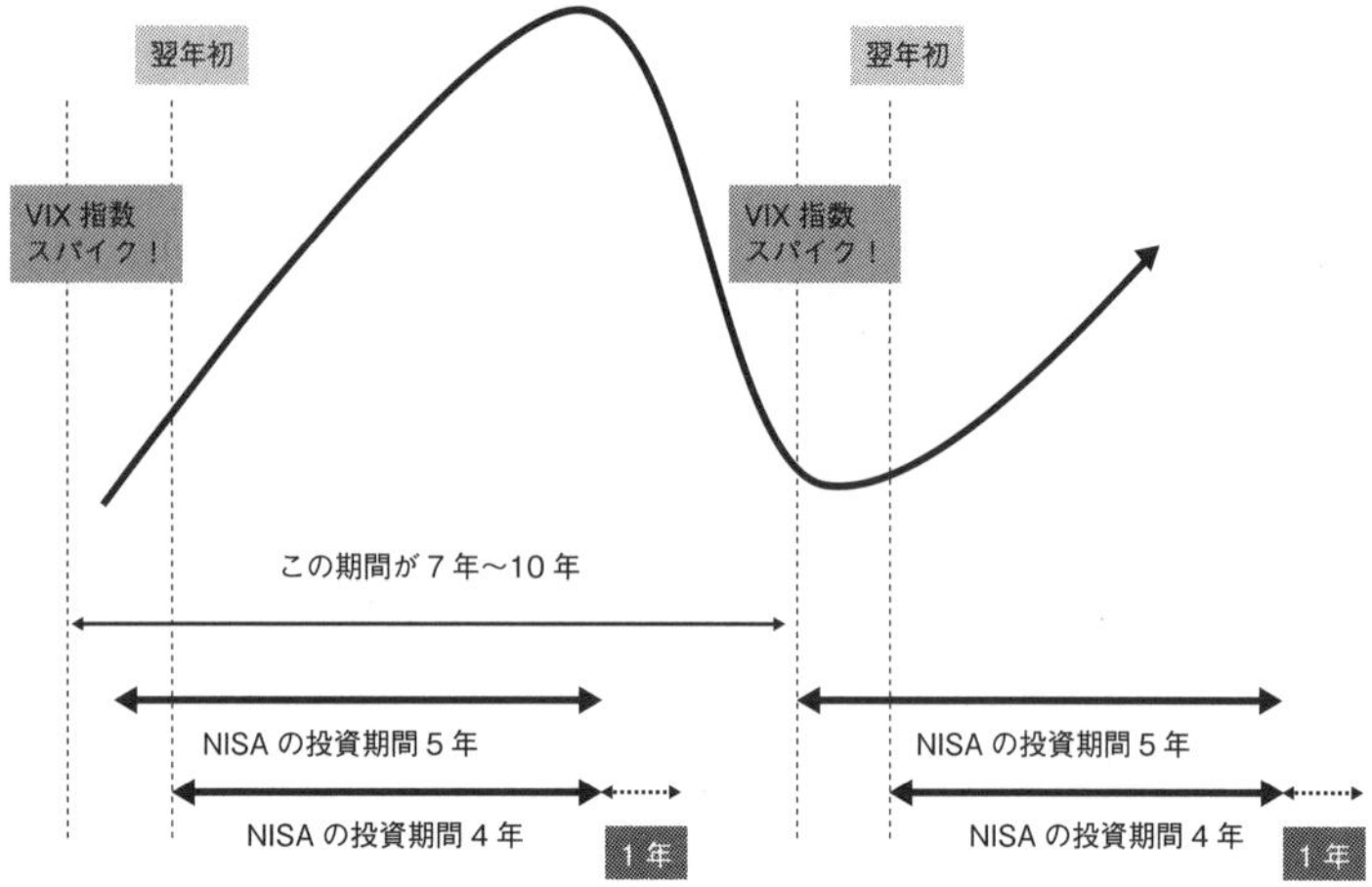

〝ゲーム〟なのです。だから、**毎年１００万円の枠を全部使うのではなく、「ここはかなりの確率で勝てるぞ！」というときだけ使って、あとは枠を放棄すればいい**のです。その「ここぞ」というときの使い方は、バブル生成と崩壊が7年から10年周期という視点から考えます。それが図表6-4です。

現在のＮＩＳＡで投資できる期間の5年よりバブルの周期のほうが長い、ということはバブルの大底で投資すれば、まず1回（1年）分は5年目一杯保有しても、次のバブル崩壊が早めの7年後に来ても逃げ切ることができるはずです。次に、大底の翌年のＮＩＳＡ枠を使い、年明けすぐに１００万円分投資します。1回目から数ヵ月から半年経っているかもしれませんが、まだ相場水準は低いはずです。ただし、2回目は5年間保有すると次のバブル崩壊に巻き込ま

図表6-5　もしリーマンショックの際にNISAがあったなら S&P VIXでタイミングを見ればバッチリだった！

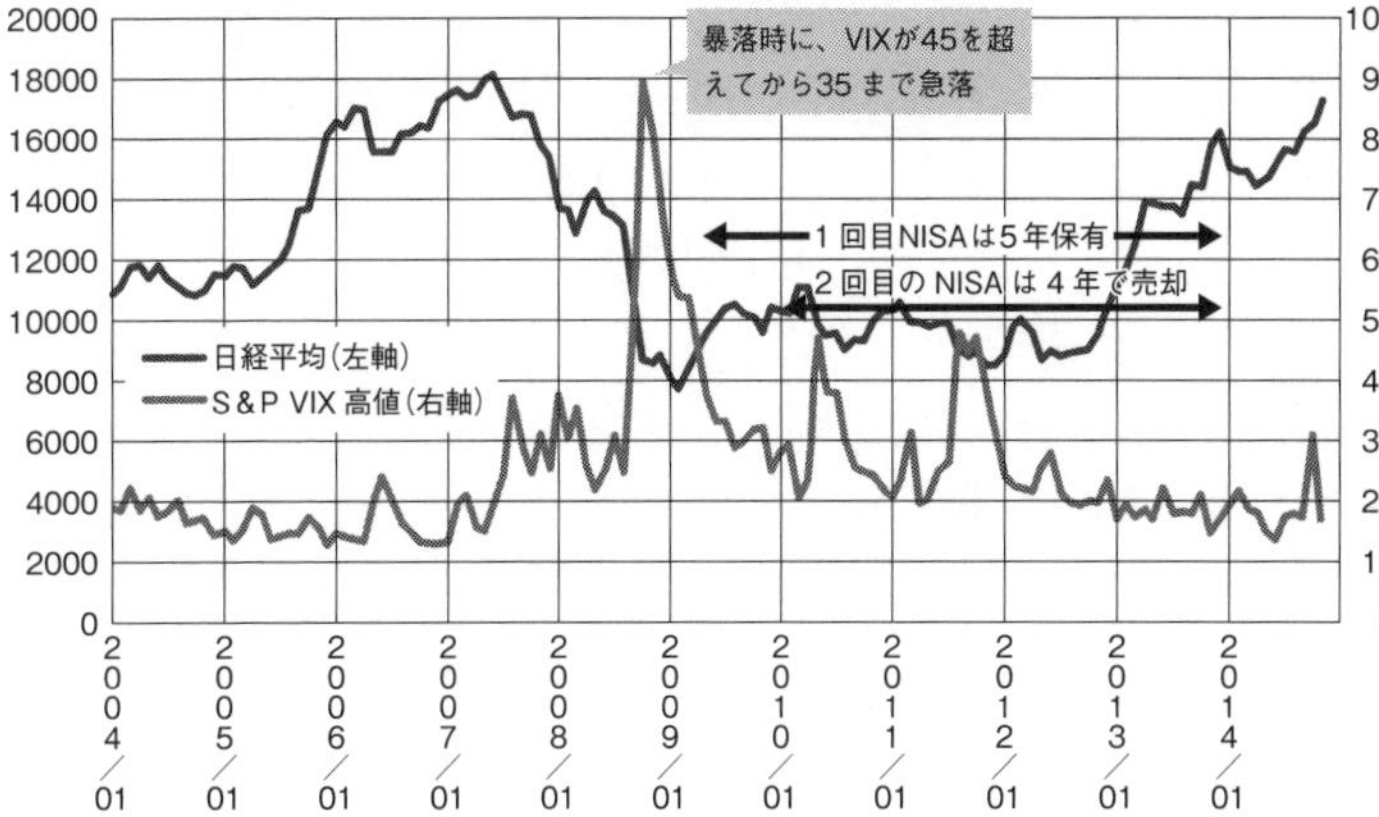

れる可能性が出てくるので欲張らずに4年間で売却します。他の年は、原則NISA枠は使いません。その他の期間は、7年から10年の間におそらく2回だけあるチャンスのために、（現行制度のままで増額がなければ）100万円2回分で200万円貯めておきます。2人分使えば400万円で、相当な額の投資ができます。

これは、まさに第4章で紹介した「バフェット流大底投資」です。**負けないときだけ投資する方法は、NISAのためにあるような手法**といえます。そうなると、タイミングは116ページでも紹介したように、恐怖指数といわれるS&P500を反映したVIX（ヴィックス）指数を参考にしましょう。相場が暴落（3割超下落）したときにVIX指数が45を大きく上回り、それが急降下して35以下に戻り、恐怖指数の〝塔〟が立ったらNISAの出番となるはずです（前ページの図表6-5）。なお、これも第4章で説明したポイントですが、投資対象が日本株でも日経平均対象の日経ボラティリティ・インデックス（日経VI）ではなく、値動きが小さくてダマシが少ない米国株のVIXを使うということを間違えないようにしましょう（実はプロでもVIXと日経VIをしばしば混同します）。

この方法で、仮に2008年からNISAで投資していたとして、その結果を試算してみると、2008年は枠を使わず、VIX指数が35以下に戻った2009年6月に100万円分のNISA枠で投資していたことになります（ETFかREITを利用）。この枠の期限は5年後の2013年12月となるので、月末に取引したとすれば日経平均は投資時の9382円64銭から1万6291円31銭になり、74％ものリターンとなって大成功でした（譲渡益に加えて、その間の配当も非課税です！）。これも仮定の話ですが、2回目は翌年初の2010年1月（1月末の日経平均は1万198円04銭）となっていたはずなので、そこでNISA枠を100万円投資します。その4年後は1回目と同じ2013年12月になるので、プラス60％ものリターンを得て、その利益が非課税となった計算です。

次のバブル崩壊では、こういったNISAの使い方を目指しましょう。ポイントをまとめると図表6-6のようになります。

なお、**NISAの期間が今後5年より長くなっても、大底で投資する1回目は5年間、翌年初に投資することになる2回目は年初から4年間の運用のままでいい**と思われます。というの

図表6-6　恐怖指数（VIX）でNISAを使うときのポイント

◎直近の高値から日経平均やTOPIXが30%以上下落していること
◎アメリカの恐怖指数（S&P500対象のVIX）が45以上となり、その後35以下になったら買い
◎保有期間は1回目が5年、翌年初購入分が4年
◎その他のタイミングではNISAは使わない

図表6-7　NISAをさらに有効に使うためのチェックポイント

NISAを使っても良いとき
○日本経済はもうダメとメディアで多くの評論家が言っているとき
○証券会社の業績がきわめて悪いとき
○投資どころじゃないと周りが騒いでいるとき
○マネー雑誌の特集が株主優待とふるさと納税ばかりになったとき
○銀行や証券会社がNISAを宣伝しなくなったとき

NISAを使うべきでないとき
×普段投資をしない家族や知人が投資に興味をもったとき
×銀行や証券会社の業績が良いとき
×自分の保有している他の株式や投信が大幅な含み益になっているとき
×日経平均やTOPIXが前年に30～40%も上がったとき
×相場水準は高いと思うが、NISAを半年だけ使って売却益を非課税にしたいとき
×経済新聞や週刊誌に株式投資を勧める記事が多いとき

は、**保有期間の制限がまったくなくなれば話は別ですが、7、8年程度だと次のバブル崩壊に巻き込まれる可能性が増す**と考えられるからです。

また、恐怖指数（S&P500対象のVIX指数）だけだとちょっと不安という方は、前ページの図表6-7に挙げたチェック項目を併用してNISAを使うタイミングを決めれば、「ますます負けないNISA投資家」となることができるはずです。

第7章

大事な退職金を暴落から守る
お金と投資の思考術

「大衆は常に相場に裏切られる」

（ジョセフ・グランビル：アメリカの著名な金融記者・チャート分析家。テクニカル分析の「グランビルの法則」で知られる。1923 ～ 2013）

退職金の運用はここに注意

60歳を超えて余裕ができてから株式投資や債券投資を始めたとしたら、7年から10年の相場サイクルを前提に考えると1、2回しか大相場はありません。投資スキルを習得したり、経済の知識を覚えたりするにも、新興国に行って自分の目で現地の状況を見たりするにも、年齢的にだんだん厳しくなります。そうなると、少額からでも若いうちから積極的に投資して、いろいろな投資対象について勉強しておくことが必要です。

とはいえ、現実には忙しい日々が続きます。

「気がついたら、もう60歳だよ」

「退職金を上手に運用したいんだけど、どうしたら良いかまったくわからなくて……」

そんな状況になっていることも珍しくはありません。

そこで本章では、退職金の運用を考える際にありがちな銀行からの商品勧誘、複利についての誤解、毎月分配型投信、従業員持株会、金融詐欺について説明し、それらを踏まえたバブル崩壊に負けない退職金運用のポイントを解説します。

銀行は全部知っている……

「オレも定年か。40代、50代とだんだん時間が経つのが早く感じられて、何かあっという間だったなぁ」

と感慨にふけっているところに、銀行から電話。どうやら新しい投資信託の説明があるとのことだ。

翌日銀行に行くと、応接室に案内され、お茶が出てきた。銀行でお茶を出してもらったことなんて今まであっただろうか……。

こんな話をしばしば耳にします。当然のことながら、銀行口座に退職金が振り込まれたことは、あなたよりも銀行のほうが早く知ることになります。そして、銀行は支店の顧客のなかからそうした大金を手にした方を選び出し、集中的にアプローチするわけです。

百貨店や旅行代理店、証券会社や骨董商、そして詐欺師集団に到る、さまざまな人たちが欲しくて仕方がない個人情報を、銀行は何の苦労もなく入手し、それを自らの営業活動に使うことができます。そして、多くの方が銀行で応接室に案内されただけで舞い上がり、あまりよくわからない商品の説明も、笑顔がかわいい女子行員の手前もあってわかったような返事をし、結局、長いカタカナ名の投資信託を買うことになります。

だいたい購入する（させられる）のは、毎月分配型の外国債券に投資する投資信託、新興国株式投信、または高金利のブラジルレアルやトルコリラ建ての米国ハイイールド債投信といった、専門家以外はパッと聞いてもわからない金融商品です。なぜそこに落ち着くのかというと、これらはすべて買った瞬間に3％も手数料が取られ、持っているだけで毎年2％も信託報酬という名の管理料を支払うような設計のため、銀行の儲けが大きくなるからです。その後、相場がどうなっても損をするのはあなただけですし、銀行は残高さえ残っていれば、毎年管理手数料がリスクなしに入ってくるので、まったく問題がありません。

応接室でお茶が出てくるのは、〝高潔で人望が厚く、業界では知らない人がいないほど立派な業績をあげたあなた〟にではなく、〝あなたのお金〟に対してなのです。

「銀行がそんなこすっからいことをするわけないだろ」

というあなたは今まで大手企業勤務で、それも財務や経理といった帳簿とにらめっこするような部署とは縁遠い部門にいて、転職経験なし、お金のことは親兄弟やパートナーに任せっきりという恵まれた人生だったのかもしれません。

もちろん銀行も営利企業ですし、上場企業であれば株主に報いなければなりません。ですから、法律に違反していたり、顧客の信頼を裏切るような行為をしたりしていない限り、自社が利益を上げる金融商品を販売すること自体に問題があるとはいえません。（一部の）大手系列のガソリンスタンドで、メカに疎い高齢者や女性ドライバーだけを狙い撃ちして「あ〜、これはとても危ないですね」などと不安を煽り、市価よりもはるかに高く無理やりタイヤを全部交換させる詐欺的な商慣行と比較すれば、はるかに良心的です。また、銀行自身がリスクをとらずに収益を確保できる業務を行うことを推進しているのは行政の方針なので、こうした銀行が儲かる仕組みはこの先も変わりません。

ただ、**2005年頃から大量退職した団塊世代では、金融機関に言われるがまま外国債券投信やBRICs投信を購入し、その後のバブル崩壊で虎の子の退職金を半減させてしまった方が大勢いた**ことは知っておいたほうがいいでしょう。

当てはまるのはコストだけという〝不都合な複利の真実〟

退職を意識して投資を始めた方や、退職金で大金を手にしてどうしようか考えている方に対して、金融機関が商品説明によく使うキーワードが「長期」「複利」「分散投資」です。まあ、どんな言葉を使うにせよ、セールストークの結論はいつも決まっていて「投資信託を購入して長く持ち続けましょう」ですが……。

かの天才アインシュタインが「人類最大の発見」と語ったとされる「複利の効果」は、投資で運用するときも、高利率の借金が返済できない額に膨れあがってしまうときも、「非常に強力」です。たとえば、年利7％で10年間運用すれば、1・967倍と約2倍になります。ちょっと金利が下がって5％でも10年間なら1・628倍で6割強も増えたことになります。

図表7-1　日経平均のリターン

年	日経平均の騰落率	開始年	終了年	10年保有時の年平均運用利回り
1994	13.2%	-	-	-
1995	0.7%	-	-	-
1996	-2.6%	-	-	-
1997	-21.2%	-	-	-
1998	-9.3%	-	-	-
1999	36.8%	-	-	-
2000	-27.2%	-	-	-
2001	-23.5%	-	-	-
2002	-18.6%	-	-	-
2003	24.5%	1994	2003	-4.8%
2004	7.6%	1995	2004	-5.3%
2005	40.2%	1996	2005	-2.1%
2006	6.9%	1997	2006	-1.2%
2007	-11.1%	1998	2007	0.0%
2008	-42.1%	1999	2008	-4.4%
2009	19.0%	2000	2009	-5.7%
2010	-3.0%	2001	2010	-2.9%
2011	-17.0%	2002	2011	-2.2%
2012	22.9%	2003	2012	1.9%
2013	56.7%	2004	2013	4.3%

だから、「投資もコツコツ長期で運用するのが良い」とされがちなのですが、そこにはちょっとした落とし穴があります。預貯金の利子や借金の利息とは異なり株式などの投資では、安定して年7％のリターンを得られるということはありません。「ゆっくり上がってガツンと下げる」ことが一般的な株式相場では、きわめて良い年もあれば著しく悪い年もあります。図表7-1は1994年から2013年までの日経平均の年間騰落率と、1994年から2004年の各年に投資を始めて10年間運用した場合の年平均運用利回り（配当、手数料、税金を除く）を比較したものです。

まず、毎年の日経平均の騰落率を見てみましょう。1999年のITバブル、2005年の小泉郵政相場や2013年のアベノミクス相場では大きく儲けることができますが、1997

年のアジア通貨危機、ITバブル崩壊後の3年間は、総じて2割から3割弱もマイナスですし、2008年のリーマンショックのような年には4割もの投資資金を失ってしまいます。

また、このように騰落率の凸凹があまりにも大きいため、同じ10年という期間の運用成果を考えても、計測期間の取り方、つまり「いつ投資を始めて、いつやめたか」ということ次第で、投資パフォーマンスが大きく変わってしまいます。日経平均の年平均収益率の場合、2005年と2013年の急騰を含むか否か、2008年のマイナス42％の暴落が入るかどうかで、10年間の平均リターンが大きく変わってきます。

また、**1994年から毎年運用をスタートさせた場合、10年後にプラスになっているのが、「2003年から2012年まで」と「2004年から2013年まで」の2回しかない**ことに驚く方も多いかもしれません。2007、8年や2011年といった相場の底(つまり不景気)のときに資金ニーズがあっても、投資をやめて現金化するには最悪のタイミングで、マイナスの運用利回りを甘受しなければなりません。つまり、**「複利で長期間運用すれば大丈夫」という銀行員たちは、無意識に、あるいは意図的に、「大きなショックがあり得る」「途中で資金ニーズが生じることがある」「平均してマイナスの収益率が長く続く事態があり得る」ということを伝えていない**のです。

なお、投資において、複利の効果が唯一確実に予測できるのが投資にかかるコストです。仮に500万円運用したとして、最初に3％手数料でとられて、毎年2％の管理コストを10年間

図表7-2　複利コストとリターンの比較

	高いコスト	安いコスト
投資元本	5,000,000円	5,000,000円
初期コスト	3.0%	0.1%
毎年の運用コスト	2.0%	0.5%
投資利回り	3.0%	3.0%
10年後のお金	5,357,417円	6,394,022円

払い続けるコストが高い投資信託と、最初は0・1%の売買手数料だけ、その後の運用期間中も運用コストが年当たり0・5%と低いETF（上場投資信託）などで運用した場合の比較が図表7-2です。投資対象が同じ年3%の運用利回りだったとしても、コスト控除後だと10年で前者は535万7000円、後者は639万4000円となり、100万円もの差がつくのです（銀行でお茶を出してくれる理由もよくわかりますね）。これが〝不都合な複利の真実〟といっていいでしょう。

毎月分配型投資信託は絶対に避けるべし！

毎月分配型と呼ばれる毎月同じ日に分配金が支払われるタイプの投資信託は、銀行や証券会社の売れ筋ランキング上位に必ず入っている人気商品です。しかし、実はこれは日本でしか売れないガラパゴス商品なのです。日本でも販売が開始された当初は、「金融知識の少ない投資家を欺くための投資信託」といった批判がありました。

しかし、あまりに売れるので、そういった声は小さくなりました。

それでも行政が説明方法を変更するように動き始めているように、この商品はやはりおかしいのです。儲かっておらず、分配金という名目で元本を取り崩しているのに、分配金の分だけ得をしたという錯覚を投資家に起こすからです。たとえば1万円運用して、ある時点で解約すれば3割損失になるけれども、投資家は毎月分配金がもらえるので気にしていないというような仕組みです。

これに対して、業界では名が知られた投資信託アドバイザーが、「売るタイミングが難しいから、機械的に徐々に売ってあげているんだ」という説明をしているのを聞いたことがあります。ところが、同じ方が別の機会に、「買うタイミングを判断するのは難しいから、毎月コツコツ積み立て投資をするのが一番」とも語っていたのです。そうなると、1万円を毎月自動で積み立てて、毎月1万円の分配金をもらうようなおかしな投資方法が一番良いことになってしまいます。

また、毎月分配することによって運用側にその分事務コストがかかるので、それも投資家に転嫁されます。さらに、本来運用に回すべき資金を、分配に備えて換金性が高いけれどもリターンがほとんどない短期債券などで寝かせておく必要が生じます。もっと悪いことに、こういう金融商品に限って購入時に3%もの高率の販売手数料を取ります。高い手数料を取られたうえに、自分のお金を毎月払い出してもらうだけなのに喜んではいけません。極めつけは、相場が悪いときも自動的に運用をやめてドンドン分配金を払い出す商品の仕組みです。10年サイクルでバブルが発生し、次の危機が迫っている可能性が高いという今の時期に購入するのは最悪ともいえる商品なのです。

もし、「退職して給与がなくなったので、毎月お金が自分の口座に振り込まれるのが何よりありがたい」というのなら退職金は運用せず、ネット銀行などの自動振込み予約機能を使って、毎月同じ日に一定額を自分の別の銀行口座に振り込んだほうが、割高なコストを払わない分だけ、毎月分配型投信を買うよりもはるかに良い結果になるはずです。

退職世代にとって〝自社株〟投資こそリスク管理の大敵

退職された方は長年働いていた会社の株式を、従業員持株会などで積み立てていることもよくあります。いろいろな思い入れがあるでしょうが、これは退職後の資金運用のリスク管理という観点から見ると、最悪の投資の1つとなります。

従業員持株会は、企業経営者からすると「会社に何でも賛同してくれる便利な安定株主を作る」というのが主たる目的です。もちろん、従業員の福利厚生とか資産形成といったもっともらしい理由がついていますが、業績が良いだけでなく、日本の株式市場全体の株価水準が高くないと、その企業の株価はまず上がりません。だから、**福利厚生や資産形成に役立つかどうかは「神のみぞ知る」**なのです。

現役サラリーマンであれば、「社内の雰囲気として売りにくい」とか「10％の補助金が出るのでお得」といった理由があるかもしれません。また、上場間際のベンチャー企業にお勤めなら、ハイリスク・ハイリターンということはおわかりだと思うので問題はないでしょう。

しかし**退職した方にとって勤務していた企業の株式を保有し続けるのは、「企業年金を失うリスクとの相関がきわめて高い危険な投資」以外の何者でもありません。**仮にかつての勤務先が経営不振となったり破綻したりすれば、年金の受給額が減額されたり、場合によってはなくなってしまうことになります。年金基金が業界団体で運営されていても、業界全体の不振や加入者の不足などで、やはり影響を受ける可能性が高くなります。このとき、かつての勤務先の株価は良くて暴落、企業が破綻すれば株価はゼロになります。つまり、極端な場合、年金収入の一部（企業年金）と同時に、保有していたかつての勤め先の株式の資産価値もなくなってしまうのです。

どんなに元気な企業でも10年、20年後のバブル崩壊を乗り切れるかどうかはわかりません。資産を上手に運用して「もしものときに備える」とか「老後の生活の足しにする」つもりなら、企業年金との相関が高い以前の勤務先の株式はリスクが高すぎるのです。

このため、従業員持株会などで取得したかつての勤務先の株式は、できるだけ早い段階で売却し、相場環境が良いときであればすぐに安全な資産に換え、悪ければ少なくとも倒産のリスクがない株価指数のETFなどに乗り換えることが賢明です。

金融詐欺を見破る10のチェックポイント

退職金を手にした方や配偶者から多額の資産を相続した高齢者が、金融詐欺のターゲットになるケースがますます増えています。自分はだまされるはずがないと誰もが思っていますが、詐欺の手口はますます巧妙になっています。好景気のバブルの最中には、自分だけが儲け損なっているような気がしておいしい話にだまされやすくなりますし、バブル崩壊後には「特別なルートで損失を回収してあげる」とか、「リストラ対象者が起業する際の補助金が増額できる」といった弱みにつけ込むような詐欺事例が多くなります。

しかし、冷静に考えてみれば、「△年後に和牛がいくらで売れるかなんて誰もわからないのに、よく元本保証なんてできるなぁ。まともな経営をしているんだろうか？」「毎年30％で運用できるのか⁉　それだと10年で13・8倍だ。100万円なら10年で1380万円。3000万円あれば4億円か！　あれ待てよ。そんなに投資が上手なら、なんでわざわざ人のお金を預かって運用してるんだろう？」と、疑問がわいてくるはずです。そこで退職金を狙う怪しい儲け話を見抜くチェックポイントを10個挙げてみました（図表7-3）。

黄信号項目は数個該当するなら要注意、赤信号項目は1つでも該当するとかなり危険です。

図表7-3のチェックポイントを常に念頭に置いておけば、将来必ず出てくる第2、第3のAIJ（過大なリターンをうたった年金資産消失事件）、MRI（米国医療債権投資詐欺）、和牛商

図表7-3　投資話のウソを見抜くチェックポイント

◎黄信号項目（数個該当すると要注意）

- □解約可能になるまでの期間が長い
- □キプロスやセーシェルなどに取引相手の会社がある
- □雑誌記事でベタほめと批判が混在
- □海外への資金逃避を盛んに勧める
- □数十万もする投資商材を即決するように迫る

◎赤信号項目（１つでも危険）

- □通常より数%高い利回りを保証している
- □金融詐欺被害からの救済スキームをうたっている
- □芸能人が投資セミナーに登場
- □財務局の登録番号がない
- □非公開極秘情報があることを示唆する

法（和牛投資詐欺）、円天（擬似通貨を使ったマルチ商法、有名人を広告塔に多用）など簡単に避けることができるでしょう。また、**投資判断に迷ったら、絶対にその場で決めずに家族や知人に相談する**ことです。

大事な退職金を守って増やす投資習熟度別運用プラン

退職金や配偶者から相続した資金を運用する際のポイントは3つあります。

まずもっとも大事なのは、**とにかく大損しないこと**です。裏返していえば、**大儲けを狙わないということ**になります。なぜかというと、現業の稼ぎが限られる状況では、大きな損失が出たときに穴埋めする方法がないからです。

2つ目は、**資金を長く固定してしまうような投資や流動性が低いものはできるだけ避けるこ**

とです。なぜなら、退職世代は高額な医療費が急に必要になったり、自分や配偶者が要介護になって施設入居のための多額の一時金がかかったり、（あまり考えたくはないのですが）自分が死んだ後に遺産分割のために資産を売却する事態を迎えたりする可能性が高いからです。

そして最後が、**投資を通じて社会とのつながりを保つ要素を、敢えて一部だけ入れておくこと**です。マクロ経済の動向を日々追ったり、数社の株主総会に参加したりすれば退職後のいい刺激にもなります。

なお、退職金を手にした直後の男性の場合は、第3章の「インテリトラップ」にハマりやすいので、これは特に注意が必要です。男性はもともと女性に比べて自信過剰といわれており、事実、リスクが高い金融商品やギャンブル愛好者はほとんど男性です。これでバブル崩壊が始まったばかりのころに高値でつかんでしまったら、良くて5、6年、長いと8~10年ほども資金を塩漬けにするか、あるいは途中で損失を出して売却という事態になりかねません。

では、具体的に退職金をどのようにしてうまく運用すれば良いのかという点について、投資への関心度、経済・財務知識、これまでの投資経験などに合わせた最適な方法を見ていきましょう。

●超投資初心者

今までは従業員持株会と住宅財形、それにちょっと前から始まった401K（確定拠出年金）

しか知らなかったけど、たまたま知人からこの本をもらって読んでいる……。

そのような方の場合は、まずはオンライン証券に証券口座を開けてみることから始めてみましょう。投資に使うのはTOPIX ETFと米ドルMMFだけ。これで少なくとも1年間、数十万円に限定して運用してみるのがいいと思います。投資信託の積み立てでは、運用スキルはまったく向上しません。

なお、その1年間にマネー雑誌やネット上で情報を見聞きすると、気持ちがそわそわ、わくわくしてくるかもしれませんが、ほとんどの場合何もしないほうが良い結果になると思います。とにかく、くれぐれも銀行の窓口で「毎月分配」「ハイイールド」「通貨選択型」といった名前がついた投資信託を買ってしまわないことです。

●株式投資経験が3年程度

投資経験がそこそこあると、まとまったお金が入ると一気に投資ポジションを構築してしまいたい衝動に駆られるようです。

そこで、まず新興市場株式での運用は全体の1割以下、日本株は全体の3割以下、というようにガイドラインを設けてみましょう。投資に対する姿勢は、少なくとも半年から1年程度かけてポジションを構築するぐらいの気持ちで良いかと思われます。

このうち個別株は株主総会に参加できる近隣に本社がある4、5銘柄までとし（他はETF

で運用）、そのなかから1、2社だけは株主優待がある企業にすると、投資がちょっと楽しくなるのでオススメです。マザーズか東証二部に上場していて業績が良く、一部上場を目指している企業だと、株主優待の打ち切りの可能性が少なく株価も好調なことが多いので、狙い目だと思います。

また、投資の黄金律として「100から年齢を引いた分しか株式や投資信託などのリスク資産に投資しない」というものがあります。仮に65歳なら100－65＝35％がリスク資産への投資比率です。残りの65％を外貨預金を含めた預貯金やMMFなどの流動性が高い資産にしておけば、どんな状況でも全体の損失は限られたものになり、生活に支障をきたすことはまずないでしょう。

●FX投資のみ3年程度

FXで十分稼げているなら、投資領域を無理に株式まで広げる必要はありません。業界用語で「エッジ（強み、優位性）」といいますが、FXと株式は必要とされるスキルがやや異なっているからです。

逆にFXであまり儲かっていないという方は、FXにこだわるならデモ取引で十分利益が出るようになるまで、ポジションを増やさないほうが良いでしょう。

株式投資をするなら、S&P500対象のETFか、TOPIX対象のETFから始めると、マクロ経済に詳しいFX投資家の強みを活かすことができるはずです。

●投資信託積み立て歴10年

まず、まとまった金額の投資信託を売却してETFに乗り換えることを検討しましょう。これだけで年間の管理コスト（信託報酬）が下がるので、年0・5％から1％近くもパフォーマンスが向上します（この分を運用パフォーマンスで向上させるのはプロでも相当大変です）。また、積み立て対象の投資信託が日本株、欧州株、中国株、韓国株であった場合は、中長期的な成長率が低く、場合によっては「失われたXX年」になる可能性があるので、投資対象国を変更することを考えましょう。

2015年時点で人口動態から期待できる投資対象と考えられるのはアメリカ、インドネシア、インド、フィリピンといった国々です（第5章で紹介した「起き上がり小法師国投資」もご参照ください）。

定額積み立て投資をすることで知らないうちに実践している「ドルコスト平均法（一定額を一定間隔で購入し続ける方法）」や、これを修正した「バリュー投資法（株価が下落したら買いつけ金額を積み増す方法）」は、もともと投資対象が右肩上がりに上昇することを前提にしているものです。このため、これらの手法を日本株、欧州株、中国株、韓国株に利用することは避けたほうが良いでしょう。

●個別株投資歴10年、株価指数先物5年、ＦＸ4年

すでに、ご自分の投資スタイルを確立されておられると思います。この本の内容を活用し、バブル崩壊を上手に避けていただければ幸いです。

第8章

アベノミクスの先にあるものは何か?

「現在日本はデフレのワナから抜け出そうとしている。このためには、なんとしても国民が、『今から物価は上がるから現金を眠らせているだけだと損だ。大した負担とはなりそうもないからローンを組もう』と考えるようにしなければならない。同時に、膨大な公的債務を抱え、少子高齢化はきわめて深刻という不利な条件を克服する必要がある」

(ポール・クルーグマン:アメリカの経済学者・コラムニスト。2008年にノーベル経済学賞を受賞。1953 〜)

アベノミクスは古典的な経済政策

世界的な金融危機、巨大な自然災害、円高による輸出減少、長引く不況という〝国難〟に対して安倍政権が選んだ政策が、「アベノミクス」といわれる異次元の金融緩和と積極的な財政政策です。この政策は、世界恐慌後に当時の蔵相、高橋是清《たかはしこれきよ》がとったものと時代背景まで瓜二つです。

1923年に関東大震災が発生して帝都が壊滅的な被害を受けたうえに、第1次世界大戦の特需がなくなった日本経済は、長期の不況に陥っていました。そこに1929年10月にアメリカで株価が暴落（暗黒の木曜日）したことに端を発する世界恐慌が追い討ちをかけます。日本はその影響を軽視して1930年1月に金本位制に復帰し、これが実質的な円の切り上げとなりました。その後、金の国外流出を防ぐために高金利・緊縮財政・物価押し下げ（デフレ）政策を推し進め、世界恐慌による輸出急減とデフレ政策による不況のため、ついに「昭和恐慌」が発生するに至ったのです。米、生糸、綿糸などの商品価格は1930年3月に暴落、次いで株価も暴落し、昭和恐慌は戦前最悪の不況となりました。

ここで高橋是清の登場です。1931年12月に犬養毅《いぬかいつよし》内閣が成立して高橋是清が蔵相に就任すると、ただちに金輸出を停止して金本位制をやめました。これによって大幅な円安になり輸出が急増したのです。また、赤字国債を発行して公共事業・軍事費支出を大幅に増加させると

図表8-1　高橋財政とアベノミクスを比較してみると……

	高橋財政	アベノミクス
大災害	関東大震災	東日本大震災、福島原発事故で全国の原発停止
世界規模のバブル崩壊	世界恐慌（暗黒の木曜日）	世界金融危機（リーマンショック）、ギリシャ危機、欧州債務危機
当初の日本政策	金解禁、円切り上げ、緊縮・物価押し下げ（デフレ）政策	量的緩和の遅れ、超円高・デフレ容認
修正後の通貨政策	金輸出禁止、不換通貨にして円安誘導	異次元緩和で超円高の是正
経済政策	赤字国債で積極財政（公共投資・軍事費）	財政ファイナンスで積極財政（国土強靭化）
結果	２年で景気回復	２年で株価回復
その後	世界でブロック経済進展、国内でインフレへの不満増大、軍部台頭	？

いう先進的な経済政策をとりました。この結果、1933年には日本は世界の主要国でいち早く不況を脱することができました。まず、**関東大震災と世界恐慌があり、日本政府の当初の対応ミスで円高・デフレを招いて昭和恐慌となり、それに対して通貨供給量の増大による円安・積極財政のリフレ政策を断行し、不況から脱出できた**のです。

高橋財政とアベノミクスを項目ごとに比較したのが図表8-1です。今回は、リーマンショック、ギリシャ危機、欧州債務危機と続き、そこに東日本大震災と福島原発事故があって日本中の原発が止まり、民主党政権のデフレ・超円高政策で底なしの不況となっていたのは、記憶に新しいことでしょう。そこで安倍政権は、各国との通貨切り下げ競争に敗れてもなおリフレ政策を渋る日銀に政策転換を迫り、黒田新総裁の元で異次元緩和を開始しました。また、日銀による実質的な財政フ ァイナンスによって、「国土強靭化」という名目の大規模公共投資を行いました。結果は超円高が修正されて円安株高となり、急速に景気を回復させました（2014年4月の消費税増税で景気はいったん足踏みとなりましたが、それでもアベノミクス開始前に比較すれば倒産件数は激減し、格段に良い経済状況になっています）。

一方でアベノミクスに対して、「お金をジャブジャブにしても銀行の融資が伸びていないじゃないか」とか「地方では好景気が実感できない」といった批判が出ています。しかしながら、**高橋財政下でも株価が上がって生産が増え、融資が伸びたのは数年経ってから**です。また、すでに製造拠点の国内回帰の動きも出つつあり、好景気が続けば銀行の貸し出しも増えてくるはずです。さらにいえば、**地方まで景気が良くなるのはいつも好景気の最終局面**なので、地方の景気も次第に好転すると思われます。結果として、2012年の衆議院選挙前に私が高橋財政との類似性から予想していたように、アベノミクスはデフレ脱却と景気回復に着実に成功しつつあるといっていいでしょう。ただ、そうなると**気になってくるのが、「アベノミクスはこの先はどうなるのか？」ということ**です。

高橋財政は1931年12月から始まり、円安と積極財政によって景気回復に成功はしたものの、その後数年経った頃から、諸外国から円安誘導への批判が高まり、世界のブロック経済化が進展して日本が孤立する一因となりました。また、日本国内ではインフレが進展して国民生活への影響が懸念されるようになりました。このため、高橋是清は軍事費を削減する緊縮財政を目指したものの、1936年2月26日に2・26事件で軍人に暗殺されてしまいました。その後の日本は、軍備拡大と赤字国債の拡大に歯止めがかからず、太平洋戦争を迎えることになります。

高橋財政では当初、軍備拡大に国家予算の多くが使われていました。しかし、現代の日本の財政支出膨張の原因は、公共事業や防衛費ではなく、年金や生活保護などの社会保障費です。軍人の恨みを買った高橋財政とは異なり、国家予算を縮小しようとしても「日本全国の老人が竹やり担いで首相官邸を襲撃」などということにはなりそうもありません。もちろん、当時とは政治状況も違います。不人気な政策を行って景気が悪くなれば、国会議員の先生方もたちまち選挙で負けて「ただのおじさんとおばさん」になってしまいます。つまり**戦前の軍事費削減が難しかったように、アベノミクスでも歳出の大幅縮小は恐らく無理**だと考えられます。

危機的状況にある日本の公的債務

アベノミクスが開始される2012年末の段階で、すでに日本政府の債務は危機的状況にありました。もっとも90年代初頭の株・不動産バブル崩壊は、少子高齢化による生産年齢人口の減少によって経済成長が急減速する時期と重なっており、欧米流のセオリー通りに対処するなら、銀行に迅速に公的資金を注入して不良債権処理を行い、非効率的な企業を破綻させ、規制を大胆に緩和して新規産業の創生に尽力する、といった展開になっていたかもしれません。

しかし、現実には景気対策と銘打って大規模な財政支出が続けられ、金融機関に抜本的な不良債権処理をさせる前に、10年以上も人為的な超低金利政策を実施する延命策がとられました。その結果、失業者が街に溢れることはなく、地方自治体の破綻もきわめて少なく、非効率な企業もほとんどそのまま生き残りました。その代わりに低成長が続き、若年層の雇用は低賃金の非正規雇用となり、若者の所得が減ったために出生率が落ちて少子化はますます進み、地方にあった製造業はどんどん海外に出て行き、結果として仕事と若者が東京に集まって地方が疲弊する「東京一極集中」が進みました。

さらに、2009年に〝埋蔵金〟を使えば何でもできると主張して政権を取った民主党が、円高を放置し大企業を日本から追い出して税収を減らす一方、高校授業料無料化や子ども手当など自公政権以上のばら撒き政策を行ったので、財政状況はより悪化しました。

そうした失政の結果、1990年頃は対GDP比69％にすぎなかった日本の公的債務残高はドンドン膨らみ、2013年にはGDP比243％という先進国で最悪の水準になったのです（図表8-2）。

ちなみに、先進国は人口の高齢化が進んで社会保障費が多く、ほとんどの国で政府債務が増加傾向にはあります。ただし、日本ほど増税せずに気前良くばら撒き続けた国はありません。また、アジアの近隣諸国と比べると日本の財政の債務依存状況がどれだけ国際的な水準から突出しているかが、さらによくわかります（208ページの図表8-3）。

図表8-2　政府総債務残高の対GDP比

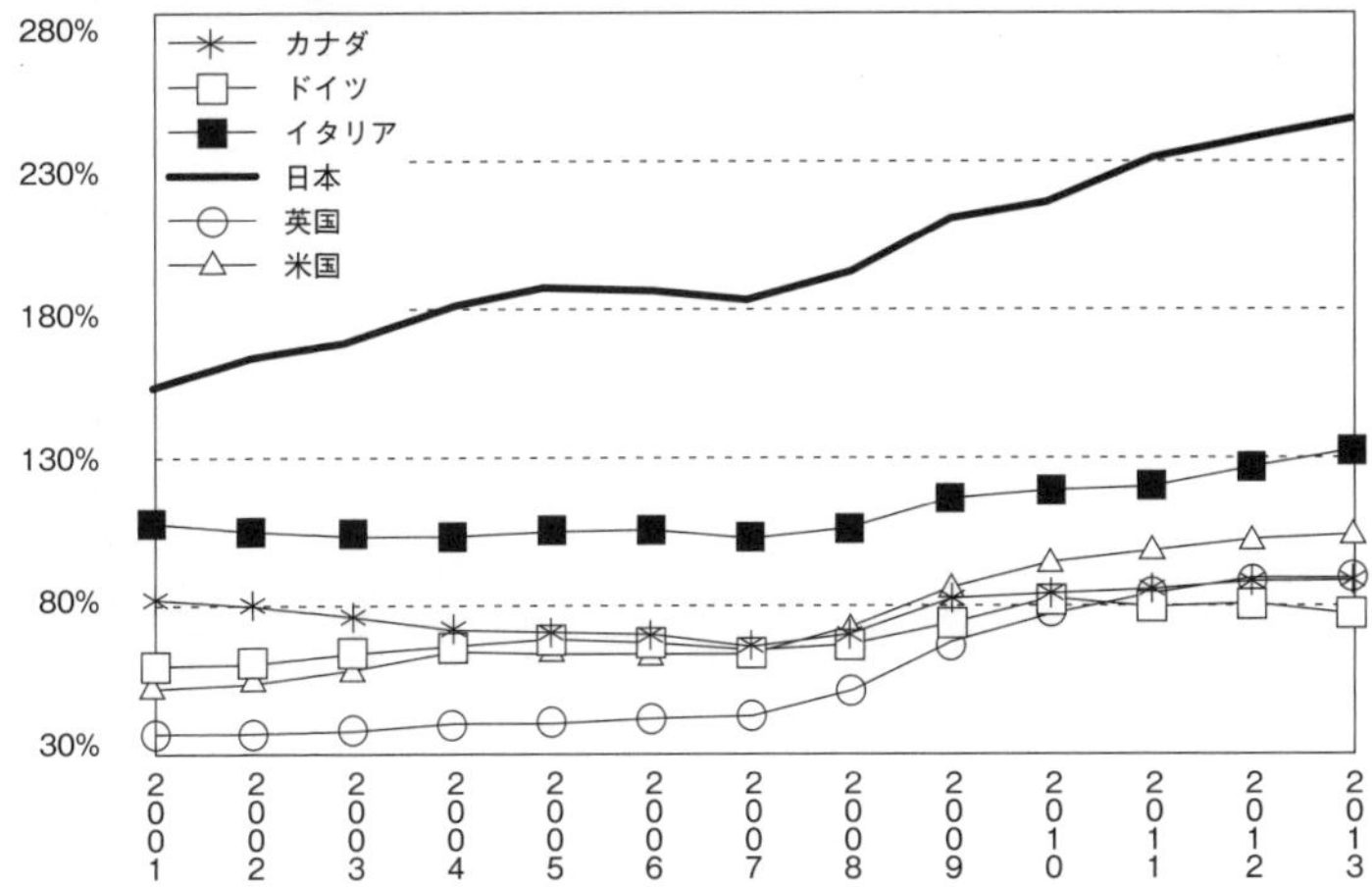

出所：IMF

世界に先駆けて「ちゃらんぽらん作戦」を試す日本

「日本は借金に押し潰されてしまう……」と真面目に悩む人も多いことでしょう。ところが、日本は名づけて「ちゃらんぽらん作戦」を実行中なのです。

政府の財政健全化計画では、2020年度までに「基礎的財政収支（プライマリーバランス、以下ＰＢ）」の黒字化を目標にしています。2014年度の一般会計予算の歳出は95・8兆円、このうち国債の借り換え（13・1兆円）と国債の利息に当たる利払費（10・2兆円）を除いた分がＰＢ経費で72・6兆円。そのうち最大なのが年金や医療費、生活保護などの社会保障費で30・5兆円、次が地方交付税交付金で16・1兆円。国の公共事業は6兆円、防衛費は4・

図表8-3　2013年のアジア各国の対GDP比政府総債務残高

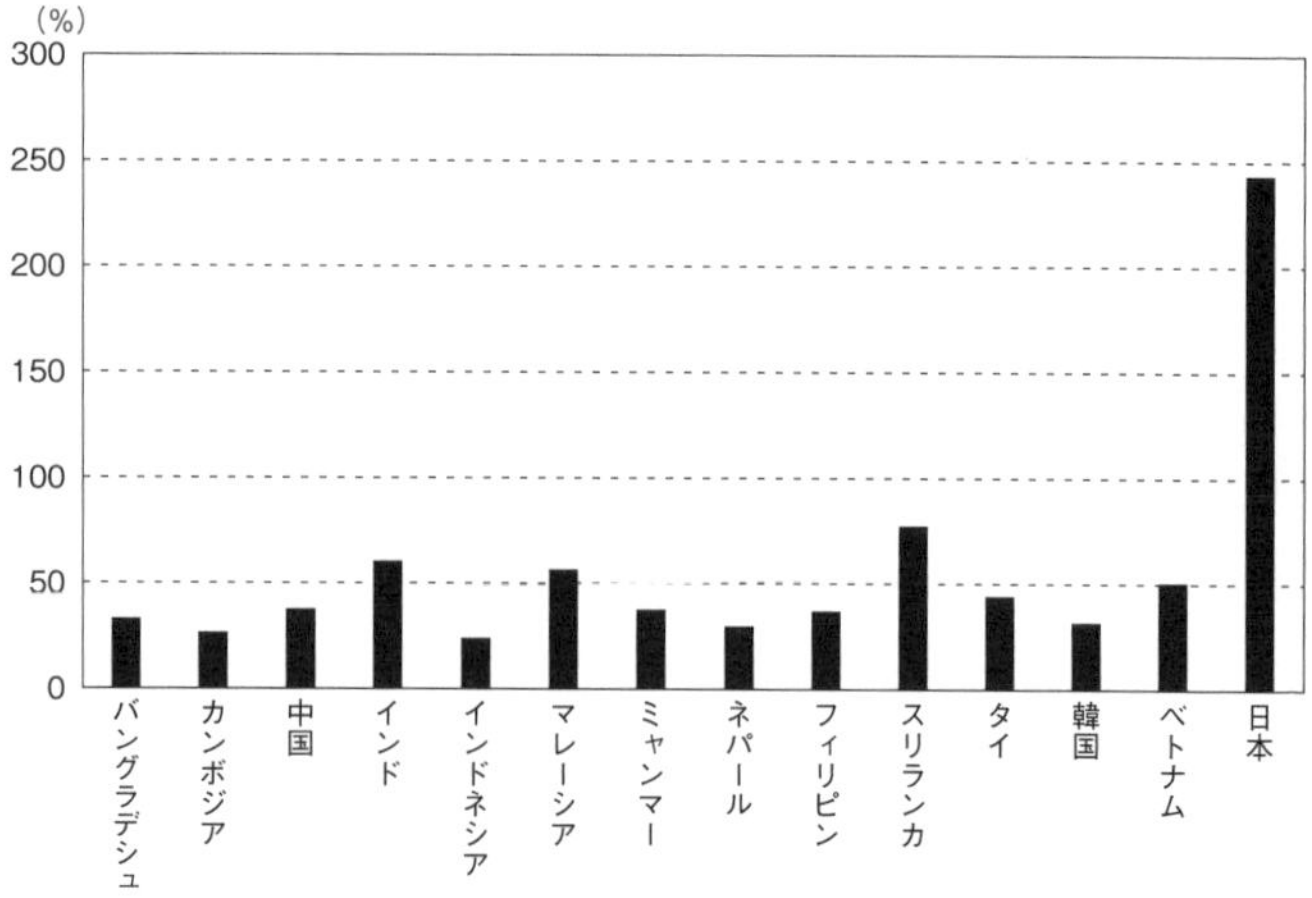

出所：IMF

8兆円にすぎません。

歳出の内訳を見ればわかるように、PBの4割超を占める社会保障費を減額できない限り歳出削減はほぼ不可能です。しかし、高齢者は選挙にしっかり行くうえに、1票の格差が有利な地方に多く住んでいるので、政府は社会保障費どころか、地方交付税交付金も申し訳程度にしか削減できないでしょう。

一方、歳入のほうは税収が50兆円で、国債が41・2兆円、その他の収入が4・6兆円でした。PBをゼロにするためには、極端な話、72・6兆円の支出から54・6兆円の税収等を差し引いて、あと18兆円（消費税でプラス7・2%分相当）増税すればいいことになります。実はPBゼロという政府の目標から、2つの隠れた大きな方針が読みとれます。

1つは**金利を絶対に上げない、あるいは上げ**

図表8-4　基礎的財政収支（プライマリーバランス）均衡では借金増は止まらない

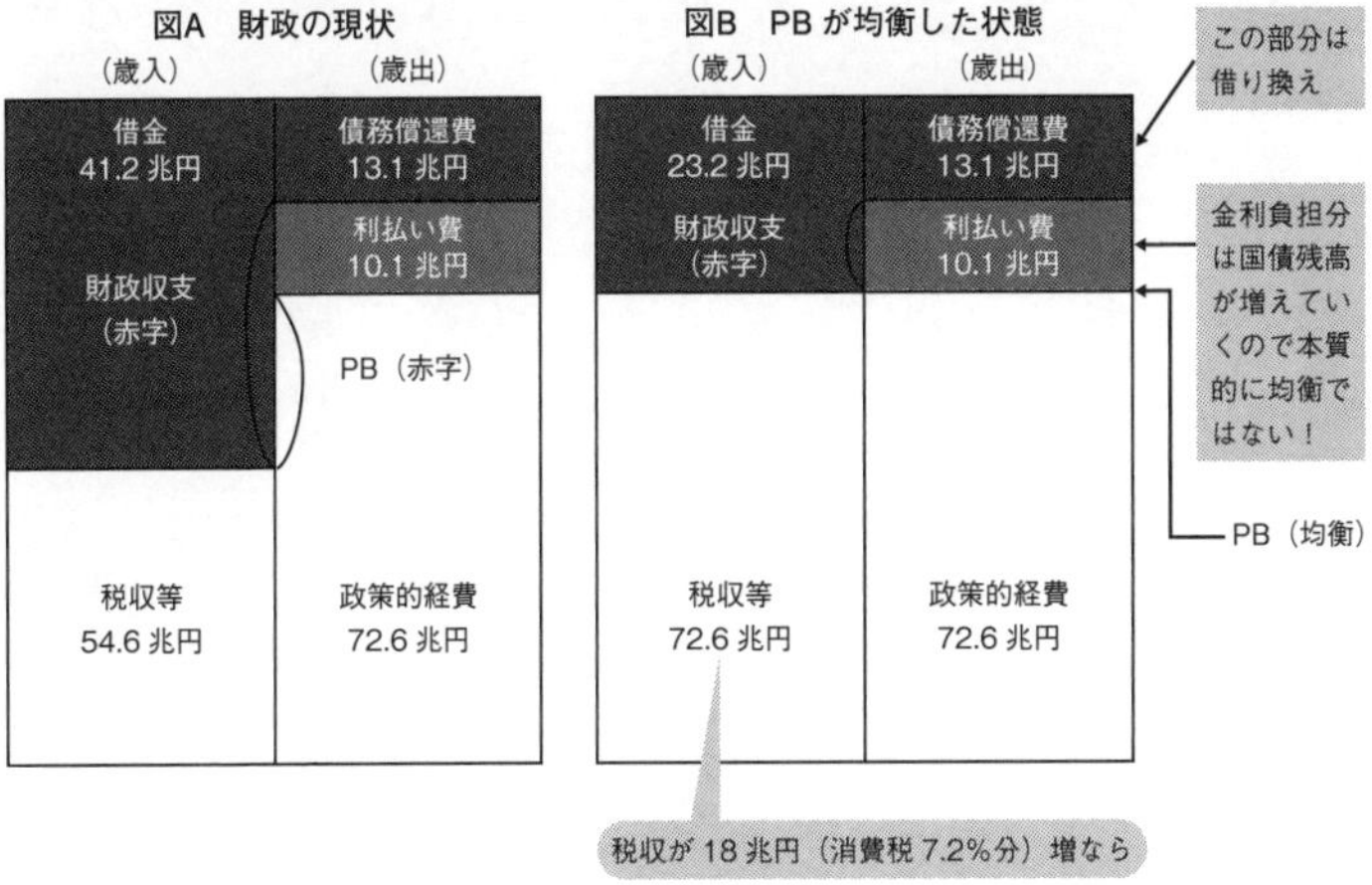

られないということです。現状で１％金利が上がれば１０００兆円にもなる政府の借金の利息である利払い費が10兆円増えてしまいます。３％上がったら30兆円です。少しでも利払い費が増えたら、ＰＢゼロは達成できません。

もう１つは、**政府は国債の残高を減らすつもりがないということ**です。ＰＢがゼロになる状況を図で見てみましょう（図表８－４）。図Ａの現状から増税によって図Ｂになっても、毎年国債の利息分だけ国債残高が増えていきます。

何もしなければ毎年約30兆円増えてしまうところが、毎年10兆円増加にペースが落ちるというだけの話です。借金の利払いで残高が膨らんでいく状況は債務を減らす解決策になっていません。加えて現状では、このＰＢゼロでさえ２０２０年までの達成はほぼ絶望といわれています。

つまり、日銀がアベノミクスに協力して行っている異次元緩和こそが、まさにこの「金利を絶対に上げない」ことと「借金が減らない」事態を、大増税することなく何とかする「ちゃらんぽらん作戦」の本質ともいえるのです。

日銀が目指す物価は上がるが金利は上げない経済

以前は、「中央銀行が直接コントロールできるのは短期金利だけ。長期金利には影響を与えることが状況によって可能なだけで、インフレを起こした場合には長期金利は管理不能に陥る」というのが定説でした。しかし、リーマンショック以降に各国の中央銀行が行っているのは、国債や社債を買い入れて直接長期金利を押し下げることです。また、**金融緩和を継続する時間軸も示すことで、「将来も短期金利が安い」と思わせて長期金利を抑えることにも大きな成功を収めています。**「中央銀行が3年先まで短期金利は低く据え置きます」と言えば、3年の長期金利も安くなり、もっと長い期間の金利も影響されて低くなるというわけです。10年前の教科書にはこんなことはどこにも載っていませんが、現実に中央銀行が長期金利まで動かせるようになったのです。

一方、物価は今後もどんどん上がるでしょう。それがリフレ政策の目的です。株式や不動産価格を超金融緩和で押し上げて一般物価への波及を狙い、同時に円安にして輸入物価を押し上げていきます。物価が上がっても年金の額は上げないという「マクロスライド方式」がすでに採用されているので、直接年金額を減らすことはできなくても、「インフレほどは年金を上げない」という方法で、実質的に年金を減額することができるのです。

企業から見ると、金利が低いままなら安いコストで借入ができるので利益が上がりやすくなり、物価が上がれば借入金の返済も楽になります。そうなると、企業業績が上がり、法人税収が増加、増益で株価が上がれば所得税も増えます。こうして与党政権が選挙で負ける要因にはならない、〝目に見えない形での税収増と歳出の実質的な削減〟が図れるというわけです。

〝日本売り〟にビクともしない秘策は「国債抱え込み」

ギリシャ、アイルランド、イタリア、ポルトガル、スペイン、キプロスに限らず、過去のアジア危機や中南米危機でも、国家の過大な債務が重大な問題の原因でした。一方で、**ユーロ圏の周辺国が経済危機に陥ったのは、自国だけではコントロールできないユーロという共通通貨を持ったため**でした。自国通貨が下落することによって、一時的に経済が混乱しても次第に輸出が伸びて輸入が減り、経済が立ち直るというプロセスをたどることができなかったのです。また、1997年のアジア通貨危機が起きた原因としては、米ドルにペッグ（連動）させて割高になっていた通貨を無理に外貨準備を使って防衛したことと、外国からの借金が外貨建てだったため、自国通貨暴落で返済できなくなったことでした。

一方、中央銀行が自国通貨を強くするのではなく、弱くしようと思えばやりたい放題です。

金や銀などの裏づけがない現行制度なら自国通貨はいくらでも発行できるので、それで外貨を買えばいいのです。

ただ、直接的な為替介入は中央銀行間の〝お約束〟で良しとされないので、リーマンショック後に欧米の中央銀行が用いたのが量的緩和でした。これは市中にお金をばら撒き、相対的に自国通貨の価値を落として通貨安に誘導する手法です。

現在、日銀が行っている異次元緩和は、これを一歩進めたものになりつつあります。日銀が2014年10月31日の追加緩和の際に発表した「量的・質的金融緩和の拡大」には、次の内容が記載されています。

(1) マネタリーベース増加額の拡大

マネタリーベースが、年間約80兆円（約10〜20兆円追加）に相当するペースで増加するよう金融市場調節を行う。

(2) 資産買入れ額の拡大および長期国債買入れの平均残存年限の長期化

①長期国債について、保有残高が年間約80兆円（約30兆円追加）に相当するペースで増加するよう買い入れを行う。ただし、イールドカーブ全体の金利低下を促す観点から、金融市場の状況に応じて柔軟に運営する。買い入れの平均残存期間を7年〜10年程度に延長する（最大3年程度延長）。

② ＥＴＦおよびＪ-ＲＥＩＴについて、保有残高が、それぞれ年間約３兆円（３倍増）、年間約９００億円（３倍増）に相当するペースで増加するよう買い入れを行う。

つまり、「これから日銀は、毎年80兆円お金を増やして（創って）、80兆円国債を買います」ということです。**ヘッジファンドが国債を売り崩そうと思っても、ほぼ無尽蔵に出てくるお金（それも調達金利はゼロ）で買われたら、絶対に勝ち目はありません。**また、ＥＴＦやＲＥＩＴも巨額の買い切りなので、見かけの数字以上に株価や不動産価格の上昇圧力になります。また、日銀にとっては調達金利がゼロなので、購入した国債やＥＴＦをいつ売るということは気にする必要がなく、永久に保有することもできます。

この結果、２０１４年末には日銀は２００兆円の国債を保有することになりました。日本の公的債務約１０００兆円の20％です。では、これが10年続いたらどうなるでしょうか。公的債務の残高が毎年30兆円増えるとすると、10年後には１３００兆円になっています。一方の日銀は、現在の２００兆円に80兆円×10年＝８００兆円を加えて１０００兆円の国債を保有していることになります。なんと**公的債務のうち77％が日銀の保有**です。

金利を１％とすると13兆円で、そのうち77％は日銀に支払うので、13兆円×77％＝10兆円がいずれ上納金として国庫に戻ってきます。つまり実質的な利息は３兆円です。現在の利息の負担は10兆円のうち、日銀が保有する20％を引いて８兆円ですから、なんと国債利息の負担が５

図表8-5　日本銀行が国債を買えば買うほど財政危機が遠のく仕組みはコレ

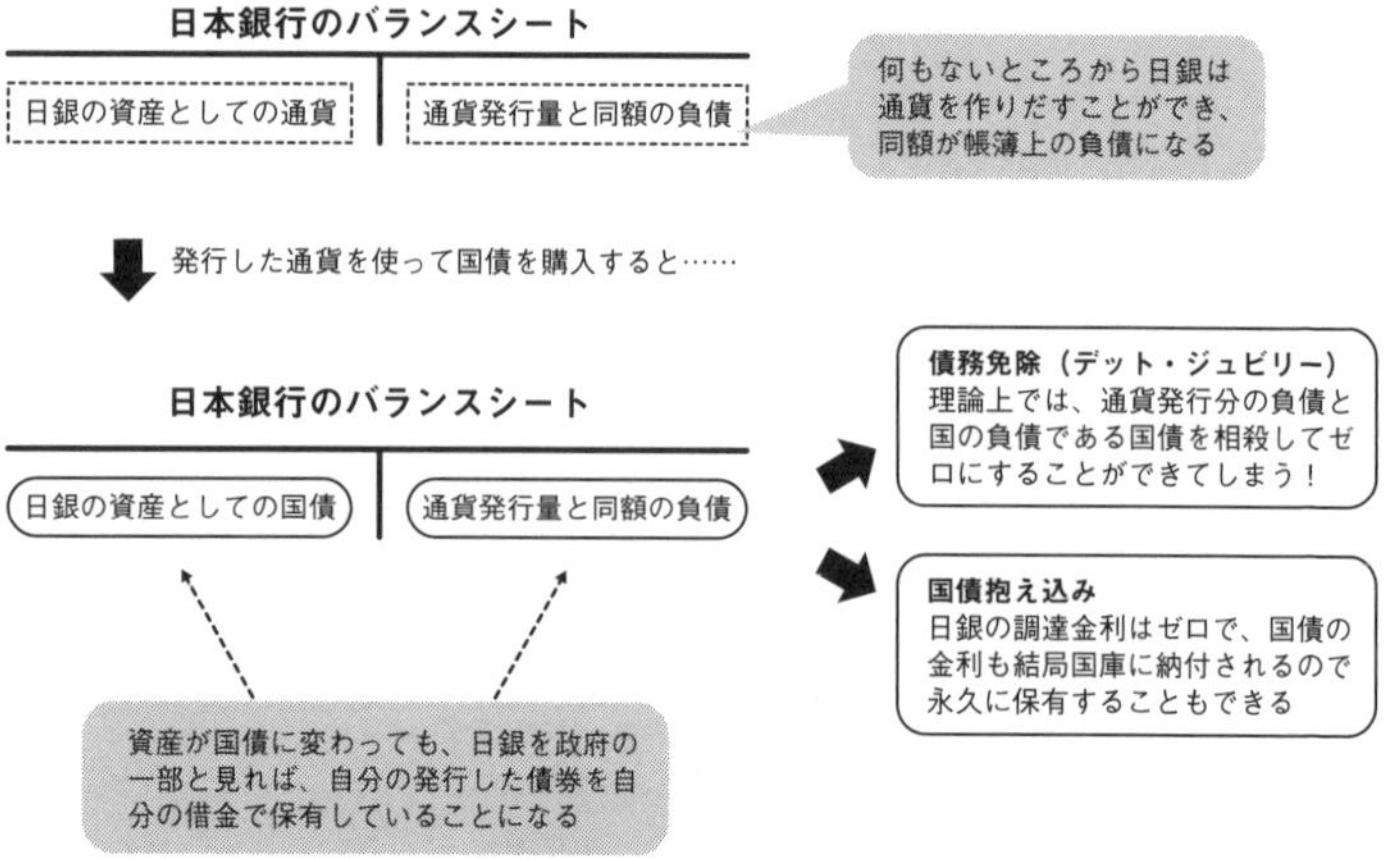

兆円減るのです。その気になれば、日銀は資産として保有する1000兆円の国債と1000兆円の通貨発行債務を相殺することもできます。すると、あ〜ら不思議、借金が消えてなくなります！

これは最近真剣に世界各国の金融関係者の間で議論されるようになってきた「Debt Jubilee（デット・ジュビリー＝債務免除または徳政令：旧約聖書に出てくる50年に一度すべての奴隷を解放し、借金を免除するというもの）」という考え方です（図表8-5）。

もともと現在の世界各国の通貨は、管理通貨制度（金などの裏づけがない通貨の価値を、国家の信用で通用させ、中央銀行が発行量を調整して価値を維持する制度）のもとで、中央銀行が魔法のように生み出したものです。それで国債を買い集めて、資産と債務を中央銀行が帳消しにしてしまえば、誰にも迷惑をかけることなく国家の債務は霧散するというわけです。

ただ、帳消しにすると特に世界の債券投資家、エコノミストや信用格付け機関が大騒ぎして面倒なので、おそらく日銀は巨額の国債を保有したままにしておくでしょう。これが図表8−5の右側の下向きの矢印の状態で、いわば「国債抱え込み」です。これで**国債残高が膨らんでも実質的に大部分は返済したのと同じなので、何も心配する必要がない**というわけです。

これは、金や銀などの保有量に通貨発行量を制限されない現在の通貨だからできる〝超裏技〟なのですが、今までどこの国でも「デット・ジュビリー」を実施したことはありません。また「国債抱え込み」とは、つまりは禁じ手のはずの「財政ファイナンス（政府の支出を中央銀行の通貨発行でまかなうこと）」なので、表向きは日銀を含めてどの中央銀行も実施を否定します。

ただ、2001年に日銀が量的緩和を発明した後で欧米がまねたように、アベノミクスがこの「国債抱え込み」で実質的な債務削減に成功すれば、欧米各国や同様に近いうちに公的債務に苦しむ可能性がある韓国や中国も、こぞってまねをすることになるでしょう。

〝イシバノミクス〟〝シンジロミクス〟でも結局「この道しかない」

安倍政権は2018年の自民党総裁選で終わると予想されています。というのは、自民党総裁は原則3年の任期を2期までしか務めることができないからです。その後の首相は中国が尖閣諸島で仕かけてくれれば軍事に詳しい石破茂さんでしょうし、安倍さんとの密約があったとしたら二度目の首相を目指す麻生太郎さんが返り咲くかもしれません。また、次の衆議院総選挙（おそらく4年後の2018年）までに野党が結集して補欠選挙などで連勝していれば、オバサマ動員力が抜群の小泉ジュニアが担ぎ出されることも考えられます。

しかし、誰が首相になってもアベノミクス路線は継承され、イシバノミクスでもシンジロミクスでも異次元緩和という名の円安誘導・財政ファイナンスを続け、積極財政を維持し、緩やかなインフレによる財政収支均衡を目指すはずです。**2014年末の衆議院選挙で自民党が使ったスローガン通りで「この道しかない」**のです。

他の道を探すとしたら、超緊縮財政か、消費税25%程度までの大幅増税、あるいはその組み合わせしかありませんが、「増税するな」「年金減らすな」しか考えない大多数の国民に受け入れられる可能性はほとんどありません。

経常収支赤字国になることの本当の意味とは？

しかし、いつまでも時間の余裕があるわけではありません。かつてのアジア通貨危機の当事国と違って、日本は異次元緩和という名の財政ファイナンスを続けても、通貨安が国民生活を脅かすほどになり、金利を上げざるを得ない状況には追い込まれていません。これは、日本が外国からお金を借りなくても原油や食料の輸入代金を支払うことができるから、つまり経常収支が黒字だからです。

次ページの図表8-6は経常収支の季節調整値の推移です。このところ経常収支が悪化した原因を「日本企業の競争力が落ちたからだ」という方がいますが、この図を見るとどうやらそうではないということがわかります。

2011年3月から貿易収支がいきなり赤字になり、その後もどんどん拡大しています。もちろん原因は東日本大震災です。これにより、ほんの数年前まで日本の総発電量の約3割を占め、54基もあった原子炉がすべて止まり、原発停止分を補うために液化天然ガス（LNG）を使う急ごしらえのガスタービン発電設備や、非効率な旧型を含めた石油火力発電所をフル稼働させています。

LNGは割安な長期契約ではなく、割高なスポット価格で世界中からかき集めなければなりませんでした。その結果、鉱物性燃料全体で全輸入金額の3割にも達しています。原油価格が低下しているうちはいいのですが、中東で戦争が発生したり、石油輸出国機構（OPEC）で原油減産が決まったり、新興国の景気が盛り返したりすれば、日本の貿易赤字が急拡大することになります。

また、2008年末から2012年末までの4年間も続いた超円高で、日本の家電、半導体、通信機器といった産業は壊滅的な被害をこうむり、破綻した大手企業もありました。また生き残った企業も海外に生産拠点を移し、今や国内で売られているスマホは日本メーカーのブランドでも、ほとんどが中国などで製造した輸入品です。

図表8-6　経常収支の推移（季節調整済）

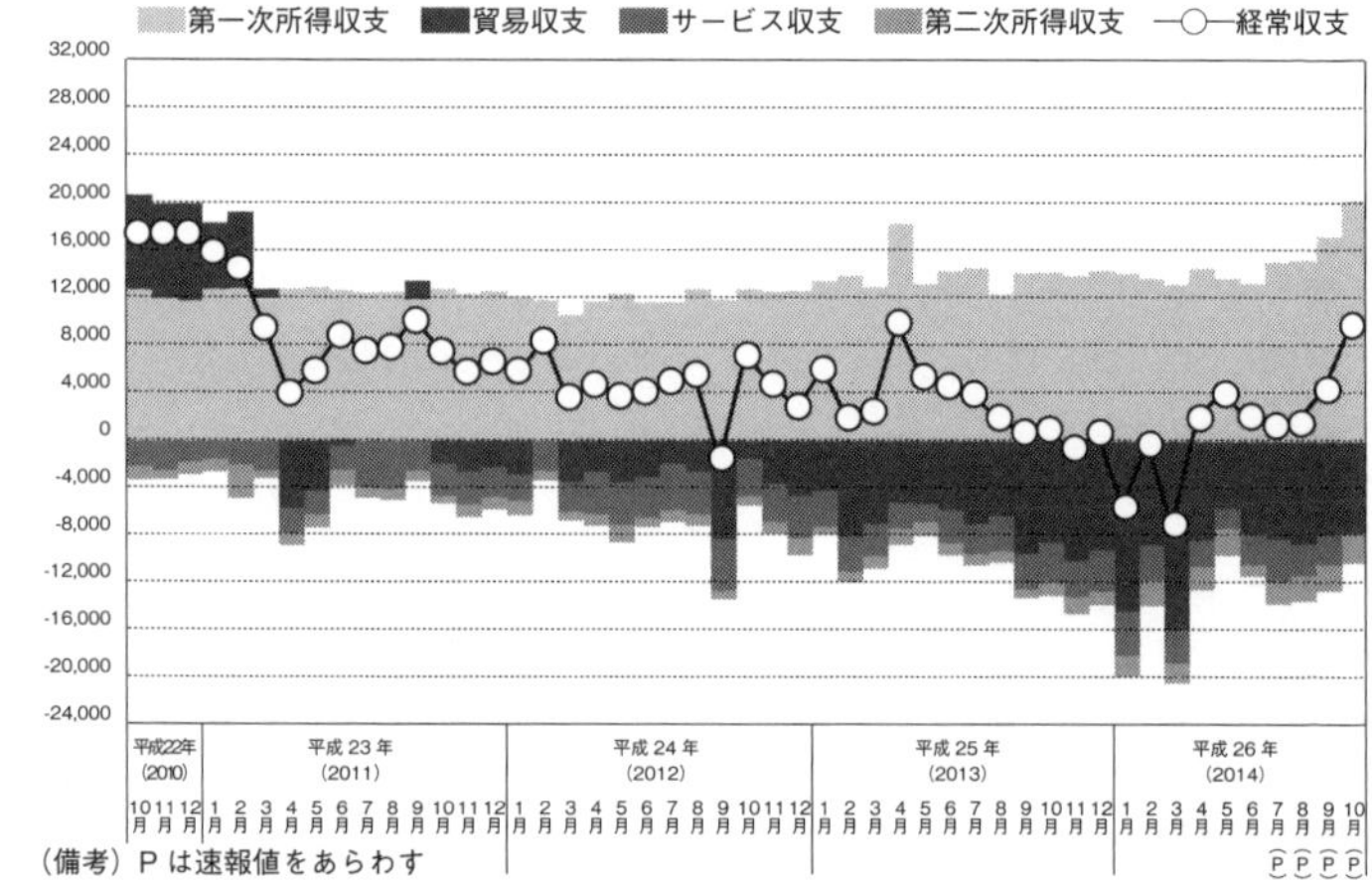

出所：財務省国際局為替市場課

これに拍車をかけたのが東日本大震災で思い知らされた、地震国日本に生産拠点を集中するリスクです。在庫が少ない効率的な生産システムも、災害時には日本の特定の部品メーカーへの依存度が高すぎたことが裏目に出て、世界中のメーカーの工場がストップする事態が起きたのです。今後も首都圏直下型地震や、東海・東南海・南海地震が数十年以内に発生する危険性が極めて高いとされています。

　このため、日本の大手企業でも、リスク分散のために海外に研究・製造拠点をどんどん移し、海外メーカーも日本の工場への依存度を下げるようになっています。これはいくら円安になっても変わらない流れのようです。人民元高で中国から日本に製造ラインを戻しても、東南アジアやインドで生産が始まるまでの一時的な避難である可能性が高く、研究開発拠点に至っては国内回帰の兆しも見られません。

この結果、以前は「日本は少子高齢化のために2020年以降に経常赤字国に転落する」と考えられていたのが、だいぶ前倒しになる可能性も出てきました（図表8-7）。経常赤字国になると、金利を人為的に下げ続けることはできません。利回りが低すぎる国債は外国人投資家が買ってくれないので、外貨が足りなくなってしまうからです。しかし金利を1％引き上げると、現時点の債務残高1000兆円でも利息が10兆円増えてしまいます。5％上がったら50兆円になり、一般会計の税収の大部分が国債の利息で消え、財政破綻の可能性が出てきます。

図表8-7　日本の経常収支の推移

年	経常収支
2009年	＋13.7兆円
2010年	+17.9兆円
2011年	+9.5兆円
2012年	＋4.8兆円
2013年	+0.8兆円

出所：財務省

それでも日銀が国債抱え込みのようなことを続けていると、円が暴落して前述した戦前の高橋財政の末期のような高率のインフレに悩まされ、その舵取りを誤るとハイパーインフレになってしまう恐れもあります。ハイパーインフレが起こると、日本の公的債務は実質的に大幅減になりますが、資産を保有する高齢者にとっては実質的なインフレによる課税、その他の国民にとっては生活水準の大幅な切り下げとなります。

アベノミクスの第3の矢による成長戦略で日本の国際競争力を向上させGDPを増やし、経済成長による税収増で公的債務問題を解決する、という別の道も提示されてはいますが、今のところは力不足の感は否めません。日本経済の低成長の根本的な原因である少子化に効果的な対策を打ち出し、奇跡的に出生率が今すぐに上がったとしても、生まれた赤ちゃんたちが成人してＧＤＰ増大に貢献するのは20年後からなので即効性はありません。かといって移民政策は国民に受け入れられにくいですし、高齢化による地方経済の崩壊は、このままでは避けられません。

2020年以降に本当の危機がやってくる

この本で何度も述べてきたように、２０１６年から２０１７年に世界各国の「量的緩和バブル」が崩壊した場合、バブル崩壊の引き金がアメリカの利上げであったとしても、もっとも大きなダメージを被るのは中国になる可能性が高いと考えられます。その理由は、中国は低成長経済への転換点にあるにもかかわらず、無理な経済刺激策によって巨大不動産バブルを作りだしてしまった一方、貧富の格差や公害などの矛盾を多く抱え、身動きが取れない状況に陥っているからです。輸出を増やそうと通貨安政策をとって物価が上がっても、不況になって経済成長率が落ちても、社会不安が高まります。

現状のままでも不動産の需要はなく、いずれ不動産バブルがはじけます。中国不動産バブルの崩壊が、中国国内で金融危機を招くのはほぼ確実で、それが中国への依存度が高い韓国、オーストラリア、ヨーロッパ、東南アジアに深刻な影響を与える可能性もあります。ただ、日本は4年遅れて量的緩和バブルに加わったことでバブル水風船の膨れ具合が小さいので、おそらく株価暴落と数年間の不況程度で済むでしょう。

しかし、安心はできません。アベノミクスが幸運に幸運を重ねて大成功とならない限り、おそらく**次の次の巨大バブルが崩壊する2020年代の半ばに日本の本当の危機がやって来る**と思われます。

その頃には、2020年東京オリンピックの特需は消え去り、国土強靭化という名の公共工事はやり尽くし、2027年に東京・名古屋間が開通する予定の中央リニア新幹線の需要もほぼ出尽くしているはずです。さらに、アメリカや中国がなりふり構わず日本以上の規模で量的緩和を行ったり、逆に世界の中央銀行間で通貨供給量増加をGDP成長の一定範囲内に制限する合意がなされたりしたら、日銀の異次元緩和を当てにしたリフレ政策は、〝バズーカ〟どころか〝水鉄砲〟ぐらいの威力に落ちてしまいます。そうでなくとも、経常赤字国転落で低金利を維持できなくなっているでしょう。そうなると、バブル崩壊で資金がアメリカに引き上げ、日本株・日本円・日本国債がすべて叩き売られる事態となりかねません。

こういったさまざまな予想を踏まえて私たちが個人レベルでできることは、巨大バブル崩壊がどんな形で現れても慌てず、騒がず、本書でご紹介した投資手法を用いて、しっかりと自分と自分の家族を守ることができるように備えておくことだと考えています。

おわりに

皆さんが山に登ることになったとします。当然事前に調べて、「頂上は夏でも寒そうだから上着が必要かな」とか「万が一の場合に備え、チョコレートぐらいは持っていこう」などと考えることでしょう。もちろん「何時ごろに頂上に着いて、何時までに降り始めれば日暮れまでに下山できる」というように、帰り道のことも考えて計画を立てるはずです。

最近は地球温暖化の進展で、季節を問わず爆弾低気圧が来ますし、スーパー台風も襲ってきます。また、夏は集中豪雨、冬は関東圏まで大雪が降るというのも当たり前になりました。このため、無計画な登山は従来よりもさらに危険な行為になっています。

ところが、山登りよりもはるかに険しい道が待っている人生において、まさに自分の身を守ってくれるお金のことについて、多くの人が深く考えていないように思えてなりません。たとえば、ボーナスや退職金で株式投資を始めるとき、転職や起業しようと思ったとき、あるいは不動産の購入を考えたとき、「これから半年先、3年先、そして10年先の景気はどうなっているだろう」と、経済状況をあらかじめ慎重に検討してから行動する方は、極めて少ないのが現実です。

これは、企業も銀行も自治体もすべて一緒。景気が良ければ強気になってバブルに踊るくせに、崩壊後にうなだれる……。しかも、それから数年後には過去の苦い経験をすっかり忘れ、横並びにみんなイケイケドンドンに逆戻りです。

山に登るときは、下山はもとより最悪の事態まで想定して準備をするのに、普段の生活や投資では、好景気になるとそれが続くと思ってしまい、再び悪くなったときにどうすべきかについて考えない……。これでは、大事なお金を守ることなど到底できません。

「山に登れば降りなければならない」と同じくらい、「景気が良くなったら悪くなる」「良い会社もいつかダメになる」「カリスマ経営者もいずれ去る」、そして「バブルが始まれば必ずはじける」というのは必然のことです。この本が、山に登るときの天気予報のように、皆さんの資産防衛、そして投資生活のお役に常に立つことを願ってやみません。

なお、第4章でご紹介したDOIモデルについては、私がチーフ・オペレーティング・オフィサー（COO）を務めるeワラント証券のホームページ（www.ewarrant.co.jp/posts/research/本日のトレードインディケーター）でも最新の投資シグナルが確認できるので、ご参考いただければ幸いです。

2015年1月　　　　土居　雅紹

[著者略歴]

土居雅紹（どい・まさつぐ）

eワラント証券株式会社COO（チーフ・オペレーティング・オフィサー）。CFA協会認定証券アナリスト、（社）証券アナリスト協会検定会員。eワラントを開発・導入した日本の第一人者。

1964年静岡県生まれ。1988年一橋大学商学部卒業後、大和証券入社。証券アナリストとして任天堂、大日本印刷、東宝などをカバーし個別株分析に精通する。1993年米ノースカロライナ大学経営学大学院でMBA取得。1993～1995年大蔵省財政金融研究所（現・財務総合政策研究所）勤務。1995年大和証券に戻り、店頭エクイティ・デリバティブの立ち上げに従事。1998年ゴールドマン・サックス証券入社。2000年eワラントを開発・導入。2011年8月より現職。バブル分析に精通し、そのリスクを避ける個人投資家向けのさまざまな投資手法を研究している。

ラジオNIKKEI「ザ・マネー」月曜日のレギュラーコメンテーター。月刊FX攻略、Moneyzine、日刊SPA、ロイターなどに寄稿。著書に『勝ち抜け！　サバイバル投資術』（実業之日本社）『eワラント・ポケット株オフィシャルガイド』（翔泳社、共著）など。

最強の「先読み」投資メソッド

2015年3月1日　　第1刷発行
2015年10月1日　　第3刷発行

著　者　土居雅紹
発行者　唐津 隆
発行所　株式会社ビジネス社
〒162-0805　東京都新宿区矢来町114番地 神楽坂高橋ビル5F
電話　03(5227)1602　FAX　03(5227)1603
http://www.business-sha.co.jp

〈印刷・製本〉中央精版印刷株式会社
〈装丁〉中村聡　〈DTP〉茂呂田剛（エムアンドケイ）
〈編集担当〉大森勇輝　〈営業担当〉山口健志

ISBN978-4-8284-1804-9